复旦新闻与传播学译库·新媒体系列

吴信训 何道宽 主编

文化与社会
的媒介化

The Mediatization
of Culture and Society

[丹麦] 施蒂格·夏瓦 著 刘 君 等译

复旦大學 出版社

"近年来,施蒂格·夏瓦已经成为文化与社会媒介化这一新兴研究领域的重要学者。本书中,他整合了自己所提出的理论,使得涉猎广泛的作品得以通过一部英文论著的形式呈现出来。他完善了媒介以及社会和文化领域变迁的制度路径,而社会和文化领域的变化也正越来越多地以媒介形式出现。"

——克努特·隆比(Knut Lundby),挪威奥斯陆大学媒介与传播学教授

"在这部重要著作中,施蒂格·夏瓦改变了媒介权力的理论。夏瓦揭示了一个复杂、充满活力的图景:在高度现代性的背景下,当代社会自身是如何发生变迁的。"

——盖伊·塔奇曼(Gaye Tuchman),美国康涅狄格大学社会学教授

目录 ■■■■■

中文版前言

近年来,我多次造访中国,并有机会亲身体验到各类不同的数字媒介如何渗透进中国文化与社会急速发展和变化的进程中。其中,既包括日渐影响公共舆论的网络社区的崛起,也包含了诸如共享单车为代表的分享经济的发展。微信、微博和百度在内的各种数字媒介不仅提供了全新的传播基础设施,而且影响着从政治到市场经济的社会体制的方方面面,并为政治参与、文化启蒙和休闲娱乐创造新的条件。

在这一背景下,我非常高兴看到拙作的中文版由复旦大学出版社出版。在过去的十年间,"媒介化"已然成为探讨技术性媒介对文化和社会变迁产生影响的新理论框架。通过将焦点从"中介化"过程转向"媒介化"过程,我们希望考察媒介作为传播的载体(中介化过程)对文化与社会的长期制度化变革所带来的影响(媒介化过程)。新的文化与社会框架在这样的变革中得以形成,并形塑着人们在日常生活中彼此交流的方方面面,这包括了如商业市场的新经济模式以及通过约会应用而(重新)建立起的亲密关系。

迄今为止,欧洲学者对媒介化的理论框架作出了主要的贡献。但毋庸置疑的是,对于媒介化的最新学术讨论已然扩散至北美、拉丁美洲和包括中国在内的亚洲地区。这不仅仅体现了上述变迁的全球化本质,也说明我们需要将媒介化视为社会与文化的发展过程,这一过程受到特定国家和地区的特殊条件影响。媒介化是全球性的现象之一,但其表现的方式则并不一致,而是受到特定文化和社会特色的影响,并进而影响特定的文化与社会。虽然媒介化过程在不同的国家和地区有可能呈现出一定的相同特征,但它也是高度语境化的。不仅如此,媒介化还和其他现代性过程如个体主义、全球化等交织在一起。因此,我们亟需不同国家和背景的学者之间的对话,从而对在传播媒介普及化背景下的媒介化总体特征以及以国家为背景的特定活力(dynamics)有更深刻的了解。

最后,同样重要的是,我要感谢我的同事刘君将拙作翻译成中文。翻译是一项对全球知识交流和发展至关重要,却常常未能得到足够肯定的工作。

施蒂格·夏瓦

哥本哈根,2017 年 12 月 30 日

致　谢

本书部分基于 2008 年丹麦学术出版机构社会文献出版社（Samfundslittratur）的拙作《媒介的世界，政治、语言、宗教和游戏的媒介化》（*En verden af medier*，*medialiseringen af politik*，*sprog*，*religion og leg*）。部分章节同时以英文的形式得以出版。

第二章部分来自论文《社会的媒介化：媒介作为社会和文化变迁的行动者的理论》（"The Mediatization of Society. A Theory of the Media as Agents of Social and Cultural Change，"*Nordicom Review*，vol.29，no.2，2008，pp.105-134.）。

第四章部分来自论文《宗教的媒介化：媒介作为宗教变迁的行动者的理论》（"The Mediatization of Religion. A Theory of the Media as Agents of Religious Change，"*Northern Lights*，*Film and Media Studies Yearbook*，vol.6，no.1，2008，pp.9-26.）。

第五章部分基于论文《从积木到比特：全球玩具工业的媒介化》（"From Bricks to Bytes：The Mediatization of a Global Toy Industry，"选自 lb Bondebjerg and Peter Golding eds.［2004］，*Eropean Culture and the Media*，Changing Media-Changing Europe Series，vol.1，Bristol：Intellect，pp.43-63.）。

第五章部分基于论文《软性个人主义：媒介与变迁中的社会性格》（"Soft Individualism：Media and the Changing Social Character，"选自 Knut Lundby ed.［2010］，*Mediatization: Concept，Changes，Consequences*，New York：Peter Lang，pp.159-177.）。

在此，我非常感谢出版社与期刊慷慨地允许本书收入这些论文。本书中所有的章节均全面进行了修改、更新和拓展。

第五章的图片来自乐高在 1960 年的图册、1984 年及 1996 年的目录册和乐高网站（www.bioniclestory.com），均已获得乐高授权。

从个人的角度而言，我感谢提供启发与批评、建议的所有同事和朋友，他们的帮助推动了这本书的进一步完善。我特别感谢下述与我共同致力于媒介化研究的网络合作的同事们：北欧宗教与文化的媒介化研究网络（The Nordic Research Network on Mediatization of Religion and Culture，由北欧应用研究合作中心［NordForsk］资助），哥本哈根大学的"文化媒介化"（The Mediatization of Culture)研究小组,"文化媒介化：新媒介的挑战"(The Mediatization of Culture：The Challenge of New Media)国家研究项目(由丹麦国家研究委员会[The Danish National Research Council]资助),以及欧洲传播研究和教育协会(ECREA)的媒介化研究小组(Temporary Working Group on Mediatization)。

第一章

从中介化（mediation）到媒介化（mediatization）

一、导论

　　媒介化已然成为重新探讨媒介在文化与社会中的角色和影响力这一悠久却又根本性问题的一个新的研究议程。特别是在理解媒介如何延伸至诸如政治(Strömbäck, 2008)、战争(Horten, 2011)及宗教(Hjarvard, 2011)等领域或社会机制中,与其相互交织,并影响其他领域或社会机制的问题上,媒介化的理论已被证明是极其有用的。本书讨论了媒介化理论的核心内容,并运用该理论框架分析下述不同的社会现象:政治、宗教、游戏以及惯习①的形成。第二章以较长篇幅对媒介化理论展开深入探讨。第三、四、五章则是对不同社会和文化领域的实证研究。第六章对媒介化和个体化(individualization)——一个有关现代性的特殊的普遍过程——两者关系展开理论探讨。第七章总结了媒介化过程的复杂影响,并讨论了"大"社会和"小"社会中不同形式的媒介政策。在前言中,我们将依照本书的发展脉络,提供关于媒介化理论重要性和理论基础的简要背景介绍。

二、文化和社会中的媒介

　　我们的探究始于媒介社会学中的一个经典问题,即媒介如何影响更为广泛的文化和社会。然而,我们需要在一个全新的社会环境中寻找这个问题的答案;这个全新的社会环境,即我们所称的文化和社会的媒介化。传统意义上,媒介或被视为影响文化和社会的事物,或被看作是个人和组织可以加以利用,从而实现不同用途和目的的手段。这一点从媒介与传播研究的两大不同传统便可以窥知一二。"效果范式"(effect-paradigm, Preiss et al. 2007)试图将研究重点放在"媒介对人做什么"(what do media do to people),即特定的媒介传递的讯息对社会

---

　　①　惯习(habitus)这一概念最早出自法国社会学家皮埃尔·布迪厄(Pierre Bourdieu)的著作,指一种内化的、具体化的社会结构,是人们对社会世界的结构进行内化的产物。——译者注。

中的个人和群体所产生的影响。例如,竞选时期的新闻报道可能会影响人们的政治观点;广告可能影响消费者的购买偏好;电影内容则可能影响观众的道德观念,或将他们的注意力从更为紧迫或更加重要的事件上转移。在此范式中,媒介被看作是自变量,它影响着作为因变量的个人。

文化研究取向的受众研究传统则与上述传统大相径庭。从某种意义上来讲,它的着眼点恰恰相反,即探讨"人们使用媒介做了什么"(what people do with media)。这一研究范式认为,媒介受众即便称不上强大,但也是主动且有着决定权的。受众为满足自身的需求而在他们的日常生活中使用媒介。作为主动且有着决定权的媒介受众,人们不仅不屈从于媒介文本的话语霸权,而且可以根据自己的文化和社会背景对媒介内容展开批判性解读(Liebes and Katz,1990;Lull,1990)。与此同时,作为"文本盗猎者"(textual poachers),媒介受众甚至能挑战社会主流的意识形态(Jenkins,1992a)。在媒介研究的使用与满足传统下,侧重点也被相应置于"人们利用媒介做了什么",而不是媒介对受众的影响(Blumler and Katz,1974)。其间,积极主动的受众成为主要变量(primary variable),而媒介则是二次变量(second variable)。

媒介化理论不同于上述的两种传统。媒介渗透至当今文化和社会的方方面面,以致媒介也许不应再被视为与文化和社会机制相互分离的存在。在这种情况下,我们的任务是探究在无处不在的媒介影响下,社会机制和文化进程的特性、功能和结构发生了哪些变化。正如先前提及的两种研究传统所示,绝大部分现有的研究都专注于"中介化"研究,即使用媒介以传递意义的研究。因此,对媒介的文化和社会的影响仅限于在传播回路的内部展开考察,亦即媒介讯息对受众的影响;或者相反,即主动受众对媒介讯息的使用。媒介化研究则将关注的焦点从媒介参与传播(mediated communication)的特殊实例转移到媒介在当代文化和社会中的结构变迁。媒介的影响不仅仅局限于发送者—讯息—接收者这个传播序列,其影响扩及媒介和其他社会文化领域间不断变化的关系之中。中介化研究探讨在特定时间和空间中的传播实例,例如,总统竞选时期博客的政治传播;媒介化研究关注媒介在文化和社会中所扮演角色的长期结构性转变。这其间,媒介拥有了更大的权力以界定社会现实和社会互动的条件模式(condition pattern)。这种对媒介重要性的不同理解,并不意味着诸如媒介讯息对舆论的影响或人们使用媒介的目的等传统问题不再重要。但它强调了要理解媒介在现代文化和社会中的重要性,我们不能再依靠将媒介与文化和社会彼此分离的视角,或仅仅考虑中介化过程的模型。

媒介不仅仅是组织、政党或者个人根据其需求选择是否使用的技术。它的存在已然成为社会和文化实践的一个结构性条件,同时存在于特定的文化领域以及作为整体的社会中(Livingstone,2009)。媒介影响的重要性一部分源自下述两方面的发展:一方面,媒介已成为所有机构运作的一个组成部分;另一方面,媒介又具有一定的自决权(self-determination)和权力,这迫使其他机构或多或少地需要遵从媒介的逻辑。因此,媒介既是特定的社会和文化领域(家庭、政治等)的基本结构之一,又是一个半独立的机构,一则扮演着其他文化和社会制度之间的纽带角色,并为我们理解作为整体的社会提供了诠释框架,再则为公共讨论构建一个共同的舞台。这种结构性关系的**双重性**(duality)——既存在于其他机构之中,又提供了对社会的普遍看法——成为信源和受众在特定情况下使用与感知媒介的前提条件,从而影响着人们之间的关系。因此,媒介使用和媒介效果的传统问题需要考虑到文化和社会皆已被媒介化的环境。

三、中层理论(middle-range theory)

由于"中介化"这一概念狭窄地聚焦在传播过程本身,我们需要另一个术语"媒介化"来表示媒介、文化和社会之间关系的长期、大范围的结构性变迁。通过实证研究与理论反思的结合,媒介化研究试图超越特定的交流与传播情形而归纳一般性的结论。其目的在于探讨媒介和不同社会机制或文化现象间的结构性改变以及如何影响人类的想象力、关系和互动。其中,一个关键性问题是为建构一个理论框架所进行的适当层次的归纳。我们并不致力于建构一个宏大理论(grand theory),它能够对任何时代、任何文化背景的媒介影响给出普遍或明确的答案;相反,我们希望能够具体描述特定的社会机制或文化现象中的总体发展模式,同时,这一模式是基于特定社会和文化情境下的具体历史时期。我们的理论志向也不仅仅满足于对无数细微具体互动与交流的见解的累计。为了避免上述两种误区,即过度泛化及欠理论化的缺陷,媒介化研究寻求发展一个**中层理论**(Merton,1957)。正如雷蒙·布东(Raymond Boudon,1991)[1]所指出的,中层理论的概念没有得到明确定义,因此,我们无法从这一概念中获得关于概括规定程度的一个清晰规范,亦无法了解对这样一种理论的其他概念性要求。尽管如此,中层理论的概念反映了发展兼顾理论野心与实证审慎(empirical cautiousness)的抱负,它认识到"试图寻找到一个在所有社会进程中都发挥作用

①　雷蒙·布东(Raymond Boudon),法国社会学家,长期从事社会学方法论的研究,著有《社会学方法》(1973)、《社会的逻辑》(1979)等。——译者注。

的、支配性的独立变量既是不可能的,也是不切实际的,或者说,尝试界定社会结构的**基本**特性亦是不可取的"(Boudon,1991:519,强调为原文所有)。因此,媒介化进程的研究将主要着眼于社会和文化体制的中观层面,即在特定的历史和社会地理语境下具体的社会机制(政治和宗教)及文化现象(游戏)。与全球化和城市化这些主要的社会学概念一样,我们可以将媒介化视为一个宏观的社会进程,因为它对社会整体的影响是可以被人察觉到的。尽管如此,为了研究媒介化的进程并系统化研究成果,我们将采用中观层面的视角。本书通过**制度分析的路径**(institutional approach)①发展一套中观视角,以跨越文化和社会特定领域中个别的微观社会冲突而展开归纳。这一方法同时可以防止我们从宏观层面上普遍的媒介影响力中进行总结。

尽管我们将媒介化理论看作一个中层理论,但这并不意味着总体上而言,我们要以它来取代媒介和传播领域中现有理论或社会学理论。我们的目的并不在于建立一个封闭的理论城堡,而迄今所有已知的概念或方式都必须被重新加以界定,从而进入这个堡垒里的新的概念王国。相反,媒介化研究希望激发对现有理论和方法论的探索性运用,从而理解当代文化和社会中媒介的角色变化。媒介化理论尤其希望推动跨学科研究,即对不同学科背景的理论与方法论的运用。正是由于媒介化这一过程涉及媒介在不同社会和文化领域的影响和角色转变,我们应当展开跨学科研究(Hjarvard,2012b)。探究政治的媒介化,我们需要借鉴媒介研究和政治学领域的研究和概念;探究宗教的媒介化,我们必须结合宗教社会学、媒介研究和认知人类学等学科。媒介化理论对上述跨学科研究的贡献所在,即为认识媒介如何与其他社会和文化进程互动提供一套分析框架,建构一套理论认识,发展一系列针对文化和社会中日益增长的不同媒介存在可能带来结果的假设。

现阶段,由于媒介化能够启发我们重新思考媒介在文化和社会中的影响等关键性问题,也因为它为不同社会和文化领域的实证研究提供了一个新的框架和一系列新的问题,我们可以将媒介化看作是赫伯特·布鲁默②(Herbert Blumer,1954)所定义的"敏感性概念"(sensitizing concept)。"敏感性概念"可以粗略定义为用以引导理论和实证研究的探索性工具,而"决定性概念"(definitive concepts)则是被严格界定,并且可以依据一系列特定的特征得以操

---

① 此处将"institutional"翻译为"制度",是为了强调作为整体的制度框架的角色,它界定个人和群体的社会地位和功能并且约束他们的行动。与先前将"institution"翻译为"机构"有所区别。——译者注。

② 赫伯特·布鲁默,美国社会学家,符号互动论的主要倡导者和定名人。——译者注。

作化,进而作为实证研究的技术手段。与社会学中的其他广义概念(如制度、社会结构和个体化等)类似,媒介化并不"通过对属性或基本特征的明确定义而精确地指向一类事物所共享的属性",所以它并非一个"决定性概念"。

延森(Jensen,即将出版)认为,"敏感性概念"和"决定性概念"并非对立,而是一个连续的统一体(continuum)。正如布鲁默(1954:8)自己所表示的,"敏感性概念可经检验、改进及完善",最终发展成为决定性概念。本书即旨在检验、改进并完善媒介化概念,但并非要以提出一个决定性概念作为最终目的。这两种概念在研究中有着不同的作用。在媒介化研究进程的现阶段,我们认为敏感性概念更为有用,这跟布鲁默(1954:10)总体偏爱敏感性概念的原因一样:"它具有着和自然的社会世界保持密切且持续的联系的优点。"恰恰是因为媒介化可能在各种社会文化制度中产生不同的结果,"媒介化"概念能被明确定义的程度是十分有限的。因此,为了研究文化和社会特定领域的媒介化实际进程,我们需要其他一些更为明确的语境限定(context-sensitive)的概念。

媒介化研究关注媒介在社会和文化事务转型中的作用。然而,对媒介可能如何影响文化和社会变迁的理论重点并不意味着媒介发展所带来的最重要结果永远都是变革。正如菲舍尔(Fischer,1992)对美国的电话发明和其社会用途的历史研究所呈现的,电话并非总是社会关系的现代化和重构的工具。对许多人而言,电话只是强化了预先存在的社会关系,使得生活的某些领域可以对抗其他领域的现代化。因此,我们应当谨慎地避免将媒介发展中持续不断的、显而易见的"新异性"(newness)与社会和文化机制中的连续变迁相互混淆。最后,变迁和稳定之间并不是一个理论问题,而是一个需要加以分析证实的实证问题。

四、一个高度现代性的过程

媒介化涉及社会和文化最重要的现代化过程,因此是现代社会学中的一个重要概念。社会学的诞生与对现代社会的重大发展的研究并行。这一领域的开拓者,如马克斯·韦伯①(Max Weber)、卡尔·马克思②(Karl Marx)、埃米尔·

---

① 马克斯·韦伯,德国著名社会学家、政治学家、经济学家、哲学家,是现代最具生命力和影响力的一位思想家。最著名的贡献是他在宗教社会学和政治社会学上的研究,即《新教伦理与资本主义精神》。他与马克思、涂尔干齐名,并列为现代社会学的奠基者。——译者注。

② 卡尔·马克思,德国政治哲学家及社会理论家,被认为是人类历史上最有影响力的人物之一。马克思最广为人知的哲学理论是他对人类历史进程中阶级斗争的分析,主要著作有《资本论》《共产党宣言》等。——译者注。

涂尔干①(Emile Durkheim)和格奥尔格·齐美尔②(Georg Simmel),他们对大众媒介的作用或重要性并不是十分感兴趣,而是专注于工业化、城市化、世俗化和个体化这些现象。之后的社会学者也没有对媒介表示过多的兴趣。只有皮埃尔·布迪厄③(Pierre Bourdieu)在他学术生涯的晚期涉及媒介,但是他对电视新闻业的批判(Bourdieu,1998b)跟他早期作品相比显得相当肤浅。纵观历史,传统社会学家对媒介往往缺乏兴趣,而我们对此或许不应感到惊讶。因为贯穿整个19世纪,媒介本身并不独立存在,而只是特定的技术手段与单独的文化现象——图书、期刊、报纸和电报等——其间的每一种媒介都是受到如文学、科学、政治和商业等其他机构所操控的工具。

直到大众媒介迅速发展的20世纪,媒介才开始被单独视作媒介,即具有某些共同构成特征和影响力的传播形式。北美社会学从20世纪30年代开始兴盛,对大众媒介——电影、广播、报纸——的研究在这一时期短暂的几十年里占据着中心的地位。杰出的社会学家如保罗·拉扎斯菲尔德④(Paul Lazarsfeld)、伯纳德·贝雷尔森⑤(Bernard Berelson)、罗伯特·莫顿⑥(Robert Morton)将社会学研究的视野运用于媒介研究,但后来又放弃了媒介而转向其他研究对象。战后的欧洲批判理论,如法兰克福学派和结构主义,引发了对大众媒介在社会中作用的批判性思考,但其主要是一条从批判理论到媒介研究的单行道。相反,在北美、欧洲和其他地方,专门着眼于媒介的学科诞生了——传播研究、大众传播研究或媒介研究。这种专业化的结果使得媒介研究失去了与更广泛的社会学视角的联系,反之亦然。但这并不意味着媒介研究已经完全与社会学及其他核心学科隔离开来;相反,媒介学者经常在研究中借鉴其他学科,例如,政治学理论被运用于研究舆论的形成,人类学理论被用于研究媒介的使用。但是,当涉及如现

---

① 埃米尔·涂尔干,法国社会学家,社会学的奠基人之一,与卡尔·马克思及马克斯·韦伯并列为社会学的三大奠基人,《社会学年鉴》创刊人。——译者注。

② 格奥尔格·齐美尔,德国社会学家、哲学家。主要著作有《货币哲学》和《社会学》。——译者注。

③ 皮埃尔·布迪厄,法国当代著名的社会学家。他横跨众多领域,打破了学科界限,从跨学科的角度入手,对人类学、社会学、教育学、语言学、哲学、政治学、史学、美学、文学等都有研究,提出了一系列独到的思想范畴,建构了相当新颖的学术框架。——译者注。

④ 保罗·拉扎斯菲尔德,奥裔美籍著名社会学家,著名的美国实证社会学家。他是哥伦比亚大学应用社会研究局的创办人,对社会心理学和传播研究做出突出贡献。——译者注。

⑤ 伯纳德·贝雷尔森,美国社会学家,是保罗·拉扎斯菲尔德在进行伊里县研究时的重要合作者。他曾经做过报纸使用与满足情况的研究,并推动了内容分析法在传播研究中的应用。——译者注。

⑥ 罗伯特·默顿,美国知名的社会学家,科学社会学的奠基人和结构功能主义流派的代表性人物之一。——译者注。

代化进程这类更为根本的社会学课题时,学科间的相互交流就变得十分有限。因此,媒介一直是社会学领域的一个边缘议题。近年来,由于各种形式的数字媒介的扩张,我们看到了这两个学科关系恢复的新进展。曼纽尔·卡斯特尔①(Maunel Castells,2001;2009)对于互联网和网络社会的探讨,是将媒介视角纳入社会学理论的尝试。同样,从媒介研究的角度出发,全球化研究已然引起了社会学和文化分析的关注(Silverstone,2007)。媒介化理论即是将这两门学科拉得更近的一种尝试。它既是一个实证性过程,呼吁媒介研究学者、社会学家和其他学科的研究人员的共同努力,也是一个需要通过跨学科对话得以发展的理论概念。

媒介化应当被看作是与全球化、城市化和个体化同等重要的一个现代化过程。这其间,与上述若干过程类似,媒介将社会关系从现有语境中剥离,并重新嵌入新的社会语境之中(Giddens,1984;1990)。与其他进程相比,媒介化直到现代性的后期阶段,即高度现代性阶段才开始凸显。在这一时期,媒介与其他机构的差异化增大(我们称此为半独立的媒介机构[semi-independent media institution]的出现),并被重新整合到文化和社会之中(我们称此为媒介与各种社会机构的整合)。因此,媒介化是一个特殊的晚近的现代进程(late-modern process),或引用约翰·B.汤姆森②(John B. Thompson,1990:15)的话来讲,这一进程“在某种程度上是现代社会的重要组成部分,在某种程度上……是我们今天所处社会‘现代’的重要原因”。经典社会学形成时期,媒介与其他机构并没有很大的差异,当时的媒介也远不及现今这样普遍和具有影响力,因此,媒介并没有得到太多的关注。而在对晚近的现代社会的当代社会学考察中,媒介对文化和社会重要性的理论已不再是一种有趣的可能性,而成为一种毋庸置疑的必要。

---

①　曼纽尔·卡斯特尔,现任洛杉矶南加州大学传播学院教授,传播技术与社会研究中心主任,社会学系及政策、规划和开发学院共聘教授。已出版20余种著作,包括《信息化城市》《信息时代三部曲:经济、社会与文化》《网络社会的崛起》《认同的力量》和《千年终结》,古根海默(Guggenheim)会员。曾获得莱特·米尔斯奖与罗伯特和海伦·林德奖。——译者注。

②　约翰·B.汤姆森,剑桥大学社会学教授,主要研究方向为现代社会理论和政治理论、媒介社会学和现代文化社会学、社会组织等。他的著作对现代西方社会学乃至文化哲学界产生了极大的影响。——译者注。

第二章

媒介化——一个新的理论视角

一、导论

"媒介化"这一术语被运用于不同语境下描述媒介对各种现象的影响。然而,界定这一术语并将其发展为理论概念的研究却仍鲜见。直至最近,媒介学者才开始试图发展这一概念,使其成为对社会和文化过程更加全面与准确的理解(Hepp,2012;Hjarvard,2008a;Krotz,2009;Schulz,2004)。因此,让我们首先审视当前研究中关于这一概念的不同意涵(关于媒介化研究的概述,参见Lundby[2009a]和Kaun[2011])。

早期,媒介化被用于指涉媒介对政治传播的影响及其对政治的其他影响。瑞典媒介学者肯特·阿斯普(Kent Asp)最早提出了政治生活媒介化的概念,即"政治体系不仅在很大程度上受到大众传媒对政治报道的影响,而且还自我调节以适应大众传媒需要"(Asp,1986:359)的过程。其中形式之一,是政治家的公开声明个人化和极端化,以期获得更大机会被媒介报道。阿斯普将媒介相对于政治资源日益增长的独立性视为媒介化的另一个标志。这意味着媒介获得了对其内容的更多控制权。他借鉴了挪威社会学者古德芒德·赫尼斯(Gudmund Hernes)对"被媒介扭曲的社会"(Hernes,1978)的表述,而后者的观点更加宽泛。因为赫尼斯认为,媒介对于一切社会机制及其关系有着根本性影响。尽管赫尼斯并没有使用"媒介化"这一术语,但他所提出的"被媒介扭曲的社会"这一概念以及该概念在社会整体观的应用,与本文提出的媒介化概念在许多方面具有一致性。赫尼斯建议我们:

> 探究媒介对于制度和个体的影响,如行政机构、组织、党派、学校和商业的运行方式及其如何互相关联。媒介如何重新分配社会权力?……简而言之,从制度的视角来看,关键问题在于媒介如何改变其他社会实体的内部运作及其相互关系。(Hernes,1978:181)

我们可以在阿什德和斯诺(Altheide and Snow,1979;1988)的著作中发现十分类似的观点,他们提倡开展针对"媒介所推动的社会制度变革分析"(analysis of social institutions-transformed-through-media)(Altheide and Snow,1979:7)。

尽管媒介研究的传统社会学路数试图通过分离某些变量从而理解媒介影响,但它们忽略了媒介影响文化生活的这一前提,阿什德和斯诺则希望呈现媒介逻辑是如何塑造社会中产生并流通的知识储备。尽管他们屡次提及媒介逻辑(media logic),但从格奥尔格·齐美尔的经典社会学借鉴而来"形式(form)与格式(format)"才是他们的基本概念。因此,他们的前提是"形式重于内容"(Altheide and Snow,1988:206),亦即,媒介逻辑在极大程度上体现为形式化逻辑,而这一逻辑则进一步决定物质的分类、表征模式的选择以及媒介中社会经验的选择与表达。阿什德和斯诺在分析中或多或少偶然提及了包括技术和组织在内的媒介逻辑其他方面。与此同时,由于阿什德和斯诺(1979;1988)立足于北美的素材,商业性成为起作用的逻辑本质。而他们在"其他方面"的主要兴趣在于探索科技在何种程度上以及如何影响传播形式,尤其是政治传播的形式。因此,更宏观的制度变革仅仅是附加的兴趣点。正如隆比(Lundby,2009b)在对阿什德和斯诺的批判中指出的,后者倾向于将格奥尔格·齐美尔的社会形式概念简化为传播形式,因此无法将媒介变化与更宏观的社会变革理论相联系。按照齐美尔的观点,隆比(Ibid.)认为,社会形式由持续性社会互动构成,因此,"媒介化研究应该将重点放在:当媒介介入社会互动中时,社会和传播形式如何变化发展"(Ibid.:117)。

与阿斯普(1986;1990)相似,马佐莱尼和舒尔茨(1999)将媒介化概念应用于媒介对政治的影响。例如,1989 年费尔南多·科洛尔·德梅洛(Fernando Collar de Mello)在巴西大选中对电视媒介的使用;西尔维奥·贝卢斯科尼(Silvio Berlusconi)在通往意大利权力之路中对媒介的运用;托尼·布莱尔(Tony Blair)对英国媒介的"政治装扮"。这些案例体现了大众媒介在政治权力运作中日益提升的影响力。马佐莱尼和舒尔茨将媒介化描述为"现代大众传媒发展所带来的问题伴生或结果"。谈及其影响,他们认为,"媒介化政治是指政治失去其自主性,其核心功能逐渐依赖于大众媒介,并依靠与媒介的互动而得以形塑"(Mazzoleni and Schulz 1999:249)。但马佐莱尼和舒尔茨也强调,这并不意味着媒介将政治权力从政治机构中剥离,例如议会、政党等政治机构仍能够良好地控制政治,但这些机构越来越依赖于媒介,并不得不去适应媒介逻辑。

其他涉及政治媒介化的重要研究包括延森(Jenssen)、阿尔勃格(Aalberg,2007)、斯托姆巴克(Strömbäck,2008)以及科特勒(Cottle,2006a),其中,科特勒将冲突的媒介化视为是媒介在一系列政治和军事冲突中的"积极施为(performative)参与和建构(constitutive)角色"(Cottle,2006a:9)。斯托姆巴克(2008)提出了媒介化政治的四阶段模型,每一阶段都以媒介对政治影响的质的变化为特征(参见第三章)。

在媒介研究的其他子域内,媒介化概念已被用来描述媒介对研究的影响。瓦利夫荣纳(Väliverronen,2001:159)并不将媒介化视为"一个严格的、分析性的概念,而更确切地说它是一个模糊的概念,用以特指大众媒介和以其他技术为中介的传播形式对文化与社会日益显著的影响"。由此可见,媒介在知识的产生和科学的流通中扮演着重要角色。试想,有多少人对进化史不同阶段的知识来自史蒂文·斯皮尔伯格(Steven Spielberg)的《侏罗纪公园》(*Jurassic Park*)电影或 BBC 系列纪录片《与恐龙同行》(*Walking with Dinosaurs*)而非课堂。此外,媒介也提供了公共讨论和科学合法化的平台。魏因加特(Weingart,1998)将其视为媒介与科学相联系的决定性因素:

> 科学媒介化理论的基础在于:随着媒介塑造公共意见的重要性日益增长,道德与感知以及由于科学对稀缺资源的日益依赖及由此产生的对公众认可的依赖,科学将越来越媒介化。(Weingart 1998:872;另注意,魏因加特将"媒介化"拼写为"medialization")

罗德和希弗德(Rödder and Schäfer,2010)认为,尽管科学媒介化是一个经验性事实,但这一事实却被一些特定学科、学者以及研究所局限。因此,相比社会的其他领域,科学也许是一个较少被媒介化的领域。媒介化研究的另一个重要领域关注媒介对宗教机构、信仰和实践的影响(Hjarvard,2008b,2011;Lövheim and Lynch,2011;Hjarvard and Lövheim,2012)。宗教媒介化的结果并非产生新的宗教,而是新的社会环境,在其间,定义和实践宗教的力量已然改变(详见第四章)。

舒尔茨(Schulz,2004)试图寻求发展一个涵盖个体、社会机构或制度的媒介化类型研究。他区分了媒介改变交流与互动过程的四种类型。首先,媒介在时间和空间上**延伸**了沟通能力;其次,媒介**替代**了先前面对面的社交活动。例如,网络银行取代了银行与客户之间的会面;第三,媒介带来了活动的**融合**,面对面交流与媒介化传播相结合,媒介也随之渗入到日常生活。最后,不同领域的参与者不得不调整他们的行为以**适应**媒介的评估、形式以及惯例。例如,政治家会学习在和记者的即兴交流中言简意赅地表达自己。毋庸置疑的是,上述过程并不意味着对所有社会领域具有同等重要性,但是舒尔茨(2004)的类型学可以成为媒介化研究的一个实用分析工具。

二、媒介化的现代性,抑或媒介化文明?

除了使用媒介化的概念描述媒介对于诸如政治、科学、宗教等领域的影响,一些学者将其与现代性或文明这些更宏大的理论联系起来。社会学家约翰·B.汤姆森(1990;1995)将媒介化视为现代社会发展一个不可或缺的因素。15世纪中叶,印刷媒介的发明见证了科技的诞生以史无前例的规模在社会中传播信息。这一革命性的科技事件使大众媒介(书籍、报纸、杂志等)作为社会的重要力量得以制度化,并推动了远距离、更多参与者的传播和互动,并前所未有地让存储与累积经年累月的信息成为可能。因此,大众媒介推动农耕和封建社会变革,创造了例如国家、公共领域和科学等现代制度。而此后如广播、电视和网络等媒介的发展,则进一步加强了媒介化过程。曾经局限于人与人之间的面对面传播,经由媒介化继承发展,传播者和接收者之间的关系得以决定性改变。以大众传播为例,传播者一般保持对讯息内容的控制,但对接收者如何运用讯息很少产生影响。然而,在交互式媒介中,传播者和接收者都能够影响传播的内容。尽管如此,这一情形仍无法等同于实在的面对面传播。汤姆森(1995)注意到,媒介化与其文化影响以及国家和全球范围的庞大媒介机构的出现有着强烈联系。这些机构的生产和符号性产品的分配改变了制度之间以及制度与个人之间的传播流程。福纳思(Fornäs,1995)则发展了汤姆森(1995)媒介化理论,尤其将其与现代性日益增长的文化自反性结合考量。由于越来越多的媒介成为个人日常生活的一部分,媒介文本、图像和话语成为个体身份建构的一部分。

克罗茨(Krotz,2007a;2007b;2009)同样从更为宏观的意义上使用媒介化概念,以明确媒介在社会变革中的角色。他把媒介化视为一个与个体化和全球化并列的**"元进程"**(meta-process),并将其定义为"一个历史性、不间断的、长期进程。在这一过程中,越来越多的媒介出现并得以制度化"(Krotz,2009:24)。但他没有提出一个更细节的正式定义,正如克罗茨所言,"媒介化的定义常常受到时间和文化背景的限制"(Krotz,2007a:39)。在某个特殊时期或历史阶段,媒介化可能呈现出某种特殊形式或具体表现,但由于其是元进程,因此并不局限于该特殊历史时期。受到埃利亚斯(Elias,1939)文明理论的启发,克罗茨将媒介化构想为一个持续性过程。在这一过程中,媒介改变人际关系与行为,并因此改变了社会与文化。这意味着,他将媒介化视为自文化产生之初便紧随人类活动的、持续的文明进程的一部分。

一些学者(如Schulz[2004]和Krotz[2007a])指出媒介化理论和所谓媒介理论(medium theory,或有时被称为"媒介环境学")之间的某些相似之处。后者的著名倡导者包括英尼斯(Harold Innis,1951)、翁(Walter Ong,1982)、麦克卢汉(Marshall McLuhan,1964)和梅罗维茨(Joshua Meyrowitz,1986)。这两种理论都选择从整体视角看待媒介影响,并关注媒介内容及媒介使用之外的其他方面,因为媒介内容及使用已占据绝大多数的媒介研究。由此,媒介化理论与媒介理论在关注不同媒介对传播的特殊格式化以及由此带来的对人际关系的影响方面是一致的。克罗茨(2007a)也指出媒介理论的许多不足,其中之一是技术决定论的倾向。媒介理论关注个别媒介科技的某些固有逻辑,因此,印刷技术或电视被视为是导致新型社会产生的关键因素。这其中,科技和文化互动以及形成科技的文化环境则被忽略了,媒介被简化为其科技"本质"。克罗茨告诫,我们不应在脱离情境的情况下解读媒介化概念,因为媒介理论很少对具体的历史、文化或社会关系感兴趣,而是以宏观层面的变化为导向。克罗茨(2007a)强调,相比之下,媒介化理论被认为更热衷于实证分析,包括对不同人群的特殊媒介化过程开展研究。尽管媒介理论存在技术决定论的倾向,我们也应当注意不应过度强调媒介理论和媒介化理论之间的区别。梅罗维茨(Meyrowitz, 1986)关于电视对人类行为影响的分析显然具有历史性的地位,它没有充满麦克卢汉(1964)式的技术乐观主义。相反,梅罗维茨试图讨论媒介如何重新建构社会互动空间。因此,我们在发展媒介化理论时,将尝试整合梅罗维茨的观点。

本书所提出的媒介化概念和舒尔茨(2004)以及克罗茨(2007a;2007b)的观点有着共同之处。媒介化的重要过程包含了延展性(extension)、替代性(substitution)、融合性(amalgamation)以及适应性(accommodation)。此外,通过历史、文化及社会分析而展开的实证检验是必要的。但是,本书的理论框架强调了下述两个方面。首先,我们应从制度视角(institutional perspective)来研究媒介及其与文化和社会的互动。制度视角将媒介化分析置于文化和社会的中观层面,即不高于微观的社会互动分析,但低于将社会视为一个整体的宏观考察。与此同时,制度视角使我们能够针对特殊领域内构成媒介逻辑的元素展开分析,从而更好地了解媒介和其他社会领域(制度)之间的互动。制度视角决不排除对文化、科技或心理的考量;相反,它为考察上述各方面之间的互动提供框架。第二,媒介化概念被应用于高度现代性的历史环境中。这其中,媒介扮演着双重角色:既作为一个拥有半自治权的社会制度,又与其他社会制度的运作交织在一起。此处,我们明确地借鉴克罗茨(2007a;2007b)的文明视角,试图涵盖媒介对社会与文化产生影响的每一个环节。我们发现,对媒介化过于笼统的理解并没有多少用处,因为它减损了分析概念的清晰度。如果我们想要使用媒介化概念去阐释文化和社会中媒介所扮演的特殊、重要角色,那么,使用古代或中世纪的相同术语去描述媒介影响也许会令人困惑。

在此举一个历史上的案例,以阐明克罗茨与我们的文明观视角之间的区别。印刷机的发明以及支持印刷技术使用的相关社会与文化机构(供给基础设施、教育等）的发展，彻底变革了书面语言、个体之间的关系，并对宗教及知识产生了显而易见的影响（Eisenstein，1979）。然而，我们不会把这一例子视为宗教或知识媒介化的一个案例。因为新的印刷媒介没有发展成为独立的媒介制度，而是为其他制度服务，以助其巩固权威（例如，新教教堂的传播和教育制度的兴起）。书籍内容及其影响很大程度上受到社会其他制度的控制，而并非作为一个半独立性质的媒介机构。控制并不是绝对的，其关键在于程度，但是控制程度却也有着至关重要的影响。按照我们的观点，媒介化不是我们讨论媒介与社会和文化之间相互关系的唯一概念。媒介通过种种途径影响文化和社会，但媒介化却并非理解一切的唯一关键词。与此同时，我们对媒介化的见解更为限定且明确。它被用于描述社会和文化综合发展中的一种状态或阶段（a condition or phase），即媒介对其他社会制度或系统施加特殊的主导性影响（particularly dominant influence）。据此，媒介化与诸如城市化与全球化等其他主要的现代性过程是同样的。与此类似，上述概念不排除城市居住或国际关系在近代社会中的重要性，但是后者主要用于指涉现代文明和社会中日益加剧的变革。

三、后现代理论中的媒介化

一些学者认为，媒介化是一种特殊的后现代情境的表现。这其中，媒介带来新的意识和文化秩序。媒介化与后现代主义之间最极端的联系见于让·鲍德里亚（1994）的著作。他将图像、声音和广告等媒介文化的符号或标志理解为现实的拟像（simulacra）或表象（semblances），其不仅比物质和社会的现实更加真实，而且将取而代之。这就如同一张世界地图，由于过于生动、具体和全面，以至于比世界的本来面貌更加真实。用鲍德里亚自己的话来说，媒介构建了"超现实"（hyperreality）。它们遵循符号学逻辑，产生的主要影响包括如何使传播及话语从属于一个主导性符码（dominant code）："媒介化并非来自日常报纸、电视或广播，而是对符号形式的重新解读，其被整合形成特定模式，并被'符码'（code）所操控。"（Jean Baudrillard，1994：175f）这一拟像理论使得鲍德里亚总结：媒介的符号世界已经取代真实的世界。他甚至表示，1990 至 1991 年的海湾战争并没有发生，它只是媒介拟像的虚构。诚如鲍德里亚（1995：40）所言：

> 这是一种信息的伪装：被包装过的面孔延续对图片的滥用，而图片则充满莫名其妙的悲痛。没有战场的图片，只有面具、盲目的或落败的表情的图片，虚假的图片。

我们不应按照表面的意思理解鲍德里亚的表述，即将其理解为对媒介之外的物理和社会现实的存在的否定,即使他的某些陈述可能会带来这样的误解。鲍德里亚所言的关键在于,媒介对现实的表征在社会上占据了主导地位:我们对现实的认知和建构以及行为,始于媒介化的表征,并由媒介引导。藉此,类似于战争的现象不再是其曾经的模样。因此,由媒介精心安排的海湾战争并不是我们所熟知的战争的原貌,因为我们对战争的认知被媒介所呈现的图像以及符号所影响。雪拉·布朗(Sheila Brown,2003:22)支持鲍德里亚的媒介化及其结果的后现代主义立场,其描述了一系列传统差异瓦解的新社会情境:"尤其重要的是,当代意义上的媒介化特指一个世界,其间**本体论的分野**(ontological divisions)正在这个世界中崩塌,即事实与虚构、自然与文化、全球与地区、科学与艺术、科技与人文之间的差异。"

毫无疑问,媒介化使现实与媒介对现实的表征之间、事实与虚构之间的差异复杂化和模糊化。但同时,我们发现,对于媒介化的后现代主义理解过于简单和宏大。过于简单,因为它暗指单向度的转变,即媒介化现实替代经验现实,且传统差异简单地被消解。本书所提出的媒介化概念不采纳所谓媒介化的现实主宰一切,或传统的本体论分歧已经"崩塌"的观点。媒介化在此被理解为对虚拟空间互动机会的**扩展**,以及对人们感知何为真实的**差异化**。出于同样的原因,诸如全球与地区之类的差异变得更加分化,因为媒介扩展了我们与曾经是"世界角落"(faraway places)的事件和现象的联系。

后现代概念之所以过于宏大,是因为它所宣称的现实的消逝、对社会与社会认知起根本作用的差异与分类的瓦解时,显得过于宏大。难以想象的是,如果事实与虚构、自然与文化、艺术与科学不再是彼此区别的实体,社会制度能够继续运行。此外,鲍德里亚所论及的主导性的符码、"操控"社会符号与标志的流动并不明确。总的来说,他关于媒介拟像、超现实以及现实消失的主张似乎过于夸张,或者至少缺乏实证佐证。讽刺的是,这些论断似乎基于一个过时的假设,即在后现代纪元之前,物质和社会的现实存在是直观而具体的。

媒介对新的现实的构建及其与旧的、非媒介化的现实之间的关系,比鲍德里亚和布朗所论述的更加复杂且微妙,但这却不能减弱对这种关系进行讨论的重要性。下述来自音乐产业的案例也许对问题的阐释有所帮助。菲利普·奥斯兰德(Philip Auslander,1999)发现,现场演出与媒介化的音乐演出的关系随时间发展发生着变化。起初,非媒介化的演出是媒介化音乐版本的出发点:音乐广播与录音模仿演出的表演。随着时间的变化,媒介化进程进入繁盛期。藉此,电影原声、专辑、音乐视频等均拥有了其各的自表现形式,并占据了文化产品发行中的特定地位。随着媒介影响力的不断提升,媒介化的音乐与现场音乐之间的关系逐渐反转：音乐会演出开始模仿媒介化的形式。许多巡回演出的音乐会明显具有专辑的特征，摇滚音乐会也常常为适合广播而设计，且(或)利用大屏幕来补充观众所看到的表演(Auslander, 1999；Middleton, 1990)。此外，观众使用移动媒介对音乐会现场的个人摄录以及 YouTube 用户对官方音乐视频的重新编辑，进一步创造了媒介化现实的新层面。传统意义上，现场表演被认为比媒介化表演更真实，但奥斯兰德指出，两者之间日益加剧的反转性正在挑战这一观点。尽管真实问题并非变得无关痛痒，它却已在媒介化与现场表演的**相互作用**中成为一种条件：

> 录音是音乐的主要体验；现场表演是验证录音中声音的真实性。在摇滚文化中，现场表演成为音乐的次要但却是必不可少的体验。因为没有它，主要体验就无法得到验证。(Auslander, 1999：160)

媒介化与现场表演日益加剧的相互依赖意味着，我们不能简单地断言一种形式比另一种形式更加真实。从社会学的观点来看，媒介化交互相比非媒介化，既没有增加也没有减少真实性。从身体或感官的视角而言，即使我们看见并听到演播室里的播音员，仿佛他们在我们面前，播音员仍没有在现实中有形地出现在家中。从此意义上而言，媒介化与面对面交流也许存在一定程度上的差异。然而，从社会学视角来看，试图区分交流的不同形式的现实状态是没有意义的。非媒介化的现实和交流形式仍然存在，但媒介化意味着它们受到媒介存在的影响。例如，非媒介化互动由于某些特定目的得以保留，并承载着特殊的文化意义，人际、面对面的交流在媒介化的社会中获得了新的文化价值观。媒介化交流形式倾向于模仿面对面互动的形态：由此，它们不仅是面对面交流的替代品，也拓展了面对面交流的场合(Hjarvard, 2002a)。

四、定义

前文所引述的既有研究中"媒介化"概念的使用，包含了若干媒介与社会互动的核心内容，也构成了"媒介化"定义的一部分。此前对这一概念的使用常常缺乏一个清晰或更加通用的定义；此外，该概念还有许多方面缺乏清晰说明。在某些情况下(e.g., Väliverronen, 2001)，学者将"媒介化"宽泛地用于指代媒介对当代社会影响的持续增长；在其他情况下，学者的目的在于发展出有关媒介如何与政治关联的理论(e.g., Asp, 1986,1990；Strömbäck, 2008)。该概念的另一个模糊之处在于，媒介化概念被应用于哪一层次或哪些领域。一些学者使用"媒介化"来描述某特定领域(政治、科学等)的发展，而另一些学者则将它用作新社会环境的总体特点,不论是基于现代性(Thompson,1995)还是后现代性(Baudrillard,1981)。

　　本书将"媒介化"作为一个关于媒介在文化和社会日渐增强和变化的重要性理论的核心概念加以使用。文化和社会的媒介化使我们理解文化与社会时越来越依赖媒介及其逻辑的过程。这一过程以**二元性**(duality)为特征,即,媒介融入(integrated)其他社会制度与文化领域的运作中,同时其自身也相应成为社会制度。因此,社会互动——在不同制度内、制度之间以及社会整体中——越来越多地通过媒介得以实现。宏观上而言,"媒介逻辑"这一术语被用来描述媒介所具有的**独特方式**(modus operandi)及特质("媒介的特质"),从而影响其他制度与文化社会,因为后者越来越依赖媒介所控制的资源,以及媒介所提供的资源。"媒介逻辑"并不意味着在所有媒介背后的一种普遍的、线性的或单一的合理性。它只是一个概念短语,用于描述特定制度的、美学的和科技的独特方式,包括媒介分配物质与符号资源,以及在正式与非正式规则下运作的方式。媒介逻辑影响交流与传播的社会形式,例如政治传播如何在媒介中得以开展(Strömbäck,2008);媒介逻辑也影响社会关系的本质与功能,以及传者、内容、受众的关系。而对于媒介的依赖程度在不同社会制度与领域之间则有所不同。

　　近期的媒介化理论探讨中常常提出对"媒介逻辑"的批判(例如,Couldry,2008,2012;Lundby,2009b;Hepp,2012)。其中的一个关注重点是,我们如何一方面从理论上肯定媒介的特质,另一方面理解这些特质如何通过人类活动影响文化与社会。尼克·库尔德利(2008;2012)曾批评,"媒介逻辑"的观点暗示了社会变迁的线性发展,以及一个在所有媒介运作背后的单一逻辑。尽管如此,寻找对上述"媒介逻辑"狭隘理解的支持者(如果存在)是非常困难的。甚至经常被指选择"媒介逻辑"这一观点的阿什德和斯诺(1979),他们事实上也致力于考察在不同社会领域中媒介的不同特质。如前文所述,隆比(2009b)试图通过借助齐美尔的社会形式观点解决上述问题,库尔德利(2012)提出,基于布迪厄理论所发展的"媒介资本"可以成为论述媒介如何对不同领域的社会实践施加影响的关键(见本章讨论)。赫普(2012)有关"媒介逻辑"的批判源自于行动者网络理论(Actor-Network-Theory)。他认为,"围绕媒介作为塑造力量的特质(specificity of the media as molding force)的讨论……将某一媒介描述为仅仅具有'自身'(on its own)的特质是毫无意义的"。与此相反,他继续写道,"只有在与实践相结合时,媒介才能变得'强有力'。因此,媒介不应被理解为一种因果关系或作为行动的自身,而是一种形塑行动的'力量'——这也就是其形塑力"(Hepp,2012:18)。

这些理论的讨论提供了极其有价值的洞见,并同时凸显了媒介的影响如何通过社会互动的实践产生以及再生产的问题。我们将在进一步对媒介化的理论分析过程中采纳上述观点。尽管如此,批评者们对于"媒介逻辑"的否定及对社会互动的片面强调倾向于遮蔽如何考察媒介特质的问题。一个社会学常识是,任何文化与社会影响(政治、媒介、宗教等)必须经由社会互动实现,但是这并不能回答我们如何从理论上了解一个特定的社会机构、领域或系统(无论我们选择使用什么标签)所呈现出的一系列跨时空再生产以及影响其他机制的内在特点。换言之,通过否定媒介自身的属性与动力,媒介的特质被消解为情境化社会互动的实践,而我们仍面临一个谜团,而非对问题的回答。据此,"媒介逻辑"的观点也扮演着对进一步的理论工作的提醒的角色,它提醒我们如何去理解媒介特质与社会实践之间的结合。通过将对媒介逻辑的理解植入制度的社会框架,我们能够考查社会互动与宏观社会之间的关系。本章接下来将通过使用功能可见性概念来论述这一问题,并在随后的章节中解析,探讨不同类型的媒介(及其不同特质)将如何在不同方面影响其他制度。

媒介化并非一个在所有社会均存在的普遍进程。它主要存在于 20 世纪末期现代、高度工业化的社会加速发展中。随着全球化进程的发展,媒介化影响着更多地区和文化。但媒介化的影响千差万别。全球化与媒介化至少在两方面相联系:一方面,全球化假定了技术手段延伸了远距离的传播与互动;另一方面,它将新语境下的媒介化传播与交流制度化,从而推进媒介化进程。

按照我们的理解,媒介化是一个非规范性(non-normative)概念。如前所述,马左莱尼和舒尔茨(1999)更多地将媒介化与媒介对政治的影响直接联系起来。毋庸置疑的是,总体上而言,学术研究与公共讨论对于制度对媒介依赖的假定在本质上是有瑕疵的。"媒介化是消极的"这种先验的假定带来了一系列问题,而且这样一种规范性论断将导致一般性叙事的衰落,即媒介影响等同于某个政治公共领域中的衰落或公民社会的瓦解。哈贝马斯(1962)的公共领域结构转型理论就是这种媒介影响的规范路径的典型案例。而哈贝马斯也在此后承认他对这一话题的早期观点过于悲观(Habermas,1990)。媒介化是否具有积极或消极的结果不能笼统地决定:它是一个具体的、分析性的问题。这一问题的解决需要结合特殊语境加以理解。在此语境下,我们需要衡量特殊媒介对某种机制的影响。如果我们能够探讨积极或消极的结果,则对上述这个问题提出了规范出发点的审思。

正如在前言中提到的,媒介化不应与更宏观的中介化概念相混淆。中介化指通过某种媒介的传播,其能够既影响讯息又影响传者与受众之间的关系。例如,如果政治家选择通过博客而不是报纸去与选民沟通,这一选择很可能影响他/她传播的形式与内容。同时政客与选民之间的交流关系也将得以改变。然而,不论博客还是报纸,某种媒介类型的使用将不必然成为一种社会制度,并进而对政治产生显著影响。中介化描述特殊社会语境下媒介类型传播的具体行为。相比之下,媒介化指涉一个更长期的过程,即不断增长的媒介影响所带来的社会及文化机制与互动模式的改变。然而值得注意的是,例如阿什德和斯诺(1988:195)和西尔维斯通(2007)等一些学者混淆了"媒介化"和"中介化"术语。这期间,不同的研究传统产生了不同且令人困惑的区分。在欧陆的媒介研究中,尤其是斯堪的纳维亚与德国的研究传统中,对于"中介化"和"媒介化"的概念使用存在更悠久、更详尽的传统。而英美学者则更频繁地使用"中介化"这一术语,并因此在近似意义上采用"中介化"这个概念,包括描述媒介化传播的特殊案例,以及对媒介对社会更宏观意义的影响进行阐述。起初,英国媒介学者库尔德利(2008)为西尔维斯通的"中介化"概念辩护,认为这是一个更复杂的术语,但是后来他转而支持了克勒茨(2009)对媒介化概念的理解并阐述,"通过使用媒介化这一概念,我们承认媒介作为一个所有社会进程中无法忽视的维度"(Couldry,2012:137)。总而言之,近来的探讨似乎已解决了术语的差异,并倾向支持欧陆学派。

与此同时,在社会学理论中有一个被更加普遍运用的术语,"媒介"。例如,货币可以被描述为一种交换的媒介。与此相似,在语言学或心理学中,言语被认为是一种表达的媒介。在宗教社会学中,媒介可以指能够沟通超自然领域的人或物。尽管这些"媒介"术语的意义在各自语境下均十分有用,在本处它们却并不相关。本论著中"媒介"这一术语源自媒介与传播研究,即在时间、空间以及形态上扩展了传播的科技。媒介不仅仅是科技,也包括不同语境下组织和规范媒介的社会与美学形式。此外,我们使用了复数(plural)形式。这是由于不同类型的媒介具有不同特质,且它们在文化与社会中的使用及内容上均有差异,所以媒介并不是一个统一的现象。因此,媒介化的结果,既取决于语境,也取决于媒介(medium 或 media)的特质。

在媒介化的过程中,我们可以区分媒介化的**直接**(强)和**间接**(弱)形式(Hjarvard,2004b)。直接媒介化是指,先前的非媒介化活动转换为媒介化形式的情形,亦即,通过某种媒介互动而完成的活动。直接媒介化的简单例子可以是国际象棋从有形的棋盘向计算机游戏的转化。国际象棋先前需要玩家围绕棋盘博弈,而现在正越来越多地经由计算机软件开展游戏。尽管在许多方面游戏仍保持不变,如规则一样,棋盘外观一样,等等,但是计算机的使用开启了新的选择：你能和计算机而不是和人博弈；能通过网络和远程对手比赛；能存储和访问早先的比赛，等等，而且这些新的选择影响了下棋的体验，也影响了游戏的文化语境。直接媒介化的复杂例子则是通过网络的"在线银行业务"。所有种类的银行工作与服务（支付、贷款、货币与股票以及财务分析）均可以通过计算机连接网络互动开展，媒介显而易见地扩展了银行与客户的有效选择。与此同时，银行与客户的行为均在媒介化影响下发生了改变。

间接媒介化是指，某个特定的活动在其形式、内容、组织或语境方面越来越多地受到媒介符号或机制的影响。我们可以再考察一个简单的案例：围绕汉堡店餐饮业的新兴营销产业。光顾汉堡王（Burger King）或麦当劳（McDonald's）不再是简单的用餐体验，而且带来了人们曝光于电影与动画片的可能。和品尝汉堡的机会几乎一样的是，每光临一次这些餐厅——尤其对最年轻的顾客来说——它意味着收集电影角色玩具的契机。当然，你仍然能够仅用餐而不将自己暴露在媒介娱乐环境下，但是围绕汉堡餐饮业的文化语境等，在符号与经济方面都与媒介的存在有关。而间接媒介化的复杂例子则是媒介与其他社会制度之间互文性话语的发展。例如，法国人对美国的认知也要归咎于有关该国的媒介叙事（现实或虚构）。因此，法国关于美国的政治讨论也交织着对美国文化、风俗及历史的媒介表征。

媒介化的直接和间接形式常常交织在一起，因此区分二者并不总是那么容易。区分二者需要在分析性语境中。直接媒介化使既有的社会活动变得可见，即从非媒介化活动向媒介化形式转变，在这种情况下，区别先后，考察其不同更加容易。媒介由此成为特定社会活动的必要交互界面。间接媒介化则不必然影响特定的活动。因此，某个活动或领域的间接媒介化会是一个更微妙和普遍的角色，且与社会制度对媒介传播资源与权力普遍增加的依赖性相关。这当然并不意味着间接媒介化不重要，或者说，从社会视角来看，间接媒介化拥有更小的影响。相反，两者同等重要。

五、作为半独立机构（semi-independent institution）的媒介

诚如此处所定义的，媒介化不仅仅意味着媒介对其自身的影响，它们成为一个半独立机构，并为其他社会制度与参与者提供交流手段。媒介干预并影响着例如家庭、政治、宗教组织等其他社会制度的活动，同时也为社会整体提供一个"共有之物"，即其他社会制度与参与者越来越多地将媒介作为互动场合的虚拟交流论坛。为了在理论层面对其社会效果展开探讨，我们应首先考虑将媒介化

与制度和互动的社会学概念并置加以考量。正如此前所指出的,媒介化本身具有双重性,因为它在不同的制度语境下介入人际交流互动,同时也将媒介建构成为半自治的制度。媒介化的社会学理论因此必须阐释这一双重性,并说明制度与互动之间的联系。

制度指涉现代社会中稳定、可预测的构成部分,其形成特定生活领域、特定时间和地点中传播与活动的框架。制度在上述领域内影响社会再生产,赋予其一定程度的自治,建立区别于其他领域的独特身份。家庭作为一种制度组织生活中的重要的方面,例如爱情、养育、休养/娱乐和供养。政治则是另一种制度,它为集体讨论与决策提供框架,用于讨论涉及共享资源、规范和活动的内容。有关制度的细致讨论源自吉登斯(1984)所提出的结构化理论。该理论与宏观社会学理论(例如,帕森斯或卢曼的系统理论)或微观社会学研究方法(例如,符号互动论)均不同,而使得结构与行动(互动)之间的动态互动成为可能。对吉登斯(1984)而言,结构与行动彼此互相建构。社会结构(如政治等制度)是通过社会行动者的持续行动所构成(再生产和/或改变)的。同时,社会行动者利用现有的结构(资源、正式或非正式的规则等)实现相互理解,并追求各自目标(如政治影响)。总而言之,社会结构并非一成不变,而必须在社会行动中得以再生,不仅如此,人类不仅制定社会规则,还在使用过程中拥有反思的能力,因此在一定语境下能够通过对特殊社会规则的运用改变社会结构。

按照吉登斯的观点,制度具有规则以及资源配置这两个主要特点。规则与资源配置赋予制度相对于其周边世界的一定程度的自主性。规则也许是隐性存在和现实的,即讨论某一制度的特定情境下所谓恰当行为的隐性知识生产。它也可以是显性与正式的;法律成文或在学校、公司中形成的既定目标或议事规则。在复杂的现代社会中,制度很大程度上受指导于显性或隐性的规则。不仅如此,制度的存在意味着,如果出现规则被打破的情形,制度将监督执行且实施制裁。而即使制裁也或多或少包含着显性或形式的特征,这使得规则被个体内化且大部分保持隐性。违背规则的制裁通常体现为同龄人认可的尴尬或内疚的情感,或是同事、家庭成员的显性批评。而非正式规则常常具有规范的特点,它们由流言、讥讽及责骂得以维持与制裁。

正式的规则通过形式化形成妥善定义并令人熟知的显性制裁;在某些情况下,打破这些规则可能会被起诉。媒介与其他制度一样,也受到规则操控。它们一方面服从众多法律法规,其间一些法律法规也适用于其他制度,而另一方面也包含了特别针对媒介类型的活动规则。这一方面的例子包括出版自由的立法,允许用户报告网络社交媒体的滥用(例如举报图片),以及有关诽谤的法律。一些媒体公司则公开宣称其指导原则及其所努力扮演的公众角色。媒介生产的具体实践受到非正式规则的操控,这些规则体现为例行程序、职业习惯及专业主义。因此,当新闻记者选择故事(新闻价值的标准)与新闻来源互动时,他们势必遵守规则,并将诸如客观性等规范作为一种战略性仪式整合入其新闻产品(Tuchman,1972)。

而制度的另一个主要特点,即资源的配置。吉登斯进一步区别了两种资源:物质资源和权力。制度以诸如原材料、建筑和设施、人力、知识等形式管理物质资源;权力的委任也发生在制度内。因此,谁在制度内负责物质资源、谁代表制度发言、谁与谁互动等均是明确的。让我们以家庭为例:家长通常控制家庭中诸如房和车等物质资源以及法律赋予家长对孩子在家庭中的权力与责任(在法定成人年龄下,父母的权威也受到法律约束;针对儿童的特定行为,诸如身体和精神虐待被禁止)。与此相似,媒介同样体现为资源配置。个体媒介公司配置工程资源、人事及行程等给不同部门,从而实现生产,而各个部门作为配置方将获得必要的硬件。或许尤为重要的是,他们将投入时间与注意力。媒介化意味着其他制度越来越依赖媒介所控制的资源,因此它们将不得不服从于媒介运作的一些规则以求获得通往这些资源的途径。这一点此后将进一步详述。

六、制度的变迁

媒介发展成为半独立机构是与日俱增的劳动细化与分工的例子,其在现代社会的许多领域和方面都有所体现。现代化之前的农业社会,社会以低程度的专业化为特征,因为大多数人生活在农村地区,且家庭及出身主要决定了从摇篮到坟墓的过程。随着民族国家的出现以及工业化与城市化,先前作为整体、不加区分的社会分化出越来越多满足生活不同方面的机构和制度。科学与宗教分离,劳动市场则发展出更庞大的专门职业与行业。在这一早期现代时代里,媒介扮演着重要角色,因为它们使不同类型的活动从区域语境中分离出来,并在国家或国际层面上建构起专业论坛。书籍和期刊奠定科学与科技的基础;报业创建民主的政治公共领域;文学与流行杂志则推动了文化公共领域的发展。

然而,在这一社会发展阶段,媒介仍然未成为半独立机构。相反,它们仍主要是**其他机构所控制的工具**(instruments in the hands of other institutions)。19世纪政党在许多西方国家逐渐形成,它们纷纷开始出版报纸,使政党报业系统得以兴起。这些报纸中的极少数拥有独立于政党和所有者的新闻编辑部。政党和报纸之间常常存在密切关系,编辑们通常是政党团体的一部分。这里的一个例子是丹麦的维戈·赫鲁普（Viggo Hørup）,19 世纪社会自由党派政治家及哥本哈根《政治家日报》（*Politiken*）的创始人。赫鲁普的政党工作与他作为《政治家日报》主编的工作无法割裂开来。所以,某日他向某团体的演讲文本很有可能就出现在第二天的报纸版面中。与此类似,在科学、艺术、法学领域的各个机构,政党均拥有其各自出版渠道,由编辑控制。

20 世纪 20 年代广播的诞生,标志着媒介开始普及化,并通常面向国民公众。于是,它们逐渐具有了**文化机构**（cultural institutions）的特征。由此,我们认为,媒介不再是任何特殊机构或制度利益的工具,而与多种社会机构和制度保持距离。历史上,广播及其后的电视在世界的不同国家和地区有着大相径庭的发展,或国家持有,或商业推动,或扮演公共性的角色。在北欧,广播通常作为国家本身之外的公共服务机构得以制度化。根据这一框架,广播及电视代表着普通大众和社会共同利益,并在政治、艺术、科学等领域建立起一个平衡多元利益的论坛。而无线电广播出现垄断的形式与科技的本质及媒介自身有关,这也意味着在 20 世纪 20 年代间的无线电频道在物质上不可能创造与诸如报业所催生的多样性。尽管如此,垄断也应被视为一种保证公共及国家政策的选择,且它也承载着新媒介所应承担的教育听众的职责。几乎与此同时,报业也在上述类似的方向经历了一次发展。20 世纪间见证了政党报业的衰落与最终消亡。但是,当前的问题在于,报业一旦采纳了"公共"概念（"omnibus",即面向所有人）,便迈入了文化制度的发展之中。新闻媒介不再作为特殊政治利益的工具,而开始从更宏观、公共与普遍的视角协调多种社会制度（政治、艺术、家庭等）与特殊利益。而这一革命性过程的潜在动力与广播媒介发展的动力截然不同。当欧洲的广播与电视被视为公共制度,并被寄予教育与启蒙的使命时,公共报业则迈向商业发展,广告收入成为其驱动力之一。尽管如此,在欧洲的具体历史条件下,报业扮演了文化机制的角色,为全社会和其间的每一位成员提供服务。

媒介成为文化制度是其进一步独立于其他制度的发展的第一步。这意味着媒介实践的逐步职业化。其中,例如,伴随着职业培训与伦理规章的发展,新闻业成为一种职业,而培训和规章则赋予该行业一定程度的自主权（Schudson,1978；Kristensen,2000）。记者的自我认知主要包含与政治权力和商业利益的对立,以及与新闻来源保持距离的规范。

20 世纪 80 年代见证了欧洲媒介产业与社会的一系列结构性变迁的开端,其也预示了媒介从文化机制向媒介机制的转变。公共广播电视服务垄断的结束以及广播服务通过卫星与海底电缆的扩张,为广播与电视领域创造出更加商业化、竞争性的环境。因此,市场力量挑战了电视作为文化制度的身份与重要性。

20 世纪 90 年代见证了电子通信领域的管制放宽,移动电话与互联网络的迅速扩张突然使得媒介系统更加复杂化。新兴媒介在内容和目的方面仅仅有着宽松的管制。这些发展并非孤立地发生,而是遍及欧洲的大规模新自由主义"浪潮"的一部分(Preston,2009),当然,这也发生在欧洲以外的许多国家。放松管制的新自由主义议程并不特别针对媒介,也隐含了对包括公共领域在内的机制。在媒介领域,新自由主义政策对于削弱社会(文化以及政治)对集体以及个人传播上的影响产生了深远结果,与此同时,它推动新经济动力加速新媒介的发展与扩散。因此,媒介化这一社会过程不仅仅是媒介发展"内部"的结果,也是科技、政治和经济变革的综合产物。

从制度的角度而言,媒介不再是文化制度,站在公共利益的角度上代表着整个社会的一般大众。更强劲的市场导向使得媒介更加明确地关注服务于其自身的受众与用户。这意味着更大程度上媒介的**用户操纵**(user steering),即媒介对受众及用户的关注优先于其所承担的其他社会制度和文化义务(Hjarvard,1999)。尽管报纸、广播、电视和互联网络仍然为政治、艺术和文化生活提供空间与实践,但是这些空间和实践的"公众启蒙"则被削弱。其他社会生活的领域反而成为提供给读者、观众与听众的媒介产品的原材料。尽管早期媒介被视为**传者操纵**(sender-steered),例如,政党报纸时期由某些特殊利益操纵或被公共服务广播优惠条款惠及,但时至今日,媒介制度在很大程度上受到商业利益的驱动以适应受众与用户的市场需求和购买力。

这当然并不意味着媒介已成为类似家具或培根制造商的私营企业;它们在社会中仍然继续扮演着集体性的角色。媒介为私人和公众提供交流的论坛,其他制度依赖其实现公众和制度间的交流,以及制度内部的交流。这里所体现的二元性,即媒介脱离其他制度的控制,却仍然扮演着社会中公共传播的角色,赋予了媒介在社会的重要性。因此,媒介逻辑并不能简化为单一的市场逻辑。不可否认的是,媒介向消费者销售产品,但是它们同样也为其受众和用户服务,这既包括了一般公众,也涵盖了特殊制度下的社会个体。家庭使用媒介引导子女的养育、设计生活空间,家庭成员相互之间通过媒介展开交流。政党也使用多种形式的媒介与其他政党和公众交流,并展开党内交流。

为了继续服务于上述集体性功能,媒介仍需要强调其对公众利益的关心,而这也维持着其文化制度的角色,并推动新闻业作为拥有部分自治职业的发展,其间宣称其公正性、客观性等规范。媒介作为文化制度的时代,启蒙的使命督促它关注公众利益,并吸纳整个社会参与;当代这一领域的关注主要集中于包含记者、电视制片人、社交网络管理者和其他媒介领域中的工作者对**媒介专业主义**

（media professionalism）的内化。专业主义则越来越多地被定义为依照媒介特殊行业的要求而行动的能力，而非服务于公益事业的特殊职业（Örnebring，2009）。因为媒介——尤其是电子媒介——已然与其他制度的生活世界融为一体，用户成为媒介生产者。新媒介最为重要的是社会个体之间的**社会关系生产**，而社会个体也越来越多地激励参与内容生成。相应的，双重逻辑主宰着当代媒介：媒介专业主义和受众/用户参与。

　　表2.1总结了媒介的制度变迁。需要指出的是，这是一个高度简化的模式，而且不考虑个体媒介所包含的差异。此外，它主要反映的是欧洲西北部国家的历史发展。当然，即使是在西北欧的语境下，同样存在总体发展之外的情形。如在表格所包括的三个时期内，曾出现过在其他制度主管与运作的媒介（如科学期刊）。这正如自19世纪80年代以降，媒介主要受市场导向影响而提供轻松的娱乐。

表 2.1　媒介的制度变迁与发展

主要历史时期	制度特征	主导逻辑	媒介系统	宗旨与目标
1920 年之前	媒介作为其他社会机构与制度的工具	特定利益的操纵	党报、科学期刊、宗教出版物、艺术杂志等	代表特殊机构的特定利益，从事说服与煽动工作
1920—1980 年间	媒介作为一个文化机构	公众操纵	公共广播与电视服务（垄断），公共报业	扮演社会公共利益在公共场合的代表
1980 年以降	媒介作为半独立媒介机构和制度，并同时整合融入其他制度之中	媒介专业主义和受众/用户参与	商业化和竞争性媒介、卫星电视、互联网络、移动和交互媒介	受众服务，针对不同媒介系统中目标群体的销售

七、功能可见性：结构化互动

　　到目前为止，我们对媒介化进行了界定，并讨论了其发展。接下来，我们将审视媒介化**如何**影响文化与社会。本质上而言，我们探寻在特定的制度下媒介如何介入个体之间的交流和互动（如家庭成员之间使用移动电话）；媒介如何介入**制度**之间的互动和传播（如网络媒介允许在家办公）；以及媒介如何影响**整个**

社会中社会个体的传播活动（例如，宣传与观察喜庆、危机或悲剧性的重要事件）。首先，我们考察微观层面的社会互动，进而转向宏观的社会层面。

社会互动由**传播**与**行动**构成。毋庸置疑的是，媒介是传播——两个或更多成员之间意义的交换——的手段。正如语言语用学（Austin，1962；Searle，1969）所阐释的，传播可以被视为是一种行动的形式：通过传播，人们不仅交换信息，也通过例如承诺、确认、拒绝、决定等相互影响，并进而影响彼此之间的相互关系。除了传播的行为，传播双方的实体存在也包含了不同社会行动的形式：买卖、工作或游戏。

媒介介入社会互动的方式取决于特定媒介的特点，即特定媒介所具有的物质和技术特征以及社会与美学特征。感知心理学家詹姆斯·吉布森（1979）所提出的**功能可见性**概念可以用于说明媒介的特征及其与社会互动之间的关系。吉布森本人并没有将这一概念应用于媒介，而是用于人类与动物如何感知并与周围世界互动的总体理论。这一理论认为，人类与动物都并非被动地感知其周边环境；相反，他们采用行动导向与实用的模式接触这个世界及其中的物体。任何物体，基于其物质特点（形状、尺寸、密度等），将适用于特定的用途。据吉布森所言，客体的功能可见性即指潜在用途。树对于一些动物来说代表着阴凉，而其他动物则以树叶为食，鸟类则栖息于此。某些客体引出特定的用途：如一块扁平的石头可以被抛出并"跳跃"着横穿静水；一扇关闭的门则可以被打开。某些用途被实践所规定，而有些用途则逐渐被淘汰。总而言之，任何给定客体的功能可见性不仅意味着某种行动成为可能，也排除了其他可能性，并建构了行动者与对象之间的互动关系。此外，客体的功能可见性是否被使用，有赖于人类或动物与客体的互动。有了梯子的帮助，我们可以攀爬，但前提是使用我们的四肢。因此，功能可见性也受制于客体与使用者"温和"的程度。诺曼（1990）在对科技与其他人工产品的研究中指出，除了物质与使用者的客观特点，还有第三种决定性因素影响功能可见性。他据此引入了"感知功能可见性"（perceived affordance）的概念，从而整合功能可见性的关系层面，而这其中的关键因素在于用户对他/她的目标客体的心理评估。因此，客体的功能可见性受到用户动机和目标的影响，这也意味着其大环境的文化习俗与解读的影响。

伊安·赫胥比（Ian Hutchby，2001；2003）认为，吉布森的功能可见性概念允许我们站在超越技术决定论与激进的社会建构主义两分立场的位置来考虑媒介科技与社会互动关系。作为技术的媒介并非简单地对文化与社会施加影响，它们也并不具有无限延展性。正如赫胥比（2001：453）所建议的，科技"**对使用、围绕或通过人工产品的可能性设限**。出于同样的原因，技术所呈现的行动和交流的功能可见性范围也有着不同的运用方式"。根据休斯（Hughes，1994）所言，我们需要区分媒介技术发展以及其已在社会上充分建立并制度化的不同时期。在第一阶段中，社会与文化对媒介技术的影响呈开放式，但第二阶段它可能达到了其自身的技术动量（momentum）。最终，我们需要基于物质、社会及美学特征来考察媒介的功能可见性。

根据吉布森（1979）和诺曼（1990）的概念性框架，我们认识到作为技术的媒介拥有一系列功能可见性，**功能可见性可以促进、限制**并**形塑传播**与**行动**。例如，广播使听众对音乐表演的体验达到空前的程度。而在广播出现之前，几乎只有小范围的都市名流能够接触到音乐会。尽管如此，节目安排、信号范围以及扬声器的质量都影响了收听体验，即何时、何地以及如何收听广播等，广播机构的组织因素也限制了其所提供的音乐数量与类型范围。

也许最重要的是，媒介使跨越距离的互动和传播成为可能，这意味着人们不需要在同一时间聚集在同一位置展开交流和互动。下述这一对比研究比较了媒介为中介的互动与无需经过媒介的面对面互动揭示了媒介如何改变交流与互动。汤姆森（Thompson，1995）区别了三种类型的互动：面对面互动、媒介化的类互动（mediated quasi-interaction）和媒介化互动。面对面互动下，全体在场者可以接收到口头或非口头表达。而大众媒介，如报纸、广播、电视，则提供了汤姆森所称的媒介化的类互动，即传播面向未知、不确定的受众群。更关键的是，受众群无法和传者展开互动。与此相反，电话通话则属于媒介化互动：谈话发生确知彼此的个体之间，个体在平等的地位上展开互动。因此，汤姆森认为，媒介化的类互动是独白式的，而媒介化互动则是对话式的。

这种区别具有至关重要的意义。尽管如此，汤姆森对术语的选择，即"类"这种表述是有所不足的。因为这一表述让人认为，阅读报纸文章和观看电视节目仅仅看起来像是交流互动，而通过电话或面对面谈话是真正的交流互动。从社会学视角来看，无论是读者与报纸文章之间的互动，还是观众与电视节目之间的互动，都未必比一段早餐桌上的对话缺乏真实性或意义。尽管大众传媒无法让受众即刻回应传者，这并不意味着受众对报刊文章或电视节目的活动不属于行动或传播。观看报纸或电视频道本身就对传者和受众具有社会重要性。对于传者而言，观看统计数据与评估具有有形的商业价值。此外，读者或观众也许对所读所看的信息记忆犹新，并将其与其他事物相联系起来。

从更广义的角度来说，我们不应忘记，社会互动不一定意味着参与各方有着均等的表达或行动的机会。这同样可见于非媒介化的直接交流与互动，如会议中发言人与参与者之间或法庭诉讼中的参与者之间。上述这些例子均体现了对表达机会的严格控制,而且实际上其间的表达机会均不平等。即便如此,这种不平等并不意味着会议或者诉讼仅仅属于"类"互动;它仅仅体现了无论是在媒介化还是直接的社会交流互动中,参与方对个体表达和对互动进程或其结果影响所扮演的不同程度的社会角色。但需要指出的是,媒介确实影响着交流互动中的社会角色。这不仅包括媒介使用本身,也涵盖了通过特定媒介可选择的交流模式,而这些均影响了不同参与者的交流和行动能力。恰恰由于媒介在越来越多的语境中扮演着愈加重要的角色,我们对社会角色的认识也需要围绕不同社会角色所具有的影响媒介覆盖能力而展开。

最后,需要注意的是,汤姆森的三种交流和互动形式的区分受到早期的、已相当遥远的媒介情境影响。时至今日,传统的大众传媒,如报纸、广播、电视频道等已然发展了允许受众回复以及参与的传播新手段——如,受众通过短信、电子邮件或者博客参与传统大众传媒的传播。同时,如移动电话、短信以及电子邮件等人际间传播媒介也创造出在某种意义上与大众传媒相似的、面向多位受众发布讯息的可能。藉此,相比起简单地采纳汤姆森所提出的术语,我们应当将重点放在区分非媒介化(面对面)和媒介化的传播,进而依照如单向/双向、人际/大众、文本/声音/视觉等指标来开展研究。

八、媒介对交流与互动的改变

媒介化交流与互动和非媒介化的交流与互动同样真实,区别仅在于媒介化交流互动发生在不处于相同时空情形的社会个体;而这一情形相应地改变了参与者之间的关系。如果依照美国社会学家戈夫曼①(Erving Goffman, 1956)对处在比邻物理空间内人们之间社会互动的描述,媒介化交流和互动情境与前者的区别将更为明显。戈夫曼通过剧院的例子,将交流与互动描述为在舞台上的表演。他具体区分了舞台上与幕后表演的不同,即行动和传播不对参与者公开。除开口语和非口语传播(面部表情、手势、身体语言等),参与者也将通过多种其他途径或"小道具"(服装、香烟、桌子和椅子)与其他参与者博弈(实际和象征意义上)领土,而这也是交流与互动的一部分。比较典型的就是,参与者在交流互动中彼此合作,寻求达成对当前情境的一种共识,以期完成共同目标。

与面对面传播大相径庭的是,媒介在时间和空间方向上延伸互动:媒介使

① 欧文·戈夫曼,加拿大社会学者。在社会学界,他被誉为符号互动论第三代代表人物,其成名作为《日常生活中的自我呈现》。戈夫曼的主要兴趣是研究社会互动的状况,对社会互动更为微观的研究是以戈夫曼为代表的第三代符号互动论的研究特点。——译者注。

得社会个体在世界任何地方可以开展即时通讯。媒介化交流互动由此不需要参与方出现在同样的时空。不仅如此,媒介也改变了个体参与者界定社会情境、使用口语和非口语传播与其他途径、定义互动领土界限的能力。这一系列改变带来了深远的影响,其中以下述三点尤为有趣:首先,媒介使得社会个体在多个舞台上同时"行动"更加容易;其次,参与者能够更加容易地为满足个人利益而改变社会交流和互动;最后,参与者之间的相互关系,包括可接受行为(尊重、语气等)的规范也随之相应改变。

对第一种影响而言,媒介不仅允许人们开展远距离互动,也使个体**同时进行多种社会交流互动**成为可能:我们可以在看电视时与家人谈话,在办公室通过电话给孩子建议等。就此而言,互联网络使可选择的空间进一步丰富:使用网络过程中,我们可以打开任意数量的窗口开展互动活动,如工作、银行交易、购物、和家人朋友在线沟通等。用戈夫曼的话来说,我们借助媒介得以在多个平行情境下的前后台转换。

媒介主要通过下述功能使得作用者能够依据其自身利益使交流互动最为有效:它们减轻了使用者社会关系的负担,且允许对信息交换实施更大程度的控制。它们不需要人们像以前那样花精力来参与社会活动或获取信息。电视的普及以及其成为夜间和周末娱乐的必要部分体现了媒介如何在不花费更多金钱、注意力或精力的情况下获得成功。我们也许邀请朋友共度夜晚,但那将消耗我们准备食物、社交等方面的精力。毋庸置疑的是,面对面的会面具有其独特优势,但电视仍是提供娱乐更为简单和可靠的方式。与此类似,人们通常选择向同事发送邮件信息而不是拜访他们,即使同事就近在咫尺。这是因为电子邮件比谈话更能让你把握交流互动,而谈话则通常需要更长时间并包含着一定程度的礼貌,这也意味着其存在的风险是你的同事想要讨论一个与你的计划完全不同的话题。

尽管面对面的交流互动允许每一个参与者聆听和观察所说所做的事,媒介却可以使**把握发送和接收来自参与者的**信息成为可能。例如,传者能够决定何时回应他人的信息,且对自身投射于他人的形象具有更多操控可能。正如戈夫曼(1956)所指出的,在个人管理自身对其他参与者印象能力以及其他人审视与评估我们所传达的印象之间存在一个本质上的不平衡。戈夫曼尤其区别了我们所**给予和流露(give off)**的印象。最为典型的是,在与他人谈话时,我们往往追求建立一个自身的最好印象。但是我们同时也流露出其他许多印象,这或是潜意识的结果,或因为我们对操控信息的失败。言语所给予的印象可能与肢体语言所表达的印象矛盾。戈夫曼称,我们只有成为非常娴熟的表演艺术家才能够掌握自我呈现的所有方面。与此相反,多数受众整装待发地期待通过分析和评价他人的行为来发现错误或矛盾。就此而言,媒介可以帮助我们管理投射于周边世界的印象,就一般情况而言,媒介的传播渠道越窄,传播越容易被操控。

九、社会规范的重建

交往与互动中关系和规范的变化是上述影响的第三个层面。要考察这一问题,我们首先需要考虑面对面交往中的规范机制。戈夫曼指出,在社会互动中,参与者投入相当程度的努力以实现彼此尊重。面对面交往时,参与者彼此协调,建构所参与的社会情境,这其间有些社会角色与行为被认为是与情境相关并被接受,而其他则不是。为了避免尴尬(例如,对于情境的误解或举止失当而引起的嘲笑和/或责骂),参与者极大程度地致力于**面子功夫**(facework),目的在于维持参与双方当前情境下的尊严。面子功夫的目的在于确保其他人在当前情形下免于丢面子。不仅如此,它也体现着个体如何维护其自身的尊严。换句话而言,社会情境下的社会规范由参与者互相协助而实现再生。藉此,在面对面互动中,我们寻求避免公然违反可能通过**嘲笑**、**闲言碎语**或**责骂**而导致丢脸的规范。作为一种幽默形式,嘲笑被用于界定社会接受度的范畴,惩罚突破界限的社会个体(Billing,2005),但它不可能在没有团体凝聚力的结果下执行。闲话在场的人是不被接受的行为,因为闲言碎语本身挑战着一个人的尊严。然而,闲话不在场的人却能够被接受(Bergmann,1993)。最后,谴责(不同程度的责骂)一般对群体的和谐显示出威胁。出于这一原因,谴责等通常发生在闭门之后,当然,除非谴责的目的在于树立(负面)榜样并在更大的群体中形成规范。

媒介化互动延伸了互动中**领域**的运用,并使其复杂化,这包括相对于其他参与者而言,我们对自身的定义。它也规范了互动的不同领域之间对信息的获取。媒介通过一个单一的互动空间联结不同的物理位置和社会语境,但是它们并不消弭物理和社会语境的现实。电视、电话和网络跨越距离,但是这一过程中使用者并没有离开沙发或是书桌而进入互动空间。因此,媒介将互动中的参与者联结,并同时在虚拟"舞台"和参与者各自以地点划分的社会语境之间创造距离,而参与者仍然隶属于这其间的社会语境之中。这一现象在电视方面尤其明显,其间发送者和接收者的情境被明确加以区分,但它同样也存在于网络或移动电话的人际传播中,在后者情境中,对获得充分人际交往的缺乏提醒我们交流参与双方之间的距离。

围绕媒介使用者与特定地域关联的社会情形和媒介化情形的仿真这两者的分离或区隔意味着多种规则下影响的机制,例如嘲笑、讲闲话和责骂,将呈现新的形式。这是因为,媒介化互动中的参与者缺乏对其他参与者行为的充分接触,因此,社会个体先前以地点为界限的社会情境很可能与假定"后台"角色与媒介化互动有关。然而,这并不是戈大曼最初意义上的后台,因为它也可以"在台上/在表演中",亦即个人注意力焦点的关注,并在实际情况下建构社会个体在虚拟媒介"前台"上的互动框架。例如,青少年之间的短信传播有可能源于某些参与者的娱乐需求,他们在与朋友们一起同处于某一社会情境下时,在他人背后以"对话"的形式开玩笑,而其他人并不知道他们所发送的信息正成为笑话素材。与此相似,电视观众能够模仿屏幕上人们的方言,嘲笑他们的外表。交互式媒介更适合此类更为狡黠的玩笑形式,甚至允许受众通过网站、短信和可视电话展开过分的欺凌。

当这类远程或脱离情景的交互通过媒介得以开展时,它们将导致互动"前台"和"后台"之间关系的改变、延伸和复杂化。因此,强制规范的机制会朝向被认为是不合理的方式发展,甚至在一定的情况下,在面对面情境中严重侵犯他人的诚信。尽管面对面的交流不会公开包括围绕参与者的流言,但流言有可能在"后台"传播(Bergmann,1993)。一些媒介和媒介体裁,如杂志、电视真人秀和博客等,公开发布尤其是关于名人的小道消息。此外,除了填充这些媒介专栏和播放的空间外,面对面情境下媒介的流言也成为一种合法的话题,即使这些话题在上述情境下并不合适(Hjarvard,2002b)。对媒介强制执行的规范机制未能消除其效果,在某些情形下它们则可能影响更大。这是因为,媒介使得嘲讽、闲话或责骂公开可及。但是,由于媒介化互动所特有的距离感或与情景的脱离,从用户的角度而言,媒介机制的影响似乎比面对面的情形更少干扰性,并有着更弱的影响。

十、虚拟化和新的社会地理学

媒介化交往不断增长的复杂性见证了媒介化的宏观影响,即社会制度的**虚拟化**(virtualization)。早先时期的制度局限于特定场所:政治存在于议会、市政厅和会议厅;教育则在学校和大学开展;艺术呈现于舞台、博物馆和美术馆。媒介介入的结果使得社会个人参与和分享许多不同社会制度,而不受制于特定的地点。与政治的接触可以通过在早餐桌上阅读报纸,在车上收听广播,或是通过办公室的互联网络展开。

社会制度的虚拟化与这些制度的驯化(domestication)并行。极为典型的是,居家和家庭成为接触其他制度的场所。报纸、广播和电视将政治和文化表达带入家中;网络智能终端则将工作引入家庭生活;通常情况下,数字媒介使得我们可以在家庭舒适环境下与公共和私人领域展开互动。一方面,所有这些意味着居家和家庭这一种制度的日渐重要,它使得我们得以接触和参与其他制度。另一方面,居家与家庭也随之发生了变化,因为尽管家庭成员居住在家里,他们却在精神上完全归属于其他制度。因此,制度的虚拟化意味着家庭失去了规范家庭成员行为的部分能力,而是转而由社会个人来决定他或她参与哪一制度,并据此相应调整行为。这也意味着制度语境不再由其所在的物理地址所定义,而是成为一个日渐由个体决定的问题。而这一趋势在新媒介所具有的移动性影响下进一步加剧,因为移动性允许个体随时随地展开对制度的访问。当家庭接入互联网络时,办公室或学校潜在地对其实施集中控制。这意味着社会个体的移动媒介接入使得社会控制通过虚拟交互的功能性成为可能。尽管如此,虚拟化极少是全面的,因为大多数社会制度仍然保持着有形地理位置作为社会实践的重要领域。但新兴的情况在于这些有形的地理地址和建筑现在与虚拟的地点和空间展开互动,而在虚拟世界中发生的事件也将对现实社会实践产生影响。

如前所述,自 19 世纪以来,媒介将社会互动从地域层面剥离(Giddens,1984),并嵌入到国家的——稍后全球的——语境(Hjarvard,2003)。在 20 世纪的最后几十年间,媒介跨越国家界限成为越来越普遍的现象,媒介由此而推动了全球化进程。因此,汤姆林森(1999)论述了媒介在**去区域化**(de-territorializing)文化体验和社会互动中的影响。伴随着互联网、移动电话和电视剧、电影、音乐、广告等不断扩展的全球市场——这同时与人口流动、旅游和全球贸易结合在一起——我们的体验不再束缚于地区或国家语境,而是在全球化的语境下。同样的,媒介使得跨越政治和文化界限的互动成为可能。在媒介不断增长的复杂与包容影响下,社会呈现出一种**复杂的互联性**(Tomlinson,1999)。在全球化的时代里,媒介不仅仅是国家与民众之间的传播渠道,也跨越形形色色的地理区域和参与者建立起网络。这一发展反过来带来更大范围的**文化反思**。由于文化产品的流通和跨界传播,现实中没有一种文化能够独立于其他文化发展。更大程度上的文化反思并不意味着来自国外的影响必然增加或变得不可或缺。毋庸置疑的是如各种类型的原教旨主义所示,外国的媒介文化也许被排斥或批判,但是更广义的文化反思使得文化的发展不再是"简单地"排除其他文化,而是在对其他可能性有所意识的前提下发展。

试图描绘当前媒介发展趋势的社会地理的困难在于,它们无法描述任何单一角度的发展。反而,发展趋势同时包括许多方向,这也导致了一个比迄今为止所知的更加复杂的社会地理。尽管如此,诚如我们所考察的媒介推动的新兴地理,我们可以区分下述两种截然不同的情形:首先是同质化(homogenization)与差异化(differentiation);其次是离心力(centrifugal force)与向心力(centripetal force)。简而言之,如果我们视20世纪的媒介图景始终以国家公共领域为中心,那么近年的发展则已然改变了媒介的传播空间。另一方面,**离心力**拓展了国家公共领域与外部世界的联系,例如卫星电视(CNN,AI-Jazeera,Cartoon Network等)以及网络等跨国媒介推动了全球化媒介环境,声音、图像与文本得以轻易穿越国界。在网络影响下,国外报纸与广播电台仅仅是一"击"之遥。更重要的是,年轻人可以在全世界范围内通过电子游戏交流,并展开聊天。与此同时,向心力同样在发挥作用:即媒介环境下诸如社区广播、当地报纸、社区网站、家庭博客等形式更加"内向"(introverted)的传播不断涌现。

从某种角度而言,上述发展形成了同质化的结果;而在其他方面,**差异化**则得以加剧。广播和电视频道不断丰富意味着我们"一起"收听和收看的节目将会越来越少。不同互动媒介的使用允许我们创造不同传播的语境,较为典型的媒介有小范围的聊天室、博客、在线游戏等。尽管有这样的分化,我们仍时常会经历集体的"我们"复苏的媒介现象。国家皇室成员生活中的大事,在如英国、丹麦等许多国家成为国家层面的媒介事件,并连续打破收视、收听率。总而言之,对移民和全球化的反应也使国家主义文化在许多国家复苏,媒介则或多或少地参与了这一进程。同质化的例子也存在于全球和区域层面。例如,半岛电视台和其他阿拉伯语卫星电视服务在阿拉伯世界创造了超越国家的政治和文化**公共领域**(Galal,2002;Galal and Spielhaus,2012),而这在所谓的"阿拉伯之春"(Arab Spring)前、中、后期的政治、文化和宗教转变中发挥了重要作用。

图2.1尝试总结上述讨论的一系列矛盾进程。这一模型的关键在于强调媒介环境正在不同方向展开扩张与发展。因此,很难断言媒介在某一特定方向上改变社会。我们也不仅仅从国家公共领域向全球公共领域迈进。在某些情况下,发展带来与日俱增的全球化,如通过英美起源的产品流通。但全球化也同样受到巴西、印度、中国和韩国等其他区域性媒介中心的影响(Tunstall,2007)。互联网络全球性传播不仅仅塑造全球化,还推动了更大程度上的个体化与社会分化,这诚如小群体对互动媒介使用的情形所示。与此同时,媒介能够促进地区间互动或对国家层面现象的关注。但应当牢记的是,上述矛盾进程常常同时发生。向欧洲发送信号的土耳其卫星电视频道也许能够维系移民对祖国的文化纽带,但电视频道也将成为全球化宏观过程中的组成部分,因此土耳其的身份、语言和文化源源不断地被转换并在一个新的跨国语境中得以形成(Robins,2003)。正如图2.1所示,媒介化能够同时在微观和宏观层面上推动大相径庭的社会发展趋势。这包括了全球化、个体化、国有化以及地区化。而哪一种趋势占

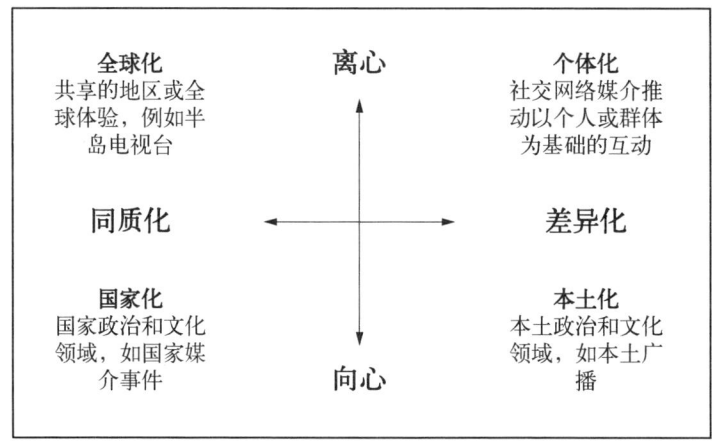

图 2.1 媒介对传播与行动的虚拟空间的促进与组织

据主导,则取决于具体语境,即特定的制度或社会活动。然而,更为精确的媒介介入的影响结果则需要经验性地就制度与媒介之间的相互作用和历史文化语境展开考察。

　　媒介带来的地理扩张与曾经的国家媒介系统所带来的凝聚力并不具有同等程度的凝聚力。地区、国家、个人/群体联系以及全球性的联结远未达到稳定的情形,且与现代治理理论中论及的**松散耦合**(loose coupling)(Orton and Weick,1990)有所相似。在晚近现代时期的网络社会(Castells,2001)中,有着明确官僚体系与决策过程的国家组织已部分地被网络治理所取代,呈现出一种更为分散的本质(Bogason,2001)。与此类似,不同的社会空间或多或少地被松散联结在一起。在不久前的国家媒介系统中,媒介与政治文化制度之间的连接通常更加牢固。报纸与广播中的话题常常对政治系统和文化与反思领域有着直接影响——反之亦然。而在全球化的媒介系统中,媒介表征与社会行动之间并不存在显著的关联(Hjarvard,2001)。聊天室与博客中的话题、跨国卫星电视频道或地区小众广播中的议程,常常仅对国家层面的政策制定产生随机的影响。相反,国家政策和管制则有可能大相径庭,并轻而易举地通过国外网站和广播电视频道得以规避。简而言之,媒介化与全球化之间的相互影响形塑了一个更加复杂的社会和文化地理,其间,个体、地区、国家和国际实体通过新的方式彼此联结。

十一、共享经验的领域

　　当微观社会层面的媒介化体现于媒介的功能可见性对人际交往互动结构

化的影响上时,在宏观层面上,媒介化体现于机构和制度之间在媒介介入下彼此相互联系所产生的影响。总而言之,我们可以区别媒介在这一问题上的三种功能:第一,它们构建了一个**经验分享的领域**(realm of shared experience),这意味着媒介提供了对"事物状态"(the way things are)的持续呈现和解读,并借此建构身份认同感和社群意识。第二,媒介扮演着机构内部与机构之间关系的交互平台:电视新闻广播将政治带入起居室,而广告是私营公司与潜在客户沟通的重要平台。最后,媒介创造了**政治公共领域**(political public sphere),各个制度和机构在其间追求并保护其自身利益,建立其合法性。换句话而言,媒介在宏观层面的三个功能扮演着理解社会的**阐释框架**(interpretive frame),作为机构之间的**联结**(nexus),和作为社会成员讨论并决定公共利益的事务**舞台**(arena)。

从历史角度来说,媒介建构起一个跨越制度和机构的经验的公共视野主要在于消解地区性文化,从而建立起共享的**国家**层面的经验领域。吉登斯(1984)描述现代性的一个方面即为不间断地对社会结构"脱域"(disembedding,也译为"抽离化"):地区与传统文化被打破,逐渐被忘却,并通过与更大规模的现代世界的关联而得以转型。由此而言,媒介化已然成为与城市化和工业化同等的社会力量。正如电力和铁路提高了移动性,媒介有助于精神与交往的移动性。从19世纪中叶起,报纸及其后的广播与电视一直致力于国家文化与政治统一文化而促进地区、传统文化的消解。丹麦的福利国家第一位极富影响力的文化大臣朱利叶斯·博霍尔特(Julius Bomholt)在1964年总结广播媒介的地位时,直言不讳地描述了该媒介的现代化"使命":

> 在广播的帮助下,根深蒂固的、狭隘的文化习惯被消解。孤立与滞后的文化被消除。共享文化背景使得国民彼此交流。对根除那些不久前的愚昧农民与无产阶级这一现象,丹麦广播(丹麦公共服务广播)扮演着主要的角色。(Bomholt, 1964:10)

从这个角度看,创造一个共同体验的参照体系不仅仅意味着增加新的、共享的事物,它同时也消解、废除了先前的经验与文化。因此,媒介所创造的新的、共享的国家或全球的经验领域,用吉登斯的话来说,可以被视为在一般与抽象意义上的社会互动的"再嵌入",而非先前以受地点约束为特点的文化。

本尼迪克特·安德森(Benedict Anderson, 1991)将民族共同体视为**想象的共同体**(imagined community),因为即使在最小的民族中,也没有人有可能遇见全部的成员。媒介则扮演着象征性黏合剂角色,使独立的社会个体结合成为紧密的社会整体。因此,正如杰弗里·亚历山大(Jeffrey Alexander,1981:18)所指出的,媒介是类似于司法制度的象征,因为它们能够"在文化层面构建无形的社会组织象征模式,这诚如法律制度在更为具体和'真实'的层面创造出社区共同体"。

媒介不仅创造了共同经验的参照体系,同时还建构了一个语境,使个体在其中可以从新的角度观察和体验社会。正如帕蒂·史甘诺(Paddy Scannell,1988:29)所强调的广播与电视的成就:

> 广播为一群从根本上而言全新的公众提供了共同文化(国家与跨国的)元素。在这种过程中,它在社会意义层面上重塑,并持续形塑对世界的理解和经验的可交流程度。

因此,世界既将其呈现为一个整体(如"德国"或"大不列颠"),同时又表现为具体、有形、"身边的"事物。伴随着互联网络的使用,社会个体之间的互动可轻易实现。媒介使得共同体这个曾经的抽象概念成为具体经验。

当帕蒂·史甘诺对媒介作为共同体验框架的提供者持总体积极的立场时,库德瑞(2003a)则对这一功能尤其持批判观点。库德瑞从布迪厄的场域领域出发,指出媒介在社会中角色的理论不仅需要呈现媒介如何介入和影响如文化生活与政治等领域,也需要考察"媒介通过认知或社会重要性而将某些范畴合法化,进而同时对所有领域产生影响"(Couldry,2003a:665)。换句话而言,媒介影响要大于其在各个领域影响的总和。与布迪厄"元资本"一致——该概念用于描述国家将其权力赋予不同领域的能力——库德瑞认为,我们也可以在媒介普遍化的前提下类似地谈及媒介所具有的、渗透至各个领域的"元资本",这也形成了我们解释世界的范畴。换而言之,媒介具有一种本质上意识形态的力量,从而以一种看似唯一的"自然方式"来描述社会。库德瑞(2003b)通过一系列分析扩展与验证这一想法,而现在则主要使用改进的"仪式"概念。媒介对社会个体的经验影响尤其在于媒介展示其作为社会中心的能力:借此,它们提供了赋予世界意义的解释。媒介仪式传达了"围绕关键的、与媒介有关的范畴与界限的形式化行动,其表现、构建并暗示了更宏观的、与媒介相关的价值联系"(Couldry,2003b:29)。换而言之,媒介不仅仅描述世界,更提供了理解世界的基本范畴框架(Couldry,2012)。

库德瑞的一个重要观点在于,他强调了社会权势所拥有的,界定认知、社会、词汇范畴从而影响人们对周边世界理解的内在权力。尽管如此,他对经验共同建构可能的潜在积极方面少有认识。其次,他有着对媒介权力的整体认识,即将媒介权力视为一种无所不在的影响力,没有任何机构能够挑战媒介所提供的现实描述。第三,库德瑞对"仪式"这个术语的使用与传播研究中使用的概念大相径庭(Rothenbuhler,1998)。事实上,库德瑞(2003b)主要的关注围绕着媒介的意识形态影响,尽管他偶尔使用这一术语。不论是支持史甘诺对媒介创造共同世界的乐观解读,抑或支持库德瑞对媒介化共同世界的意识形态影响的批判性解读,最重要的是,文化与社会媒介化的主要结果在于建构一个共享的经验世界,一个被媒介独特方式(modus operandi)所影响的世界。

十二、制度与机构的交界

媒介扮演着制度和机构彼此互动的交界角色。为了利用这一资源,制度必须在一定程度上参与到媒介实践中,而这一点见诸私人机构、政治团体及教育机构等日益增加的如记者、新闻发言人、公关顾问的运用。从理论层面上来说,我们通过将各种包括媒介在内的社会制度视为布迪厄所说的场域——具有一定自主和内部结构的社会领域——从而评估媒介作为共享资源或交界的重要性,并依据行动者所占据的特定位置来展开讨论。例如,艺术是一个与其他制度相较而言拥有特定自治性的场域,它拥有内部界定的规范与等级。尽管如此,没有一个场域是完全自治的;所有场域都或多或少地受到其他场域的影响。例如,艺术被同样作为场域的市场影响,因为职业艺术家需要通过经销艺术品谋生;同时,艺术也被政治场域所影响,因为文化政策影响了艺术家展示其作品的能力。不仅如此,政策也是薪俸与奖金的来源。艺术也依赖于作为场域的媒介,因为媒体的曝光是宣传与名声的关键,它有可能在艺术市场或文化政策语境下转换成其他价值形式。布迪厄据此指出了自律与他律的不同,前者指涉场域的内在逻辑,行动者根据场域自身价值展开行动,例如,艺术品根据流派的质量标准得以评估。另一方面,他律则指涉其他场域的影响所在,例如来自市场、政治家或媒介的影响。

如果我们按照布迪厄的概念解读媒介化,我们能够发现媒介在各场域不断增长的他律中扮演着至关重要的角色,并借此挑战了场域的自律。因此,媒介化的程度可以根据各自场域的自律在多大程度上被削减得以衡量。媒介同样也有自律和他律,自律体现于诸如新闻主义专业化和电影戏剧手法等方面,而他律则表现在例如广告市场所施加的影响上。媒介的自律和他律之间总是处于博弈关系之中,如,新闻媒介的新闻价值标准和优秀新闻业的理想常常与销售需求、新闻来源所施加的影响等展开博弈(Schultz,2006)。由于媒介受到其他场域或制度的影响,我们无法确定媒介影响是否仅仅源自媒介逻辑。媒介化时常与商业化或政治化并进,媒介化是否是最重要的主导因素则需要通过分析来决定。因此,任何媒介化的实证分析需要考察是否有其他制度(布迪厄的术语为"场域")在与不同媒介形式的互动中赢得或是丧失自主性,以及多大程度上赢得或是丧失自主性。

第三章

政治的媒介化：从政党报刊到舆论产业

一、导论

　　媒介在各个社会中都影响着政治权力的运行。如果没有诸如莎草纸卷这类的书写媒介以及文字，没有与之配套的科技和社会组织，建立和维持如埃及和罗马帝国这类的政治结构不会那么轻而易举。在 18、19 世纪的欧洲，书籍、杂志和报纸是反专制统治的资产阶级革命中的重要工具，而电影和海报对第一次世界大战和俄国革命亦扮演着重要的宣传工具角色。伴随现代民主的兴起，政治权力的运作必须基于大众合意与公众参与，大众媒介在此过程中开始扮演——且现今仍持续扮演着——关键性角色。媒介不再仅仅是政治权利精英的工具，它同时也发挥着民主功能：媒介逐渐被赋予提供政治信息、促进政治讨论与参与和严格监督政治权力的职责。这一过程中，媒介对政治制度、人物、行为的公共合法性变得尤为重要。

　　诸多的变化、机遇和存疑的结果已在李普曼 1922 年的著作《公共舆论》（*Public Opinion*）一书中有所讨论。在该书中，李普曼观察到民主实践中的一场革命："至此，得益于心理研究和现代通信手段的发展，民主的实践已然转向。一场革命正在进行之中，它比经济力量的任何一次转变都重要得多。"（Lippman，1922：158）19 世纪晚期，新闻媒介已然对公共舆论的形成发挥着至关重要的影响。而诸多问题中，李普曼指出，新闻媒介投射至我们大脑中的世界图像和真实的外在世界如何可能出现巨大差异。媒介不仅反映世界，也通过刻板成见描述世界。与此类似，受众对报刊文章的理解也受到自身不同观点和偏见的影响。因此，我们无法保证公共舆论的形成是基于对世界情况的恰当描述，因为它可能受到政治家与民众双方的利益和先入之见的扭曲。李普曼对"刻板成见"概念的理解并非完全负面，而是将刻板印象视为大众传播过程中不可避免的简单化。因为在大众传播过程中，拥有不同经历的人们需要理解同一讯息。

　　除了上述该著作自身的价值，李普曼的著作也见证了 20 世纪上半叶在美国和其他西方国家对媒介和传播高涨的兴趣。关于媒介说服力以及其对公共舆论影响的考察不仅常见于公众讨论，也渗透进商业市场、政治圈和学术界。广告、营销和公共关系方法遍及商业部门,建构新的消费文化,同时,这些技巧也进入政治领域,并被操纵从而满足政治目的。再者,两次世界大战的战争宣传和20世纪两大极权灾难——斯大林主义和纳粹主义——对媒介煽动性的使用,成为媒介和大众传播的政治意涵受到高度关注的另一重要背景。在诸如心理学、社会学、政治学和市场研究的各学科,对宣传、公共舆论和媒介消费的研究开始涌现,一是为了批判性地反映媒介日益增长的影响力,二是为了发展更为精湛的技巧,从而利用此契机影响公共舆论。在欧洲(cf. Horkheimer and Adorno,1944)和美国(cf. Merton,1946),媒介和传播研究根源于下述双重政治气候:对大众媒介化(mass-mediated)的民主命运之担忧和对科学地管理公共舆论这一想法的着迷。

公开的讨论始终包含着对媒介和政治影响的双重观点。最近数十年,"操控"和"媒介管理"(media management)的概念已成为描述政治人物如何试图通过媒介左右公共舆论的关键术语(cf. Palmer,2000;Maarek,2011)。英国新工党在布莱尔①(Tony Blair)带领下成功掌控党内和大众传媒的政治传播证明了"政治化妆师"(spin doctors)在政治中的重要性。毫无疑问的是,"操控"和"媒介管理"的术语指向新近出现的、政治人物对公共舆论愈演愈烈的影响手段。然而,如果用李普曼的术语来描述,上述这些术语也都已成为刻板成见:它们虽然不一定是错误的,但是却过度简化了媒介和政治的关系,这诚如上述概念对不同受众可能会产生不同的意义。对一些受众而言,"操控"也许意味着刻意寻求策略击败政治对手的操纵性手腕;对其他的受众而言,操纵则可能指以极具说服的方式将政党的所有政治传播方略整合起来的综合性策略叙事(Høybye et al.,2007)。

操控作为一种修辞手法起源于对媒介和公共舆论的早期研究,以及此后所盛行的关于操纵和诱惑民众的观点。简单地说,操控即指政治化妆师,如布莱尔传奇般的首席政治化妆师阿拉斯泰尔·坎贝尔(Alistair Campbell)。作为一位政治操控者(Mephisto)②,坎贝尔操纵了传媒及公众。尽管操控具有一定的娱乐特质,它也仅仅只是新闻媒介和政治关系中众多要素中的构成之一。正如克里斯腾森(Kristensen,2006)所指出的,对操控重要性的了解亦来自新闻媒介自身框定(framing)现代政治的结果。现代政治通过操控的话语而开始置于记者、

---

① 托尼·布莱尔,英国政治家。先后担任工党党魁、枢密院成员、财政副发言人、贸工副发言人、能源和就业事务副发言人、英国首相、议员、中东问题特使、现任哈萨克斯坦总统经济顾问。著有《新英国,我眼中的年轻国家》等书。——译者注。

② 梅菲斯特,歌德《浮士德》中的魔鬼,此处指涉对政治的操控。——译者注。

政治人物和媒介顾问之间的博弈中心。因此,政治新闻记者和政治评论员的职责包含揭露新闻报道中的政治操控,从而展现"真实的"故事。由于操控这一概念的运用也常常引起对政治人物和政治传播手段的关注,政治因此经常被简化为其过程层面,而媒介—政治之间相互关联的结构层面却被忽略。

如果我们回顾 20 世纪初期,李普曼对大众传媒无疑是极具批判性的。他期待理清媒介—政治—社会三者的复杂关系,而非将其简化为一个社会行动者的操控策略问题。与此相似,我们通过聚焦政治**媒介化**,有助于建立一套对媒介和政治的整体观念,并考察其间结构与能动性的二元性。基于制度研究的视角,我们将审视政治和媒介不断变化的结构关系,并研究其对政治人物角色以及政治的功能、形式和内容的影响。通过强调"政治媒介化"的概念,我们将理解政治制度逐渐依赖媒介及媒介逻辑的过程。政治制度在这里既指诸如议会、政党和选举的正式政治组织和政治实践,也指非正式实践,如普通公民围绕政治的讨论,以及政治人物与政治记者的日常接触。政治媒介化具有下述两方面特征,其一是媒介**融入**政治制度的日常实践中,服务于政治人物以处理内部和外部的交流和传播活动。通过新闻发布会、网站和博客等的运用,媒介既服务于政治目的,同时又扮演着政治制度和个体政治角色,"内在化"上述过程并使其符合媒介逻辑。与此同时,媒介在社会中已成为半**独立机构**,控制民主社会重要的政治资源:社会的共同关注。因此,媒介承担着多种政治功能,尤其是政治议程的设置及为政治决策和行动缔造公众认同。为了确保媒介对上述至关重要的资源管理的影响,其他的制度——尤其是政治制度——以及那些企图实现其政治影响的行业和利益团体均必须适应媒介逻辑。我们通过媒介逻辑得以理解媒介技术、美学和制度层面的特殊规则;在这些特殊规则影响下,媒介遵循正式和非正式的法则分配物质和象征资源。在现实中,这意味着政治人物不得不考虑如新闻价值、表达的一般惯例、各类媒介与其受众和用户的典型关系等诸多因素。

二、变迁的维度和阶段

在此,我们使用"政治媒介化"概念而非"政治中介化",是希望特别关注媒介对政治变迁的影响。依照前文所谈及的概念差别(见第二章),我们认为媒介在现代政治中发挥着比先前历史时期更为至关重要的作用。这当然并不是说在早期社会和其他社会中媒介不影响政治传播,因为这是显而易见的事实。我们认为,由于后现代社会的发展,媒介已经深深卷入了政治实践之中,并以一种强有力的方式改变着政治,这也使得我们有充分理由讨论"媒介化"政治而非"中介化"政治。这也导致政治在质和量上都有了变化,亦即不仅在程度上,也在不同政治维度上有所不同。

诸多学者尝试通过历史时期、维度或阶段的视角,与形式特征和实践语境相结合,从而系统化上述变迁(Asp and Esaiasson,1996;Blumler and Kavanagh,1999;Jenssen,2007;Norris,2000)。斯托姆巴克(2008)构建了一个模型,其中包含了四个维度,每个维度体现了一个特定的政治变迁。第一个维度是媒介在多大程度上已成为政治最重要的**消息源**,个人经历和人际交往是否构成重要的消息源,媒介是否已在政治信息传播中取得主体性地位;第二个维度是,媒介有可能**依附**于政治机构,还是有可能相较于政治制度而言具有较高的**独立性**;第三个维度包含**媒介内容**(例如,政治相关新闻),尤其是被政治逻辑或是媒介逻辑所操控的;最后一个维度则是,**政治人物**可能在很大程度上被政治逻辑所支配,或受到媒介逻辑的控制。上述这每一个维度都体现着政治媒介化程度的衡量水准。

在此基础上,斯托姆巴克(2008)进一步提出了四个阶段的媒介化发展进程,每个阶段都以上述四个维度下政治对媒介的影响为特征。第一个维度体现了政治媒介化,其第一步是政治中介化,因为中介化政治的扩散——最终将使媒介成为政治消息的主要来源——是其他三个维度媒介化的必要前提条件。在第二个阶段,媒介逐步独立于政治机构,记者获得更高的自治权,可以根据自己的标准来筛选新闻。这一进程在第三个阶段得以继续,但是,在此阶段中,政治机构开始主动适应新闻媒介的需求。比如说,政治机构有目的地发布政治信息,以迎合新闻标准或新闻的截止日期。因而,政治新闻内容更多地受到媒介逻辑而非政治逻辑的控制。在最后一个阶段,政治机构不仅迁就媒介逻辑,而且将媒介逻辑内化,以至于对媒介的考量成为日常政治思考和行动(包括政治观点和轻重缓急的安排)的重要部分。斯托姆巴克的四个阶段基于一种**逻辑**模型。他也强调,在现实世界中,媒介和政治的关系很可能比模型所表述的更为多样和复杂。比如,不同的媒介体现出相对于政治制度的不同程度的独立。在一些国家,独立的媒体与受政治人物部分控制的媒介共存。与此类似,政治制度和政客或多或少、不同程度地依赖媒介。因此,各个国家在这四个维度的媒介化程度上也可能存在着相当大的差异。南欧的政治媒介角色相较于美国则有着不同的历史,因为在美国,商业传媒从一开始便处于主导地位。

斯托姆巴克的模型优势在于,其彰显了政治领域中媒介化过程中的关键变迁内容。它对基于四个维度的四个不同阶段的强调,为历史性和跨国研究与比较媒介化的实证过程提供了一个诠释模型。然而,这一模型的逻辑和形式也体现了其局限性。这是因为,对媒介和政治之间变化关系的实证研究不仅需要考虑媒介化普遍模型中的不同之处,而且政治媒介化过程自身也可能取决于一个特定语境下的制度特征,亦即一个国家或地区的媒介、政治和更宏观的社会三者间的历史上发展形成的相互关系。需要强调的是,正如斯托姆巴克的模型所暗指,政治逻辑和媒介逻辑未必是水火不容的,它们也可能通过不同方式共存。例如,政治和媒介存在的理由都是通过公共性的获得以确立权威。从这个角度考虑,政治逻辑和媒介逻辑可能在共同建构的政治现实中互相支持。媒介化也可能产生不同的结果,这取决于所讨论的背景。媒介逻辑可能已经在很大程度上影响着政治,比如在美国、丹麦和法国,但是,这种影响的意义也可能因不同国家而差异显著。

为了理解政治媒介化的**历史**过程,我们需要考虑不同政治和媒介制度的经验语境,以面对逻辑过程的形式模型所提供的洞见。接下来,我们将提供一个北欧国家中政治媒介化的初步历史性概述。在哈林和曼奇尼(2004)对媒介体制颇具影响力的研究中,北欧国家是"民主法团模式"的典型代表,其他如德国和荷兰的欧洲北部国家也属于这一模式。这一模式的主要特征是大规模发行量的报刊很早就存在,有较高的报纸阅读率、新闻专业主义、中等程度的政治平行(political parallelism)以及对媒介制度的公共管制,尤其是对公共服务广播的特别强调。媒介和政治的"自由主义模式"则以美国为代表,它同样也具备较早发展的大众报刊和新闻专业化的特征,但在后者中,政治平行非常有限。在美国,"政党报刊"于19世纪被商业化大众发行的传媒所取代,媒介体制内的公共干预随之维持在最低程度。而在欧洲南部,我们可以发现"极化多元主义模式",即较高的政治党派性,以及对新闻专业主义的不重视。在上述语境下,报刊的阅读局限在受到良好教育、对政治感兴趣的精英人群中,而广播则在传统上成为更广泛的公众获取主要消息的渠道。在哈林和曼奇尼(2004)的概念框架中,北欧国家代表了两个极端的混合:一方面是自由主义模式的商业化和非党派大众媒介,另一方面则是政治化媒介的极化多元主义模式,仅有有限的新闻专业主义经验。尽管如此,由于媒介制度商业化加剧,上述不同的模式正在朝着自由主义模式的方向汇合。因而,哈林和曼奇尼(2004)认为,欧洲的媒介模式正在走向自由主义模式:

> 首先,商业化正清晰地将欧洲的媒介体制剥离政治世界,而推向商业世界。这将改变新闻业的社会功能,因为新闻工作者的主要目标不再是传播观念且建构社会共识,而是生产能被兜售给个人消费者的娱乐资讯及信息。
> (Hallin and Mancini:277)

　　从这个角度看,欧洲各不同模式的特殊性可被视作是历史发展的恰当描述,但是对我们了解欧洲各模式当前与未来的特征却没有多少作用,因为它们正在向自由主义模式发展。但哈林和曼奇尼的模式同样存在多种不足。商业化无疑是当下媒介产业重组背后的重要力量;尽管如此,商业化未必必然将其他媒介模式推向一个与美国媒介制度类似的自由主义模式。在哈林和曼奇尼看来,商业化将削弱新闻业的政治功能,而这一想法的前提是,商业化、非党派性及新闻专业主义在逻辑上相互关联,自由主义模式的特殊性因而成为他者最终遵循的发展路径。这种观点不仅使得上述模式忽视特定国家中政治机构、新闻业和媒介极其复杂的关系,也会阻碍我们认识到商业化和专业主义未必有悖于政治并行或党派媒介的延续。换句话而言,由于特定国家或地区中媒介和政治的具体关系,商业化和专业主义可能最终会产生与哈林和曼奇尼(2004)所提出的框架预期大相径庭的结果。

　　包括政治党派和政治平行模式的新闻媒介政治功能或许不会在商业化加强的背景下被削弱,而是与市场驱动力共存。例如,在丹麦和挪威,政治平行仍旧是主流报刊的一个根本属性,而这不仅是报刊业曾经的基本特征之一,也是目前媒介市场策略和其扮演舆论之声的宣传雄心的一部分。对挪威地方选举报纸报道的研究指出了政治平行的继续存在(Allern,2007)。与此类似,我(Hjarvard,2010b)在对 20 世纪初期丹麦的全国性报纸的社论、评论以及新闻报道分析中,同样发现了延续性的政治倾向。围绕美国的研究也进一步表明,即便在自由主义模式下,也不乏商业新闻媒介拥有政治党派性的例子,例如福克斯新闻(Fox News),而这样有着特定立场的新闻媒介极有可能吸引类似信念的受众(Lyengar and Hahn,2009)。美国媒介市场的党派性不仅局限于一些拥有高关注度的电视网络,因为对于看似中立的主流报纸的研究同样揭示了对新闻的系统性政治架构(Kahn and Kenny,2002)。

　　许多国家中媒介仍旧延续着各种形式的党派性和政治平行的现实,这对哈林和曼奇尼的媒介模式框架提出挑战。因为哈林和曼奇尼基本上认为,政治和媒介市场是存在矛盾的:媒介的商业化和专业化一般被认为是政治党派性与政治平行的解药。如果我们采取新的视角,即政治进行中的媒介化,我们将不仅考虑两个不同的制度或社会系统之间不断变化的关系——这恰如哈林和曼奇尼所采取的主要视角——而且也考察媒介与政治在彼此影响和渗透过程中相互适应对方的结果。这种方法也许允许我们建立一种对区域性媒介发展更加复杂的看法。在此间,包括市场目标和专业抱负的各种考量可能与不同的政治功能共存,例如,坚持特定的舆论立场。由于媒介化进程,政党报刊的结束并非意味着政治性传媒的终结。恰恰相反的是，媒介通过以其他同等重要的方式成为舆论产业，并对政治生产产生千丝万缕的影响。

三、新闻业的兴起

北欧地区可以作为一个依照媒介化理论来诠释区域特性和总体变化的案例（cf. Bastiansen and Dahl, 2008；Djerf-Pierre and Weibull, 2001；Jensen, 2003）。19世纪下半叶，北欧国家的传媒业逐渐成为政党和更广泛范围的社会与文化运动的政治工具。报刊由政治家、学者、管理人员、教师、教会牧师、小说家和其他政治与文化权力捐客编辑和撰写，他们根据政治信仰和社会阶层来划分受众。尽管报刊也刊登一般性新闻、广告和其他信息及娱乐形式，但是这些内容均从属于报业的政治功能。彼时，新闻尚未被确立为教育或职业，但某种程度上而言，它以一种现代方式存在着，即每个报刊撰稿人都必须掌握一套实用技巧。从社会学角度来看，诸如议会、政党和运动团体的政治制度才被视为彼时的大众媒介，因为它们构成了信息传播和公开讨论的基础设施。而报刊则只是众多扩散政治利益的传播渠道（例如工会会议、公民高等学校、游行等）的一种。因此，媒介通过政治平行的结构体现了政治制度：许多城市中通常存在一系列的报纸，每份报纸则代表一个主要政党和一个特定的受众阶级利益。

迈入20世纪，媒介逐渐获得更大的自主性而成为文化机构（具体参见第二章）。由此，新闻工作者也对新闻媒介逐步地取得更大的控制权，成为主要的内容生产者。新闻从观点中分离出来，政治观点则被归为如社论和专栏文章这类特定体裁。新的报刊理想寄望报刊成为"综合性报业"（omnibus press），为广大受众提供一般性新闻，这一过程与受众的政治倾向无关。一定程度的政治平行仍然可见于诸多报刊中。但是，由于新闻业强调了更为专业的客观性和真实性之理想（Tuchman, 1972），政党和报刊之间的正式联系已然终结。此后，政党和报业间正式的、组织化关系则以一种报刊和读者间共享政治和文化价值的弱化方式得以持续。商业性考量逐渐变得更为重要，而政治利益则不再如以往那样被看重。尽管如此，在20世纪的绝大多数时间里，北欧国家的报刊并未被商业利益所主导，而是扮演着半商业、半公共的企业（publicist ventures）角色，营利是为了报刊发行，而非相反。许多报刊并非私有的公司，而是被各种基金会控制。

公共服务广播和电视的发展成为北欧国家新闻业发展的特殊背景。与其他国家相似的是，报刊担心来自电子媒介的竞争，因此试图通过各种方式来遏制后者进入新闻生产和发行领域。但是，当广播最终被允许进入新闻领域，电台和电视就迅速成为支配性新闻媒介,对国家政治议程产生了强烈影响。由于广播新闻媒介有着公共服务的职责,因而新闻业尤其重视政治新闻,并致力于服务这一最重要的教育使命。广播新闻由此也并没有追随如在南欧或东欧的情况,即政府控制电台和电视台,也没有像在美国那样跟随商业媒介的步伐;恰恰相反,北欧的广播新闻致力于不偏不倚且严肃的政治事务的报道。因此,新闻受到了教育范式的影响,此范式下,新闻目标主要是报道重要政治事务,并尽可能中立地展现各种政治观点。在其早期,广播新闻促进深入而有见地的公众讨论,但将争议留给政治家。总而言之,新闻媒介没有挑战政党,但它们在政治领域的重要性则恰恰体现在其如何扮演公众获取政治事务信息的主要消息源这一角色。

新闻业的发展同样受到当时盛行的民主政治法团结构的影响。20世纪中期,北欧国家存在对绝大多数领域的政策发展与治理有着强烈影响的各种利益团体(工业和劳工组织、政党、利益集团等)的密切协作。强烈的社会民主影响以及西方经济总体上的增长,使得将各类组织化利益团体整合入福利社会的建设成为可能。因此,这些利益集团间的互相协商经常以政治讨论的形式开展,这也使得它们能在一定程度上控制政治进程。当各个利益法团主导发展和协商政治的过程,新闻媒介便只能从外部进行报道,而非以一种直接的方式介入政治。因此,新闻业自身新兴的客观性和无党派性理想、公共服务媒介的启蒙任务及利益法团引导政治进程的能力,这三者的结合将北欧国家的新闻媒介塑造成为一个信息提供者和教育者的角色。与其他的公共服务制度类似,新闻业提供了社会的镜像,然而这种镜像的目的在于启发公众,而非让他/她们对政治感到困惑或变得漠不关心。

自20世纪60年代晚期起,新闻媒介与政治之间的这种区别开始消解。与西方世界其他领域的发展类似,新闻业获得了更大的自治权,因而不再满足于完全被动的政治事实性报道。与此相反,调查性新闻、对政治人物的批判性采访和质疑权威的大众文化开始涌现。政治领域的法团结构开始瓦解,对福利国家迄今达成的共识受到左翼及右翼的批评。20世纪70年代的石油危机和1975年美国从越南撤军,为改变现有的政治和经济结构与价值奠定了国际背景。在政治领域,这意味着北欧国家中法团民主和社会民主主义结合的主导地位逐渐让道给社会自由主义,后者结合了公共福利事业,并着重强调个人责任和市场解决方案。政治协商变得更加开放和不确定,一方面这是因为新的政党进入政治舞台,从而挑战现有的法团结构;另一方面,旧的政党失去诸多成员,选民们变得不那么忠诚。政党从基于清晰的阶级利益和意识形态的群众性组织转变为更加小众和专业的政党,这一背景将媒介推向了一个更加显著的位置。党派和成员间的直接联系在一定程度上已不复存在,政客不得不通过新闻媒介与其选民阵营展开沟通。政党开始不断地意识到为左右公众议程而影响新闻媒介的必要性。政治家依据媒介的喜好而表现自己,各种与媒介有关的工作,诸如新闻发布会,开始整合至政治机构。简而言之,这一阶段体现了政治对媒介逻辑的适应。尽管如此,这一阶段仍然主要围绕关于政治的传播,如"信息的售卖",而非政治策略和纲领的发展。

新自由主义政治自 20 世纪 80 年代的兴起以多种方式影响了媒介和政治。媒介行业管制的放松结束了公共服务在广播业的垄断。与此同时,诸如卫星电视、互联网和移动媒介的新媒介以商业媒介的面孔诞生,即便有公共义务也是少之又少。了解媒介用户的需求便理所当然地成为大多数媒介首要关心的问题。在公共服务媒介和日渐萎缩的综合性报业中,文化义务仍有一定发言权,但媒介越来越需要平衡公共服务的义务和市场需求的公关野心。交互性媒介的出现则进一步增强了媒介的受众和用户导向,强调受众参与用户创造内容。当媒介从文化机构向媒介机构转变的同一时期,政治开始受到市场导向的影响。这意味着政治逐渐变得不为市场所导向,而是对市场变化极其敏感,公民则愈加被看作是政治消费者。与内格林(Negrine,2008)对英国语境下的观察所得的结论类似,政党的专业化将自身转变成了现代的、高效的、集中的组织,为了赢得选举越来越多地运用现代公关和市场营销技巧。

与此类似,政治治理的本质也适应了市场模型的要求。在关于新公共管理理论的指引下,类似于公共市场的引导逻辑被大量运用到公共部门组织,例如医院和学校,同时,社会其他部门则变得愈加商业化和国家化。为了应对媒介环境和政治本质的变化,政党开始从多个层面吸纳媒介专业知识和资源,将其整合至日常实践之中。运用媒介专业知识管理政党内部沟通和对外传播不再是一个简单的政治传播问题,从广义上来讲,变为"从事政治"的一部分。而这一转变不可或缺的一部分便是永久性政治竞选的崛起。早些时候,"兜售政治"的努力一般只在竞选阶段,而现在政党需要在全年进行多种政治竞选形式。为了赢得选举,在各类议题中"指导"选民变得尤为重要,因为这使得选民在最终竞选活动中更容易受到特定议程和框架的影响(Lund,2004)。媒介全年开展的民意调查也迫使政党需要在日常政治议题中好好表现。北欧国家从法团治理文化到一个更为外化和网络化的政治治理的转变中,媒介在政治利益协商和政治主张形成过程中开始扮演更为独立的角色。

表 3.1 提供了北欧国家媒介和政治关系历史发展的概况。它遵循媒介的三大历史发展阶段:第一阶段起初服务于其他机构;自 20 世纪 20 年代至 60 年代

成为一种具有不同程度的自治性的文化机构;最后,1980 年以降发展成为媒介机构(同见第二章表 2.1)。然而,北欧国家媒介和政治特定的背景使得区别政治媒介化的四个不同阶段变得十分必要。

表 3.1 北欧国家媒介化政治的发展历史

时　　　　期	重要媒介	新闻业的政治角色	国家与政治
媒介作为政治工具的角色 直至 1920 年	政党刊物	政治利益的促进	议会民主制的建立
作为文化机构的媒介(早期) 1920—1960	广播电视公共服务业的垄断,综合性报业的崛起	政治议程的传播与讨论;媒介成为政治消息的主要来源	法团国家;有组织的利益团体就福利社会的建设展开合作
作为文化机构的媒介(后期) 1960—1980	广播电视公共服务垄断的后期,广播、电视和综合性报业的早期竞争	对政治的批判性报道;调查性新闻的崛起;政治为了影响议程而必须适应媒介	社会—自由主义国家;福利社会并伴随更多对个人责任的强调
媒介作为传媒机构,并被整合至政治之中 1980 年以降	广播和电视之间竞争加剧,数字化媒介(网络、社交网络媒介)成为重要的新闻供应者;综合性报业的衰弱	对政治"游戏"的解说;新闻业成为政治消费者的鼓吹者;新闻媒介被整合到包括政策发展的日常政治活动中	新兴的新自由主义国家:以市场为导向的政治和作为政治消费者的公民

政治媒介化的主要结果之一是媒介成为**舆论产业**。这是指媒介塑造舆论成为现代政治制度化的一个不变的特征;媒介不再仅仅是对政治的反映;同时,它密切参与到政治生产之中。媒介以政治新闻的形式成为政治信息和舆论的固定生产者和协调者,同时也包括了老百姓、政治家和不同政治利益团体等通过如博客、读者来信和社交媒介等一系列媒介平台上的政治贡献。媒介舆论工业尤其成为政治领域的风向标,但它受到政治制度之外的逻辑的影响。这意味着我们所讨论的不完全是媒介逻辑,因为,从广义上而言,媒介也扮演着政治干预的舞台角色,容许各类的媒介角色(编辑、评论员等)、政治家及诸多其他的利益相关者(产业、劳工组织和个体等)参与到议程设置过程。由于媒介在一定程度上控制着公共议程,并对政治决策与行动的大众合意的形成有着重要影响,因此,对所有的政治利益相关者而言,通过资源的调整从而影响媒介显得尤为重要。

接下来,我们将探讨媒介化影响政治实践的方式。讨论将借鉴现有的对新闻媒介和政治传播这两个研究领域的理论研究。媒介化理论并非试图取代现有理论或分析路径，而是为认识媒介饱和（media-saturated）的社会中的政治转型提供一个宏观及综合的视角。借此，我们同样将现有的理论建树（新制度主义、议程设置等）作为认识媒介化的新社会和文化环境中的政治的有益构成，并特别审视下列特征：

- 媒介作为半独立机构的崛起，以及其对议程设置的影响和对政治议题的框架建构；
- 政治传播过程的重组；
- 政治的个人化和聊天化（conversationalization）；
- 媒介中一类新的政治评论员的出现。

四、新闻媒介——一种政治机构？

提姆西·库克（Timothy E. Cook，1998）在对美国新闻媒介政治角色的研究中观察到，相较于其他政治机构（政府、政党等），新闻媒介已获得较高的自主性。库克认为，这并非新闻媒介去政治化的表象，而是独立性使得新闻媒介可以担当新的政治角色。库克（1998）认为，新闻媒介已将其自身塑造成为社会中政治机构之一。与此同时，新闻记者被视为承担着重要政治功能的政治角色：他们不仅致力于重要政治信息的扩散，也建构政治议程。因此，传统意义上的政治人物和机构需要适应新闻媒介所体现的规范和惯例。尽管如此，这里的悖论是，如果遵循库克（1998）的立场，那么新闻媒介的政治影响是基于其与政治机构的分离：

> 新闻工作者的政治角色是其政治影响力，而其政治影响力的产生恰恰在于对客观性原则的坚守，对真实性和权威性的尊重，与其新闻报道的政治和社会后果所保持的距离，无论后果如何。（Cook，1998：85）

从这个角度看来，正是新闻媒介的非政治化造就了其政治影响力。尤其需要强调的是，新闻价值成为构建政治议程的重要因素。库克（1998）的研究围绕新闻媒介和政治的相互关系，并成为宏观上新制度转向（neo-institutional turn）的开端（参见例如 Ryfe and Ørsten，2011）。马奇（March）和奥尔森（Olsen）则依循这一方向，进一步提出了"适当性逻辑"（logic of appropriateness）的理念。这两个术语均被用于将特定的适当性行为规范如何管理和协调制度内的人际互动（Allern and Ørsten，2011）概念化。就新闻机构而言，适当性逻辑由一系列规范和规则组成，如新闻业作为"第四阶级"的基本理想、新闻生产的时序逻辑(如截稿日期等)、新闻价值和新闻标准、编辑的劳动分工以及获取和使用新闻源的准则和惯例。通过利用这些"适当的"互动交流规范,新闻媒介开始在美国以及包括丹麦在内的其他国家充当政治制度,"自80年代初以来,新闻媒介成为政治决策制定过程的重要角色之一,并最终影响着社会中的资源分配"(Ørsten 2005:19)。

　　媒介化的宏观制度视角在许多方面都与新闻媒介研究的新制度转向有着相似之处,但同样也在某些方面存在差异。库克(1998)和其他新制度主义者所提出的各种制度性的特征很明显围绕着新闻媒介实践的特殊特征,并毫无疑问地影响着新闻媒介对政治事件的报道。对此,新闻学和新闻社会学的文献都有详尽的论证。例如,塔奇曼(1972)论证了客观性理想是如何内化于新闻生产常规之中,施莱辛格(Schlesinger,1978)则阐释了新闻编辑室是如何被"秒表文化"(stop-watch culture)所影响。尽管如此,新闻媒介受制度性逻辑左右,并通过各种方式影响政治的事实并不意味着我们将新闻媒介看作是政治机构。诚如库克(1998)同样观察到的,作为机构的新闻媒介并未被赋予以政治方式影响社会的意义,即使独立的报纸、编辑和记者可能偶尔有自己的政治野心。其他的社会机构也同样在个别案例或是长远发展中对公共舆论施加影响。例如,教育机构和法律机构所生产的知识和规则可能分别影响公共舆论。然而,我们并不会为法律和教育机构贴上政治的标签,除非它们试图以一种更加直接、刻意的方式影响政治机构。出于同样的道理,我们认为,媒介已发展成为半独立机构的论断更加合理。因为它凭借对社会中集体传播和交流的影响,以多种方式影响着政治。换而言之,媒介的政治影响是一种结构性的、非刻意效果,而非有意的政治行为的结果。

　　除此之外,还需要强调另一个不将新闻媒介称为政治机构的原因。媒介和新闻业不一定需要协作。媒介化的过程意味着媒介发展成为一种机构,而新闻媒介仅仅只是其中的一个组成部分。过去几十年的发展将这一特权赋予媒介,而这并非仅仅有益于新闻业,因为发展有时也有可能损害新闻的自主性。新闻业的逻辑——包括新闻职业规范(如新闻业扮演第四阶级的理想等)——在某种程度上一直都处于迎合媒介需求的压力之下。例如,媒介融合已将新闻编辑室转变为多媒体生产的场所,新闻工作者越来越多地参与到跨媒介生产。这一媒介发展要求新闻工作者具备多种技能,但有时,其结果反而是新闻工作者的去技能化(Cottle,1999),因为当他们被要求具备一系列广博基础技术技能的同时,其核心的新闻技能就有可能被忽视。在一个按照全天候滚动的截稿期限运作的数字化多媒体新闻编辑室,由于对现有新闻故事重新编写和重定格式的持续压力，新闻工作可能越来越变得像流水线生产，而几乎没有什么专业能动的空间。不仅如此，媒介商业化将各种营销工具引入新闻编辑室，使得新闻工作者不仅仅把受众看作是公民，同时也是消费者（Willig，2010）。从历史的维度上来看，新闻业也许能够独立于政治机构，但如今它也需要变得更加切合媒介行业的各种需求。恰恰由于新闻业并没有完全将其自主性拱手让与更广泛意义上的媒介机构，我们才可以将其视为媒介机构内具有部分自主权的一个特殊职业，而非将新闻媒介定义为政治机构之一，称新闻工作者为政治人物——而这恰恰就是新制度主义者的立场——与其不同，我们将新闻业描述为一个在媒介机构内的半自治职业。新闻业与媒介共同影响着政治制度。

五、双重传播系统

媒介对政治的首要影响是其作为政治决策中公众共识的协商者的角色。政治民主中至关重要的是围绕政治决策的公众共识和能够激发政治行动的政治观点。代议民主中，行使政治的权利通过议会选举赋予地方、国家或国际层面的政治家；在大多数国家中，获选的政治家——原则上——在当选后即可如其所愿地开展工作。正式的民主选举程序确保了政治人物的合法性，因此没有必要再频繁去征询选民阵营或投票者来延续这种合法性。然而，在媒介化的政治现实中，上述这种正式的合法性必须经由政治家、媒介以及亟待形成公众共识的选民三者间持续的磋商过程作为补充。尽管诚如李普曼（1925）所论及，公共舆论可能存在"幻影"（phantom）的特点，然而，围绕政治行动的公众合意的协商已经成为一种政治现实，一个媒介、政治家和公民日常实践的重要内容。

为了描述公众合意协商是如何展开的，我们首先考察新闻业是如何在**大众政治传播的双重循环**中占据重要位置的。其次，我们将讨论数字化和交互性媒介的普及并未取代，而是**补充**与**复杂化**了媒介在公众合意生产中的角色。新闻媒介参与到政治传播的双重循环过程中，因其既维系着政治人物和公众，也联结各政治人物。通过对政治事件的报道，新闻媒介成为政治家和受众间重要的连接节点。由于新闻工作者对政治事件的调查、选择和框架设计，新闻媒介左右着政治现实的特定部分得到关注以及现实的建构。新闻媒介也是从政者之间一个重要的沟通渠道，因为他/她们既可以通过新闻媒介与其他从政者沟通交流，也可以了解到其他政治人物的动态。政治人物不仅是生产政治新闻的消息来源，也是政治新闻的主要消费者，并借此洞察其他政治人物，如政治对手、潜在的盟友或同党派成员的动向。因此，新闻媒介和新闻工作者在政治人物间彼此

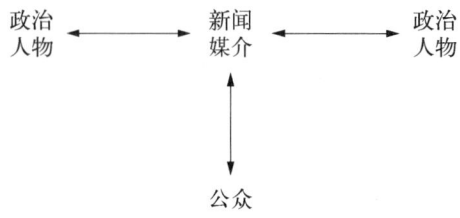

图 3.1　政治大众传播中的双重循环

（注：新闻工作者扮演着中介和把关人角色，其介于两条传播轴之中：政治人物之间以及政治人物和受众之间）

沟通了解这一环中居于中介位置（见图 3.1）。

政治决策的公众合意经由上述这两条传播轴中持续的话语协商而达成。公共舆论只间接地呈现于新闻故事中，但我们却可以从诸如主题凸显、新闻故事框架及对消息源的批判性质疑等方面有所了解。尽管新闻是由记者撰写的，是与多种新闻源互动的结果，但是，新闻却被政治人物和受众解读为体现社会普遍观点的指标，因而我们认为，新闻引导着公众合意的构建。虽然如此，政治人物与受众理解新闻中普遍观点的方式大相径庭。由于这两线的传播整合于一条传播路径中，所以可以透过两个不同的视角加以解读：一方面，普通受众将新闻理解为一种"窥探"政治人物间对话的渠道，而记者则在此充当信息传递者；另一方面，政治人物将新闻理解为一种"窥探"新闻工作者和大众间对话的途径。两线传播的整合创造了一个共同的公共领域。但是，不同的参与者可能将新闻报道理解为不同现象的体现。受众通常将新闻解读为政治精英间立场的表达，即政治人物当前议程和观点的反映。而政治人物则不仅将新闻作为了解其他政治人物观点的消息源，而且更进一步地将新闻视为即将影响公众内心和观点的重要预示。这意味着，政治人物和公众都将报道新闻这一活动视作话题在未来的重要性，以及受众及政治人物对上述话题的议程所持观点的指标。换而言之，政治人物和普通大众会将同样的新闻内容视为了解对方议程和观点的指南，并可能根据这种对公共舆论的认识而调整其自身的看法和行动。

根据这一"假设影响的影响模型"（model of influence of presumed influence）（Gunther and Storey，2003；亦参见 Mutz，1989），媒介信息的影响更多并非直接，而是间接发生。政治家依据其对媒介对他人影响的认知而采取行动，他们越是倾向于认为媒介能够左右其他人对政治的认知，便越会更多地参与到媒介相关活动中，从而确保自己观点和行动的曝光率。寇恩等（Cohen et al.，2008：340）基于一份详尽的对以色列议会成员的研究指出：

> 对媒介影响公共舆论的认知——这不仅只指对当前舆论环境的认知——是公共舆论动态中的重要力量，它刺激着政治人物在公众视野下及权力场域中的行动开展。

对媒介影响他人政治观点的能力的认知也因而成为政治进程中的一个要

素,无论其是否带来可能的实际影响。而在这点上,有趣的是,相较于记者,政治家则通常将更多的影响归于媒介的议程设置影响。斯托姆巴克(2011)在研究瑞典政治家和记者对各团体围绕政治议程影响的认识研究表明,双方皆认为电视、电台和报纸拥有较高的影响力;而对于议会成员而言,他们认为电台和电视比首相更具有影响力。因此,对媒介影响政治舆论形成的认识,至少部分地变成一种自证预言,因为政治家很可能根据这一认知进行现实思考与行动。

在议程设置理论中,我们可将这些相互交织的进程理解为三种不同政治议程间的交互：媒介议程、政治议程以及公众议程(Rogers and Dearing, 1987; McComb, 2004)。议程在这里是指一系列依据认知的重要程度而组织起来的政治"议题"。议程本身并不说明任何围绕特定议题的竞争观点和话语,议程设置理论的最初立场是着眼于媒介对政治观点形成的影响,即公共议程中各议题的显著性,而非劝服公众接受某些观点。众所周知,寇恩(1963：13)将议程设置研究的这一核心理念表达为,大众传媒"可能大多时候在告知人们怎样去想的方面上都不成功,但在告知读者**想些什么**上是令人震惊的成功"。

除了上述三个议程,人际交流(通过面对面或以交互媒介为中介形式得以展开)和所谓的"现实世界指标"也可能影响公共舆论的形成。人际交流自两级传播理论(Lazarsfeld et al., 1944)发展后,被认为对公共舆论的形成至关重要。如今,人际交流不再仅仅是发生于面对面共同在场的情况下,也通过各类的人际间媒介和社交网络(有时则充当着广播媒介)得以展开。因此,人际交流和大众传媒间的相互作用变得更为复杂,两者间的边界也更具渗透性。人际传播被视作对大众的议程具有重要作用,但是,它同样可能对政治人物和大众传媒的议程具有同等重要性。例如,这种情况可见于记者与同行和消息源非正式的谈论。现实世界指标的作用在议程设置理论文献中并没有得到详尽的阐述。在这里,我们认为它通常指知识生产机构定期出版的对现实特定方面的统计描述(如环境统计、失业统计等)。这些"确凿的事实"可能影响公共舆论的形成,因为它们向政治人物、媒介和受众呈现了某一特定问题的严重性。尽管如此,它们同样也可能被当作外在指示,用于衡量媒介报道对某一议题在多大程度上给予的关注。图3.2的模型以罗杰斯(Rogers)和迪林(Dearing, 1987)的原始模型作为出发点,对某些方面进行了修改。大众媒介议程被放置在模型的中央,与前文提及的双重传播回路相比较,大众传媒的议程在此扮演着政治人物议程和公众议程的衔接点角色。不仅如此,现实世界指标和公众议程间不存在直接影响,因为这些指标通常是通过媒介或政治人物发布,因而其广泛传播有赖于媒介对指标的关注及框架。

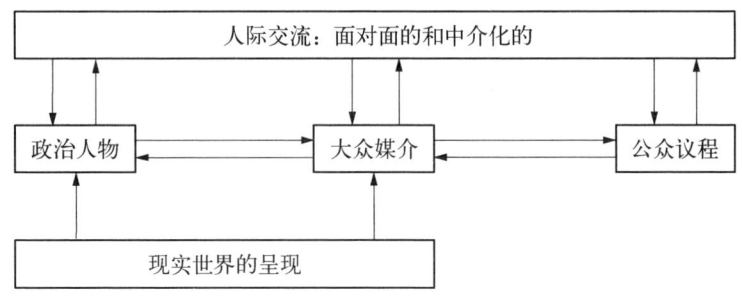

图 3.2　议程设置过程

(注：政治人物、大众媒介和公众议程三者彼此影响，以及人际交流和现实世界
呈现的作用。此模型部分基于罗杰斯和迪林[1987]的模型。)

　　早期的议程设置理论完全专注于大众传媒的议程是如何影响政治机构和公众议程的(反之亦然)，不关注媒介是否影响着人们对议程中各议题所持有的可能观点。对议程设置理论与研究的新近贡献已证明，媒介可能也影响着人们对议题的各种观点，而非仅仅议题本身的显著性。媒介参与公共舆论形成的这一维度通常被称作"二级议程设置"(Ghanem，1997；McCombs，2004)。这一研究试图将议程设置模型与"框架"理念结合起来。新闻媒介通过其故事的框架来影响人们对某一特定议题的解读。依据戈夫曼(1993：52)的定义，我们通过框架"选择所感知的现实的某些方面，使其在传播文本中更加凸显，以此方式促进一个特定的问题界定、因果解释、道德评判和/或问题解决建议"。新闻媒介不仅探讨世界中的议题，还通过赞成或质疑政治议题解读的特别方式框架这些议题。媒介不仅通过其给予议题的重要性影响政治人物议程和公共议程，即新闻媒体报道什么(议程设置的第一级)，而且也借对议题的框架发挥影响，即媒介如何报道一个特定的议题(议程设置的第二级)。这两级的差别被视作理论的构想。而在实践中，它们是相互关联的。因此，一则新闻故事是如何得以框架的可能影响到此议题所获得的关注程度。

　　与此相同，政治人物可以通过反复强调一组特定的议题，或通过以特别的方式框架政治问题来左右媒介议程，进而影响公众。在一个持续性政治角逐的媒介化环境下，对于政党而言，在实际选战开始前就"铺垫"媒介议程非常重要。通过以对自身状况有利的方式对政治议题展开持续架构，政治家或许事先便能准备好新闻媒介的议程(Lund，2004)。相反，如果等到最终竞选活动开始时，政治人物可能就没有足够的时间来改变那些看起来弱势的议题的媒介议程。在政治营销的世界，左右媒介议程的努力通常意味着专注于四到五个议题，在整个参选活动中对这些议题一直重复。正如马雷克（Maarek，2011：53）观察到的，政治家"将不得不限制不同竞选主题的数量，以避免给受众留下太分散的印象：这使得现代大众传媒在传递复杂讯息上还不如旧的媒介形式有效"。马雷克的观察基于美国的情况，如罗纳德·里根的总统竞选通常被视作这种政治营销的第一个成功案例，这种竞选策略将一位政治家的计划压缩成几句朗朗上口的口号。今天，政治营销的专业化已传至诸多国家。20世纪90年代，英国托尼·布莱尔所领导的新工党的成功竞选鼓舞了许多欧洲政治家采用相似的营销策略，而这些策略在21世纪更已司空见惯。

六、新媒介：政治传播网络的扩展

在过去的数十年间，政治人物已适应新闻媒介主导公共舆论形成的媒介化环境。然而，20世纪90年代网络的突飞猛进，以及21世纪初多种移动交互媒介雨后春笋般涌现，已逐步对传统新闻业的核心地位构成挑战。同样，这一挑战存在于政治传播领域。德尔兹（Deuze，2007：140）甚至宣称"新闻业行将就木"，因为在数字化时代，新闻业和其他的公共传播形式间的界限正在消失，旧式的新闻媒介形式正在被网络融合。即便眼下为新闻业撰写墓志铭为时过早，但毋庸置疑的是，新闻业已丧失一部分左右公共舆论形成的权限。政治人物拥有了获取政治消息和行为的新途径，诸如网站以及博客、Facebook、Twitter这类的社交网络。正如布鲁恩斯（Bruns，2005；2008）所言，记者不再是新闻发布唯一的把关人（gatekeeper），因为原则上，任何人都可以在网络和社交媒介上发布新闻和观点。依照布鲁恩斯的观点，把关人的角色不得不让位于新的监看者（gatewatcher）角色。当下的问题不在于新闻素材的不足，而在于一系列媒介平台中的信息过剩。在这样的媒介环境中，受众和记者都成为"监看"者（watch the gate），即重新发布与确定已有信息。在政治新闻领域，这种发展变化暗示着，新闻媒介虽然仍非常重要，但也仅仅是多种政治信息发布渠道中的一种。记者可能会越来越多地担当对已有政治发展相关信息进行批判性阐释和说明的角色。

对具有国际性政治影响力的重大新闻事件的报道可阐释记者从把关人到监看者的角色转变。2011年10月，利比亚独裁者穆阿迈尔·卡扎菲的死亡几乎满足成为重大新闻的所有标准。这是一个非常戏剧性的事件，同时对利比亚革命，对整个国际社会都具有极大的政治意义。当卡扎菲被利比亚反对派武装捕获并随后射杀时，他的被捕和死亡信息是由反对派武装发布的。此外，记录卡扎菲生前遭受殴打及被击毙后尸体的影像视频迅速通过互联网络传播，利比亚和周边地区所有的政治利益攸关者迅速在一系列新闻平台上发表评论。在这种情况下，新闻记者的角色不再主要是报道新闻，因为事件本身已经由相关者披露，许多政治利益相关者也已借此情况表达了他们对该事件影响的解读。在早些时候，国外的新闻驻地记者及国际新闻机构会扮演此类事件的把关人，但是现在，他们的任务更多的是去核实或者驳斥已经流传的消息，分析和评论事件的缘由和未来影响。

穆阿迈尔·卡扎菲的身亡从下述多方面来看都是个非同一般的新闻案例，其间包括它传播到世界各地的方式。值得强调的是，对于日常中规中矩的政治生活，记者作为政治人物和公众间的把关人，仍然享有一定的权威。因此，把关和监看的区别并不是绝对的，而是程度上的区别。当媒介环境已经明显地变得越来越多样化，这种环境容许政治利益相关者和公众利用多种方式绕开新闻媒介，但是记者通过新媒介也同样获得了更易于接近新闻源和消息的途径。数字和交互媒介的广泛传播并没有取代传统的大众传媒，而是在多方面对其进行补充与互动。皮尤研究中心（2010）基于美国的数据报告显示，在所谓用户驱动型媒介上获得最多关注度的新闻故事通常有别于传统新闻媒介的优先考虑；这也正如多种形式的社交网络媒介（比如，YouTube，Twitter 和博客）议程互不相同。然而，该研究中心同样注意到，博客仍然严重依赖于主流新闻媒介的消息，"尽管博客拥有非常规的议程，传统媒介仍旧向其提供绝大多数的信息，即超过99%的相关消息来自如报纸和广播网络的传统渠道"（Pew Research Center，2010）。

形式多样的交互媒介不仅仅依赖于传统大众媒介发布的消息，而且经常通过大众媒介争取公众的认可。一则消息可被多个政治人物发布到社交媒介上，但在被传统新闻媒介论及之前，它通常不能影响到更广的公共议程。而新媒介的兴起则给予政治人物进入媒介生产和发行领域的可能性。尽管如此，为了让信息在其坚定的支持者以外也具影响力，政治人物需要新闻媒介去报道他们，从而获得具有真实有效性和社会重要性的公共认可。通常，新媒介的传播使公共舆论形成的过程更加复杂化，它使得更多的政治人物可以通过更加直接的方式相互交流，并与新闻记者和公众沟通。得益于提供政治消息而被公众认可的能力，新闻媒介仍旧占据着政治传播循环中的显著位置。但是，新闻记者的角色逐渐转变，议程设置过程的把关人角色越来越淡化，而公共舆论形成中的监看者（评论者和预先筛选者）角色则越来越强化。政治家可通过在 Facebook 上发布消息，绕过新闻工作者的把关，从而直接接触到其支持者，但通常他/她会尝试同时接触其支持者和记者。这是因为新闻记者也监测着 Facebook 这类的社交角色，并将其作为新闻故事的可能来源或背景消息。在从政治大众传播的双重循环到扩展的中介化政治传播的转变过程中，人际交流沟通的实践被他人所检视，这已不仅是一种可能，也是媒介化政治的一种条件。

由于政治人物在掌握媒介方面的更多专业技能，他们偶尔将会赢得对新闻记者的胜利。然而，他们也可能变得更加依赖媒介和媒介的专业知识，因为他们不得不将多种形式的新媒介整合至政治内部功能，如通过各社交网络平台上与政党成员和选民们交流，利用不同的新媒介

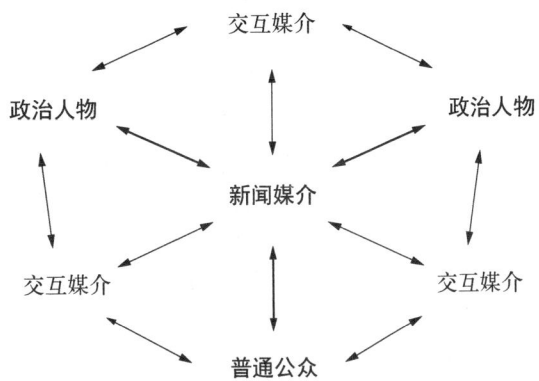

图 3.3　新媒介环境下扩展的政治传播网络

（注：新闻媒介扮演着连接节点和把关人的核心角色。交互媒介的崛起对这种角色有所补充，并进一步复杂化，交互媒介潜在地允许所有参与者公开表达，并观察或者检视其他人的交流。）

募集资金。图 3.3 呈现了大众传媒和交互媒介的扩展政治传播网络模型。总体来说，交互媒介并没有完全取代新闻媒介的把关人角色，但它们扩展了媒介化政治传播领域，且使得所有的成员都能"监听"其他人之间的交流内容。

七、可见性政治

由于各种形式的媒介不断地参与公共政治领域的构成，政治传播变得与多种媒介独特方式愈加难以分割。正如前文所述，这也意味着政治家必须得适应新闻标准及新闻截止期限，需要以诸如"只言片语"的摘要（soundbite）和新闻发布通稿等形式进行交流，以融入新闻媒介的议程。然而，对特定媒介形式的适应并非媒介化唯一的方面。一个尤为重要且普遍的发展是媒介给所有政治行动者带来了可见性。这种可见性改变了**政治表象**（political persona）的结构和政治行动者的行为需求（Corner，2003）。在接下来的讨论中，我们将关注其发展的两个方面，即政治的**个人化**和政治传播的**聊天化**。

丹麦广播新闻业的先驱之一保罗·彼得森（Poul Trier Pedersen）在其研究中细数了电视业如何改变接近政治人物的途径和政治家的观念。他的童年介于两次世界大战间，而这期间他只在某次宪法日集会上瞥见过一眼著名的丹麦首相索瓦尔德·斯陶宁（Thorvald Stauning）。但是，随着二战后电视机的诞生，国家政治人物和部长们成为公众熟悉的面孔，熟悉到几乎可与家人相提并论：

　　　　你只需要按下按键，即可将他们带到你的客厅：延斯·奥托·克拉格
（Jens Otto Krag）、爱利克·埃里克森（Erik Eriksen）、保罗·索伦森（Poul
Sørensen）、卡尔·斯屈特（Karl Skytte）、阿克塞尔·拉森（Aksel Larsen）和
伊维尔·鲍尔森（Iver Poulsen）（皆为著名的丹麦政治家）。他们栩栩如生，
几乎让人有种想要给他们端上一杯咖啡的冲动。……现在他们则进入了人
们的客厅，需要忍受干扰，或为得到认可或为不悦的粗鲁表达。为什么对他
们要与跟对奥托·莱斯纳（Otto Leisner，丹麦著名电视娱乐节目主持人）不
同呢？（Pedersen 1964：33）

　　无线电广播首先让受众对政治人物的声音熟悉起来；随后，电视让政治人物
的整体形象完全可见：外貌、穿衣风格、面部表情、姿势等。通过将政治人物带
入客厅，电子媒介不仅架起了一座连接公共领域和普通居民私人家庭的桥梁，还
重新定义了以往相互分离的社会空间的关系，并且带来了政治传播的表述行为
的变化。

　　梅罗维茨通过比较非中介面对面的互动与通过电子媒介——特别是电
视——的互动表示，一种新型的、混合的（半公半私）互动形式已经成为更受欢
迎的中介式接触。梅罗维茨（1986）的理论立足于戈夫曼（1956）的社会互动剧
场模型理论。在此模型中，社会角色表演的"前台"与"后台"两者间的区别起着
至关重要的作用。依据戈夫曼的理论，角色扮演控制社会互动，参演者会根据既
定情形所暗含的对适宜行为的期望来调整表演。在社会互动中，参与者不断协
商着目前情形的定义（如，一顿晚餐是商业饭局、私人聚餐，或是约会），并据此
调整他们的社会角色。虽然参与者可能偶尔会不自觉地采取行动，但对"角色
扮演"这个词汇的使用并不表示参与者在以一种不诚实的方式表现（即不同于
"真实的"自己）。戈夫曼试图通过使用"角色扮演"一词来吸引人们注意到这一
事实，即任何形式的社会互动都需要参与者以某种特定的方式进行表现，以使得
其他人能以特定的方式理解这一情形，认可他们的表现。

　　戈夫曼所举的例子之一是餐厅中服务员与顾客之间的互动。在为顾客服务
时，服务员好比在前台表演，他/她的言行（语言、手势、面部表情等）对顾客来说
是可见的，顾客也会据此评判他/她的表现。当服务员离开顾客，例如回到厨房，
他/她就好比到了台后。在后台，他/她可以从服务区域的行为要求中放松出来
（比如吃些东西或者喝点什么），并且准备再次上台（比如，整理衣服）。在后台，
他/她可能和其他工作人员一起对顾客的行为评头论足，并因此建立对前台情形
的共同认识。前台和后台总是被理解为相对的词汇，视互动发生的地点而定。
从另一个角度来看，由于厨房里也有工作人员之间互动的行为要求（比方说，厨

房中同事之间严肃正式的行为举止通常被认为是不合适的），厨房也可以被认为是前台，与这个"舞台"相关的衣帽间和吸烟区则可被视为后台。

梅罗维茨（1986）从戈夫曼的剧场模型理论中得到启发。但他同时指出，这一模型隐含地假定了一种社会形式，在这种社会中，社会互动均处于面对面的发生过程，与此同时，社会按功能被划分为一系列独立的区域场合，每个区域场合的特征都对可能的社会情形和对应的社会角色有着明确的定义。大致而言，戈夫曼的互动模型反映的是"一切都在正确的时间和地点"（everything in its right time and place）这句箴言统治着维多利亚社会。在这样的社会中，进入不同类型的社会场合的通道需要依据社会地位、性别和年龄进行社会分层。如，儿童无法进入大人们的世界，妇女只具备有限的进入商业和政治领域的机会等。从信息的角度来考虑，一个特定的场合代表着一种仅有少数人能够进入的舞台，并因而垄断了相关信息的区域。因此，前台和后台这种互动的划分依赖于阻止人们接近某种信息的能力，也就是，通过为某一类特定受众的"表演"，同时不允许其他人窥视前台和后台。

随着电子媒介的来临，这类受场合制约的信息系统开始受到侵蚀。正如梅罗维茨（1986）所指出的，无线电广播和电视的集体使用，意味着它们传递的一切对所有家庭成员（男人、女人和儿童）和整个国家（富人与穷人，农民和城市居民等）都是可及的。电子媒介由此构建了一个开放的交流空间，打破了社会角色和地位的隔阂。此外，无线电广播和电视节目的内容本身就是所有社会情形的混合体。这些社会情形包含了不同的社会领域和场合：如国家元首政治会议的报告、烹饪指导、罪犯、士兵、政治家、恋人、儿童生活的虚构表现等。较之戈夫曼无中介的社会交往世界，即一个有着清晰定义的社会角色和受控的信息渠道的世界，广播与电视将许多以往显著不同的社会情形带到了一个共同的交流与传播循环中。因此，对所有的参与者来说，按照特定的情形来扮演传统的角色变得相当困难。

梅罗维茨（1986）认为，电子媒介孕育了一个更进一步的社交场景，这种场景结合了多个社交情境的行为要求，包括私人的后台和公共的前台，而非社会情境的严格分离，即并非后台和前台表演的严格分离。在这种新型中介化场景，即**"中间地带"**（middle region），严格遵从公开或正式的角色已经不再可能；同样，完全地采取私下或非正式的行为模式也不再能被接受。媒介对新的中间地带的持续暴露使得对政治人物来说，创造一个相当隐蔽的社会空间——**"深后台"**（deep backstage）——变得相当有必要。在这里，他们可以确信自己的行为不会被最亲密的盟友和朋友以外的任何人知道。

与此同时,政治人物和其他公众人物仍然有正式的公共职责履行,而这一场合下中间地带的混合表现就显得不合时宜。在正式的场合,比如说新总统的就职典礼,议会开幕等,**"前前台"**(forward front stage)被确立为首选场景,并有着明显区别于普通政治互动形式的高度仪式化或礼仪性的表演。图 3.4 概述了梅罗维茨(1986)对电子媒介时代下的社会互动的概念重建。

戈夫曼:面对面际遇	梅罗维茨:中介化际遇
"后台" 休息和排演 私人的	"深后台" 休息和排演 绝对的私人性
	"中间地带" 公共和私人行为的混合角色
"前台" 角色化的表演 公共的	"前前台" 公共的仪式化的行为

图 3.4　梅罗维茨对戈夫曼社会互动剧场模型的修正

梅罗维茨(1986)主要围绕着新型社会角色需求的出现,而这一出现源自电子媒介所创立的新式传播循环。尽管如此,这一新现象也是电台和电视视听功能可见性的结果,即观众可通过电台和电视充分体会到其间参与者的个人特征,如声音的质量、手势、面部表情、着装等。在政治领域中,这使得个人特质及部分政治表演变得触手可及。在视听混合的日常现实中,政治人物有意想要"传达"给受众的信息量和信息类型,与他们暴露在电台和电视中无意却又免不了"释放出"的信息,这两者的天平向后者偏移(Goffman,1956)。在平面媒介政治文化中,政治人物通常依赖于记者,而后者重点关注政治信息,而非政治人物的个人仪态。如今,视听媒介的主导地位使得这样的期望看起来相当幼稚。总而言之,梅罗维茨(1986:272)认为,电子媒介将政治人物拉到了其受众近距离的身边:"个人特写迫使许多政治人物在行为上有所收敛(在社会意义上而言,他们的形象总是有意收敛后的结果)。"

尽管"中间地带"行为的概念成为一个新的、备受青睐的交互模式,它尤其针对电视的影响而发展形成,然而,在网络化和数字化媒介时代,其核心观点仍旧是有效的。马威克(Marwick)和丹娜(Danah,2010)调查了如 Twitter 此类的社交网络媒介用户以及其对受众的想法。由于社交网络媒介对许多参与者和话题都是开放的,对用户而言,了解潜在的受众和共同使用者是相当困难的。因此，在个人交流接触中，更精确地定义眼下的社会情境和与之对应的社交角色变得更为困难："这就好像广播电视，社交媒介将多样化的社会情境崩解成唯一一个，而这使得人们需要变换身份来呈现、管理形象，开展顾及颜面的复杂谈判变得十分困难。"(Marwick and Danah, 2010：123)

社交网络中此类的"情境崩解"(context collapse)使得用户寻求一种"中间地带"行为，来平衡互动空间的半公共半私人特性。在许多情况下，这也意味着受青睐的互动模式承载着**"社会交往性"**(sociability)的印记(Simmel , 1971)，也就是说，一种以愉悦谈话和相处为主要目的的半私密半公开的互动模式。对政治而言，这同时显示出机遇和问题。一方面，它使得政治人物可以与其追随者更加直接地交流，采取一种看起来更为自然和愉悦的互动模式。另一方面，它可能引起对政治事件更为严肃的讨论。斯托索(Storsul, 2011)调查了挪威青年政治家使用 Facebook 的情况后，其报告称，Facebook 被注重实干的政治组织作为工具大量使用。然而，当涉及政治观点的发布及政治讨论的参与意愿时，社交网络便于交流的"中间地带"则会期待相反的作用。尽管活跃于党派政治，许多青年政治家却避免在社交网络上发布很明显的政治声明，不愿讨论有争议的政治问题，因为他们认为，这与其自身试图在 Facebook 好友前维护的形象不一致，而诸多 Facebook 好友在政治方面或许并不活跃。

八、政治个人化

媒介对前述中间地带中的社会互动的影响产生了政治个人化。在 20 世纪早期，许多西方国家的政党很大程度上依托特定社会阶层发展起来，亦即一个政党扎根于一个特定的社会阶层，而在阶层代表体系之外的"游离选民"(floating voters)数量则相当低。在这一系统中，政治家的权威通常依赖于其所展现的代表自身支持者的社会角色的能力。因而，社会主义者或社会民主主义者不得不看起来像个工人，说起话来像个工人，且常常以工会代表或类似的组织身份参与政治。一个自由主义(从经济角度而言)政治家则不得不体现出实业家或农场主的社会角色，且自由主义政治家通常也是从这些社会阶层中而来。换句话而言，在当时，政治家需要以一种反映社会阶层经历的特殊方式与其受众交流。在媒介化社会，政治权威在很大程度上则是通过政治家的**个人身份**构建，即政治家以个人叙事服务政治事业的能力如何，政治家的个体叙事左右着其政治纲领。值得强调的重要一点是，不断地政治个人化并不意味着百年前的政治领袖不如当下的政客杰出。强劲有魅力的政治领袖或许在二战前的大规模政治运动中更为普遍。而通过体现社会阶层来构建政治权威也绝不意味着政治家无法凭借个人成就而超越其社会基础。

现代及媒介化政治的个人化是指,政治家表达其公众角色的方式。如今,政治家的社会角色越来越被淡化,从而支持政治和个人生活轨迹混合的呈现。在对新闻传媒如何呈现英国首相形象的纵向研究中,兰格(Langer,2007;2010)阐释了新闻报道是如何加强对首相私人和个人生活的关注。由此,对于优秀政治家的期望也随之发生了改变:"现在,对领导者的期望包括了随和、健谈、容易相处,且能保持反思和开放。"(Langer,2010:68)值得一提的是,托尼·布莱尔推动了传媒对政治家个人特质的关注。兰格的研究表明,布莱尔的个人竞选模式产生了深远的影响:"布莱尔时代可理解为这一现象的典型例子,亦可理解为其进一步加剧的体现。"(Ibid.:70)

布莱尔现象绝非个案,相反,政治个人化在许多欧洲国家已然是一种普遍现象,与英国的发展并没有关联,有些则受到了它的启发。然而,在如何建构政治家的政治形象问题上,则存在着诸多国家与文化的差异。在对四位西方国家首脑官方网站的分析中,邦德杰格(Bondebjerg,2007)指出了下述几点不同。英国托尼·布莱尔的网站以一种讽刺和幽默风格展现首相的休闲人格。德国总理安格拉·默克尔的网站则以一种客观的口吻将她表现为一个政治人物及其民众的女性。美国乔治·沃克·布什的网站将其总统任期个人化,从而彰显保守的家庭价值观、商业理想以及爱国主义。法国雅克·希拉克的网站将其公共形象构建为对欧洲知识文化的体现。政治形象如何在媒介中得以建构当然不是完全取决于政治家自身通过个人叙事得以展示他或她职业生涯的努力。这同样也有赖于媒介在新闻简报、漫画、周刊杂志和自传等中塑造与传播的各种不同的、有时甚至相互矛盾的刻画;这些刻画也有可能随着事件而发生改变,这或多或少地挑战着政治家试图呈现的自我形象。当政治家试图构建一个自身和谐的"中间地带"身份时,媒介会试图"从后台审视"这一新的政治"表象"(façade),并且提供一个据称更加真实的政治家形象。因此,新的个人化政治中间地带并不代表个体和政治之间的最终妥协,而是展示了政治形象建构的一个新环境。在这个新环境中,政治家和媒介围绕公共领域和私人生活展开持续较量。

公共空间中的可见性是一种重要的政治资源,而该资源在一定程度上而言由媒介掌控。媒介因而影响着政治家展现其政治形象的途径。媒介化可见的重要性让政治家在媒介丑闻面前变得脆弱。正如汤姆森(2000)所称,通过媒介可见性所产生的名望、声誉和可信度代表着一种象征资本。政治家在打造其政治事业高度时依赖这一象征资本,并可以将其转换成"更硬"的通货,如竞选捐款、选票及随之而来的政治职位。然而，这一象征资本又是相当脆弱的，单个媒介丑闻就可能在数日内结束政治家终生的政治生涯。媒介化丑闻有着自身的媒介逻辑。在这一媒介逻辑中，政治家对指控的首次公开回应对其未来尤为重要。倘若起初否认卷入某丑闻而其后又被证实确实参与其中，政治家在媒介中的否认可能成为比最初的错误更为严重的越界。政治家面对公共批评的脆弱性使得诽谤政治对手成为现代政治竞选中反复出现的元素。美国政治右翼运动使总统克林顿卷入与莱温斯基的性丑闻，便是此趋势下的一个突出例子，而其他国家同样也经历过针对个人政治家的媒介负面宣传活动的影响，政客因各种形式的道德或法律越界而被批判（Allern and Pollack，2012）。

九、聊天化政治

政治场景从"前台"到"中间地带"的转变不仅改变了单个政治人物的表现要求，也影响着政治传播的形式和类型。在对美国政治谈话的历史研究中，詹姆逊（Jamieson，1988）阐释了当政治家逐渐适应电子大众传媒的要求后，对话式谈话方式是如何作为政治传播的模式获得青睐的。发言者对一大群听众富含激情的演讲逐渐让位于能激发一小群人冷静对话的公共演讲形式：

> 电力使得传播发生于亲密环境之中。电台和电视则将信息传送给两口、三口之家。与之相比，火炬游行则吸引上百人有时上千人聆听一个发言者。相较于被一大群大汗淋漓的坚定支持者包围着，在客厅的静谧中我们不太可能被激发到狂热的程度。（Jamieson，1988：55）

正如詹姆生所言，与对媒介常见批评相反的，电子媒介的影响并不必然使得政治传播更加情绪化。比起现代电视政治中理性①（logos）驱动的讨论与访谈，在村务大厅所举行的政治集会与讨论上，政客演讲通常更倾向于使用修辞性的、气宇轩昂的语言调动人的情感（pathos）。电台和电视当然也可传递政治感情，但由于传播的情形和结构不同，所以情感表达通常与早期的政治传播形式也不同。政治集会上的讲话通常诉诸"宏观的"民族、社会阶层或种族的集体情感，而广播中的政治谈话更倾向于个体的个人情感。而一个更加冷静、谈话式的政治传播模型的发展形成，并非仅仅因为广播受众的"小圈子环境"，也缘于广播新闻业的核心地位。更广泛地讲，这得益于广播作为社会传播一个特定形式的

---

① logos 源自古典希腊语，最初的意思是"词语"或"言语"，引申出意思为"逻辑思维"或"推理"，与稍后的 pathos 相对。后者指情感，即通过煽动受众情绪来说服听众。——译者注。

功能可见性。在电台和电视中,政治讨论由记者主持,(直播)访谈成为政治传播至关重要的形式。政客不得不学习如何与记者进行谈话,由此被不在场的听众和观众"旁听"。同时,政客需要学习与遵守访谈中话轮交替的特定规则,即如何给受众一种谈话流畅、非正式的印象。对政治休闲交谈形式的倾向在软性的事实播报节目中特别容易被看到,例如晨间电视节目、脱口秀和新闻娱乐节目等。这些节目有着源自人际沟通的社交性谈话理念,参加这些节目的政治家被期待以不违背节目社交属性的方式谈论政治议题(如果谈论政治议题的话)(Hjarvard,2005)。

尽管电台和电视属于大众传媒,然而通过这些媒介的任何传播,包括政治传播,都不得不考虑媒介在传播者和接收者间所构建的特定关系。政治家必须假设自己在以一种特定的方式和一小群受众说话。在这种情况下,受众将自己看作是谈话的潜在参与者,而非仅是政治家试图影响的匿名群众。依随斯坎内尔(2000)的观点,现代广播媒介有一种特定的交流结构,斯坎内尔称之为"把普遍存在的针对任何人的结构,当作是特为自己的结构"(for-anyone-as-someone structures)。广播不仅面向"任何人"(诚如大众媒介面向大众)或"特定的人"(诚如人际传播媒介面向特定的个人),且构建了介于大众媒介和人际传播媒介间的第三种形式。通过这一"把普遍存在的针对任何人的结构,当作是特为自己的结构"的特征,广播变成一种名副其实的、具备社交性的传播形式。在其谈话模式下,广播弥合普遍与特殊、公共生活与私人生活间的差别。聊天化的模式已经占据所有类型的广播题材,包括独白样式,而此恰恰是对广播的根本性传播结构的体现。在该结构中,大众传媒受众中的"任何人"都被认作独立的"特定的人"。

费尔克劳(Fairclough,1995)基于话语分析的传统指出了公共传播中的相同发展,并讨论了其间日益显著的"聊天化"趋势。从语言学的角度,这体现于在包括正式公共场合在内的各类社会情形中非正式语言越来越多地使用,以及在书面交流中更频繁地使用口头形式。同样,上述趋势在新兴的数字媒介中占据了主导地位,例如短信、博客、聊天室,更广义上来说,即各类社交媒介。短信通常包含与口头交流一致的自然的、非正式的字符,短信对话框序列则部分地复制了面对面交谈的聊天模式。由此,短信呈现出自然谈话的书写形式,或者说,书面交流的口头形式(Crystal,2011)。在新媒介中,广播弥合了公共生活与私人生活、正式交谈与非正式交谈间社交差别的传播形式,又向非正式的、私人的谈话形式迈进了一步。在政治家对博客、Twitter 和 Facebook 的使用中,我们进一步看到他们明显倾向于以非正式的、口语化的语言进行交流,这类语言使他/

她处于与受众平起平坐的高度，并邀请后者加入对话。

政治传播的聊天化对民主参与而言是一把双刃剑。从积极的方面来说，它体现着平等主义精神：所有的参与者彼此均处于平等地位，且可以被赋予同等的谈话时间、空间和机会。进一步而言，谈话看似由日常与家人朋友对话的熟悉原则所左右。因而，对任何希望参与讨论的人，都不存在表演技巧或事实知识方面的要求，即便存在，也是极少的。谈话的这一理想通常是建立在面对面谈话比（大众）媒介化传播形式更为优越的这一隐喻观念之上的。新的、交互式媒介的民主优点因此体现为，它使得人类的交流与传播"返回"到一个更真实的对话交流形式。数字化和交互式媒介无疑使得人们更加关注当下对媒介和民主讨论中的参与和对话。尽管如此，对话的民主价值并非仅仅源于各种（新）媒介的兴起（cf. Jenkins and Thorburn，2003；Fenton，2010）。在政治理论的某些流派中，尤其是与教育理论有关的理论，存在着将对话视作民主基石的悠久传统，这不仅有助于公众参与，而且能够使得论争和领导力更有资质。美国的约翰·杜威（John Dewey，1927）是这一传统的典型代表。而在传播学中，这一观念受到了詹姆斯·凯瑞（James Carey，1989）的极力赞同。在斯堪的纳维亚半岛的语境下，霍尔·科赫（Hal Koch，1945）则引领着对于对话的重视。从批判性视角来看，对话显而易见的平等性可能掩盖下述事实：从根本上而言，政治传播通常是不平等参与者间的话语斗争，参与者都希望将权利的天平倾向自己的一方。从这个角度来看，政治传播扮演着利益集团争取社会中思想和资源分配的角色之一。因此，相信通过遵循非正式对话的规则交流就可以实现民主，这在客观上既是不正确的，也在政治上显得太幼稚。相反，这只会使交流更加容易被操纵，而被更好地掌握了这些交流形式的人所支配。

舒德森（Schudson，1997）曾针对对话先天具有民主价值这一观点展开过批判，考虑到过去几十年间交互式媒介的普及，这一批判的重要性变得愈加重要。舒德森强调，我们有必要区分只是松散地建立起来、并无特定目的的社交性对话——暂不考虑对话和他人陪伴所带来的愉悦——以及需要遵循规则、面向公众、解决问题的对话，而后者往往是繁琐的，甚至参与都未必令人感到舒服。按照舒德森（1997）的观点，只有通过恪守民主对话"非社交的"特性，维持其对公共问题的关注，坚守其交流过程以及决策制定的正式准则，民主对话才能达到最佳的状态。"面对面对话本质上即为民主的"这一理想有着历史性的错误，因为对话的理想模式也曾被话语权分布极不均匀的贵族政权所否定。因此，社交性对话并不带有先天的民主性：

让对话民主的不是自由、平等及自然的表达，而是接近话语权的同等机会,是制定讨论基本规则的平等参与,是鼓励相关发言、专注聆听、适当简化的一系列基本规则,以及广泛分配的话语权。(Schudson,1997:307)

舒德森认为,对话并非民主的灵魂。民主源自民主的制度,以及相应的制度化公共规则和民主行为规范。民主制度可确保民主对话的实现条件,而非相反。

舒德森的批判在司空见惯的对聊天功能的浪漫化构想中可以说切中要害。尽管如此,困难在于媒介仍然在社交媒介和电台、电视节目中宣扬上述理念。通过其日常行为,媒介及其用户使社交性的谈话制度化为民主公共讨论的重要典范。这一理想因而践行其自身的现实性,并可能成为衡量政客行为的标准。不愿参与此类社交性谈话或不具备参与此类谈话的表述行为能力的政治家,他们选举获得成功的机会可能就小。因而,对话的社交性规范可能成为一种产生专断主义后果的民主理想,因为这些规范偏爱政治传播的某种特定形式。基于上述讨论,我们同样也需要认识到,社交性对话与解决问题的对话两者间的差别不必是绝对的。各种对话形式的政治严肃性和结果存在不同程度的区别,从"纯粹"社交性到"纯粹"解决问题。正如哈贝马斯(1962)对公共领域转型的历史性研究,以及新近的讨论所表明的(Plummer,2003;Dahlgren,2006;Gripsrud and Weibull,2010),文化领域、私人领域以及亲密圈子内的对话,在不同的情形下,可能带上政治意涵,为政治目的而动员,进而产生政治影响。政治的媒介化隐喻着政治传播聊天模式的演进,而这通常被媒介描绘成先天性有利于民主。正如舒德森(1997)所建议的,我们需要对此类断言持批判性眼光;但同时,我们也理所当然地需要对新的民主政治传播形式可能性持开放的态度。

十、媒介政治评论员的混合角色

我们接下来将要考察媒介化政治的最后一个方面:媒介中所存在的多种形式的政治评论发展和传播。政治的媒介化涉及公共舆论中形成的多方参与者权力平衡的变化。传统意义上,政治人物承担着政策制定者的角色,政治学者扮演专家解读,而记者则被期望扮演批判性报道者的角色。媒介化政治的结果之一便是这些角色边界的总体模糊化。这一模糊化在解释性新闻报道的传播过程中呈现为,新闻工作者和政治媒介指导顾问("政治化妆师")之间不断增加的交流互动,以及以实践为导向的新型媒介化政治专业知识的兴起。在此情境下,媒介的政治评论员所具有的混合角色获得了新的政治权威。

政治评论和政治专家特殊地位的影响绝不是一种新的现象,而是自早期舆论报刊和随后的电台和电视始一直发挥着作用,甚至可能在早于大众媒介兴起的社会就已有先例,比如狄菲神殿的神谕之中(Nimmo and Combs, 1992)。而真正新兴的则是政治评论在不同新闻题材之间以及在其他媒介形式(比如博客、广播娱乐节目和社交网络媒介)中的扩散。举例而言,通过分析丹麦过去三次选举中网络新闻媒介的报道,我们发现,对政治评论员的引用从 2005 年到 2011 年间增加了十倍(Moller and Kiellberg, 2011)。此外,当代政治评论尤其关注媒介和政治间的关系,如政治进程中媒介管理和粉饰的角色。通过政治评论,我们得以理解时政的一系列不同行为,从中立性、分析性的一侧到舆论导向性、规范性的一侧。与这一丰富的实践光谱一致的是,政治评论由一组"政治评论员"提供,他们归属于(或将自己归属于)处于特权话语位置的"政治专家",这些"政治专家"至少能从一定程度上脱离政治领域的视角来解释政治行动者和政治行为。尽管如此,政治评论员不仅处于政治之外,而且部分地处于传统意义上的中介化政治传播中的其他社会角色之外,或者在其边缘。他们中有些人(以前)可能是职业的新闻工作者,但当对政治展开评论时,他们通常以资深编辑或通讯记者的身份发声,这两种身份被视为允许以超越新闻工作者的角色,通过一种更为个人的声音发言。他们中有些人(以前)可能是职业的学术研究者(如政治学领域),但对政治进行评论时,他们可作为独立观察者更加自由地发声。他们中个别人可能是政要或"政治化妆师",但当进行政治评论时,他们试图追求超越以前的政治立场,通过局外人的视角,但凭借内行人的专业知识进行评论。

政治评论者日益引人注目的是(新闻)媒介广义上发展的一部分,这其间对政治事件的解释已经蔚然成风。古拉蒂(Gulati et al., 2004)等呈现了诸如新闻分析和评论的解释性体裁在电子媒介和印刷媒介中的增长,沃尔-乔根森(Wahl-Jorgensen, 2008：70)观察到,"论断和观点的表达……不断渗透到报纸的每个部分"。美国福克斯新闻的成功同样证明了观点型新闻和政治评论持续增长的影响力,这也进而成为媒介更为公开支持特定政治党派的媒介典范(Hart and Fair, 2003；Welch, 2008)。在斯堪的纳维亚语境下中,德夫-皮埃尔和威布尔(Djerf-Pierre and Weibull, 2001)展示了历史上瑞典广播新闻是如何从传统客观新闻报道的理想模式转向更具解释性的范式；在丹麦电视新闻广播(Hjarvard, 1999)和新闻报刊(Hjarvard, 2010b)的发展中同样可以观察到类似趋势。

政治评论的发展是媒介化政治的一个有趣案例。这是因为它反映了媒介鉴于其和政治间不断增长的相互联系而发展出一种特定的专家群体承担评论政治的需要。正如麦克奈尔(McNair, 2000：82)所提到的,"'专栏爆发'(以及广播节目中的同类——权威和专业通讯记者的激增)是一种对高度竞争、丰富信息和对政治人物集中操纵的环境的可理解的新闻适应"。从这个角度来看,政治评论的广泛传播不仅是一种允许媒介承担对政治的解释性、分析性以及公开表达观点的角色媒介驱动现象,也是对政治发展的一种回应,媒介化交流与传播已然内化在这一发展中,被政治人物采用从而达到其战略目标。在此种情景之下,媒介可能意识到用一种特定类型的专业知识来解释和揭露政治"游戏"的需要,包括对媒介管理的策略化应用。总之,"专栏的爆发"就是对政治媒介化的反应,也是对它的进一步强化。

为了更好地理解此类政治专业知识是如何获得公共权威的,我们再次采纳制度视角。正如赫明森(Hemmingsen)和席格腾毕格尔(Sigtenbjerggaard,2008)所述,媒介政治评论员的权威是基于他/她从源于新闻业、政治和科学这三种不同机构的社会角色中组织合理性的能力。为了以专家身份立足于拥有特权话语的位置,政治评论者需要扮演"专家"的角色。这种角色起源于学术界,即大学这类知识创造机构,并通过对科学理想和实践的坚持获得合理性。然而,在这个意义上而言,政治评论员很少是真正的专家,因为他们不从事实际研究。这可能降低他/她的专业地位,但这种潜在的不利因素可以被其言论自由的能力——包括从事多种形式的即时解释、未来预测和政治建议——补偿,但这些对学术研究者来说却通常是不被允许的。进行解释的广泛自由使得政治评论员远比传统意义上的大学专家更适合媒介。研究学者为了保持自己在同行中的合法性,经常使他们面对同行看来是科学上毫无根据的或者纯粹臆测的公共解释工作时犹豫不定。

另一个区别于一般学术专家之处是政治评论员的交流技巧。在这一方面,政治评论员可以充分利用新闻工作者的表达规范和新闻机构的正当性,新闻机构独立于政治机构且充当其潜在的"看门狗"角色。和经验丰富的新闻记者一样,政治评论员可以是富有想象力的写手或能言善辩的演说家,但他们却不会被新闻记者必须遵循的规则所约束。政治评论员不需要对他们所使用的信息来源作明确表述;正相反,他们通常引用非正式的和不具名的信息来充实自己的分析,作为其进入政治生活后台的特殊权限标志。与此相似,评论者也不受传统的客观性和真实性标准约束,尽管这些标准在当前朝着更具解释性的范式迅速发展,但它们仍然统治着许多新闻业。政治评论者通常以随笔形式写作,他们关注行为的动机和可能的结果,而不是既存的事实本身。尽管政治评论员可能进行过记者培训,或是在编辑部与其他新闻工作者一起工作,但他们不会在同等程度上受到新闻机构规则的约束。

政治评论员也从政治机构获取其权威。近几年,许多评论员从政党或高级政治家的前媒介顾问或政治顾问走向政治评论员的位置，而且，这种来自"真实政治"的经历通常在评论新闻时事时成为相当重要的凭证（McNair，2000）。一些评论员可能有自己的政治议程，以此来树立自身形象，被公众认为是具有左翼或右翼倾向的政治影响人物，如对移民问题持有积极立场或者对美国茶党运动抱有同情。与现实生活中的政客不同，政治评论员不需要说服选民在下一场选举为他们投票；他们不需要在选民面前辩护自己的政治观点，但可能需要立足一定距离之外对政治事务进行评论，同时表现出对政治进程非常熟悉的优势。总体上而言，政治评论员的政治实践依托于三种制度的行为表述特征：新闻、政治和学术界，但是他们可以自由地利用上述特征的优势，而不需要遵循这些制度下的角色期待（见图3.5）。从理论上而言，我们认为，多种角色期望的混合会创造一种角色冲突（Aubert，1975），实际上却并非如此。总体而言，政治评论员出现在各种各样的媒介形式中，并且可以在新闻短评、电视专家访谈和个人博客间轻松转换角色。恰恰因为对多种社会角色兼容并蓄，他们获得了相当大的自由，在各种各样的报道类型和媒介中灵活活动，发布权威性言论。（Hemmingsen and Sigtenbjerggaard，2008）。此外，政治评论员个人可以依据自身对三种制度的依赖程度来区别性地定位自身。为公共服务广播公司工作的评论员通常多以资深政治编辑的角色出现，而独立政治博主则更多愿意表达自己的政治观点。

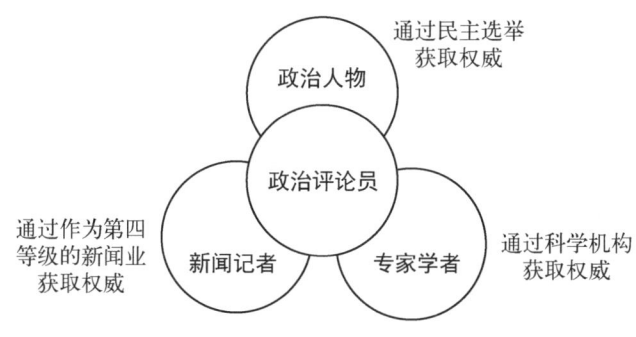

图 3.5　政治评论员的混合角色

（注：通过综合新闻记者、政治人物和专家学者三种角色的行为表
达元素，政治评论员已成为当代政治中一种新型、权威性声音。）

政治评论员对政治日程的影响是很难衡量的。通常，政治评论员自己宣称其毫无影响（如，英国《每日邮报》的彼得·奥斯本［Peter Oborne］称，"很难看到产生影响的任何例子"［Hobsbawm and Lloyd，2008：9］）和公众对其影响的肯定之间具有一种讽刺性。尽管政治评论员只是人数有限的团体，但通常媒介极为频繁地引述他们对政治的评论,而不是通过其他诸如学术专家这类信息来源,这可能是其具有影响力的一项指标。除此之外,他们经常被赋予专家地位,这也允许他们以一种权威性方式来展示自己的分析和观点,而不会被记者或政治人物质疑。其日益流行的一个主要原因也可能源自行为表述的优点。通常而言,当代新闻媒介受到全天候滚动的截止时限的压力,能够用以进行原创新闻调查的资源少之又少。在这样的环境中,政治评论员对政治事件提供即时、清晰且具娱乐性分析的能力变得难以抗拒。因此,新闻媒介中的组织性限制和媒介政治关系的结构性转变并行,刺激着媒介化政治评论这一混合形式的进一步发展。

十一、结语

本章中我们集中讨论媒介在当代政治变迁中的角色。需要强调的一点是,政治机构和全社会的发展也对媒介和政治在媒介化社会中相互依存的方式有着重要影响。诚如本章中简要描述的,在媒介愈加商业化的同时,政治则愈加以市场为导向。政党已经失去以往作为群众性组织的权利,转变成为旨在在选民不断流失的选区最大化其竞选成果的专业化机构(Negrine,2008)。新公共管理模式成为引导公共机构(从医院到大学)的策略性政治工具,这一模式将基于市场的思想进一步引入政治思维。第二次世界大战以来,阶级分明、政党政治的结构瓦解伴随着现代社会中信仰和观念的总体转变。由此,后物质(post-material)的价值观念连同关于社会福利分配的传统政治问题,获得了更加显著的地位(Inglehart and Welzel,2005)。在不断变化的组织和文化背景下,政治越来越依赖于政治治理网络(political governance networks),而政治治理网络则依托于政治党派、利益集团、媒介和其他通过媒介斡旋政治意见和合法性的权力掮客。从这个角度而言,政治媒介化即是新型媒介环境所产生的结果,更是组织化、基于阶级的政治不断侵蚀的结果。

媒介化进程意味着政治机构和人物不间断地受到媒介行为方式的影响。因而,我们可将政治媒介化视作政治和媒介两种制度间权利平衡并朝向后者转变。尽管如此,政治行动者——政府、党派或者政治家个人——仍可在与媒介的博弈中占据上风,并且能够影响媒介对特定事件的报道呈现。政治行动者或媒介在何种程度上最终赢得一场特定的博弈,这是一个实证问题,而非政治媒介化理论能够提供的断然答案。归功于政治机构对媒介资源和媒介管理的专业化使用,政治机构能够引导政治议程,尤其是在新闻媒介缺乏创作独立新闻作品的资源的情景下。政治媒介化主要涉及上述这个长期的进程。在此进程中,政治传播的条件得以改变，由此相应改变了政治传播的形式以及相关行动者间的关系。例如，政治行动者可能偶尔赢得对媒介的战争，但政治媒介化意味着战争的结果通常在媒介舞台上，并由媒介内以及通过媒介展开策略性沟通的能力所决定。在政党报刊时期，政治人物和类似立场的政治报刊编辑部之间的关系通常很亲近，有时甚至是私人的。如今，公共舆论的形成已然变得产业化，媒介成为公共舆论的重要缔造者、发布者和仲裁者。

第四章

宗教媒介化：从教堂信仰到媒介魅力

一、导论

借助于最尖端的媒介科技，超自然现象在现代社会中获得前所未有的地位。在诸如《指环王》（*The Lord of the Rings*）三部曲、《暮光之城》（*Twilight*）和《哈利·波特》（*Harry Potter*）系列卖座电影中，鬼魂、精灵、吸血鬼、独角兽、邪恶的怪兽和善良的鬼神与凡人一起生动形象地栖居于世界。超自然领域不再是人们的想象，或偶尔在壁画、石柱上看到的、以符号形式表现的事物。媒介对超自然世界的再现展示出丰富的细节、角色和叙事，使超自然得以自然形态展现。此外，超自然世界的特征由媒介中的寻常角色得以呈现。周复一周、季复一季观看外星人、魔鬼和吸血鬼电视剧集，如《X 档案》（*The X-Files*）、《邪恶力量》（*Supernatural*）、《吸血鬼猎人巴菲》（*Buffy the Vampire Slayer*），每天花一到两个小时在类似《魔兽世界》（*World of Warcraft*）的计算机游戏中与超自然怪兽搏斗，扮演一个你自己创造的魔幻角色，这些都使虚拟世界成为一个令我们耳熟能详的现象。

超自然世界不局限于虚构的媒介题材。电视真人秀，例如探索频道的《捉鬼敢死队》（*Ghostbusters*），是第一批涉及超自然、超常和其他（准）宗教问题的电视节目。英国的《鬼缠身》（*Most Haunted*）等系列也应运而生。在丹麦，国家电视网在诸如《神灵力量》（*The Power of the Spirits*）和《与灵魂同行》（*Travelling with the Soul*）的节目中涉及鬼魂、驱魔和轮回的内容。在如《第六感》（*The Sixth Sense*）的娱乐节目中，占星学家、手相师与心理学家、时尚专家同时登台。这类流行的宗教形式不仅在许多国家的媒介中极为普遍，且制度化的宗教（基督教、伊斯兰教等）也在新闻和其他纪实类型中赢得了更大注意力。在北欧国家，伊斯兰教在过去数十年中获得了许多关注（Lundby and Lövheim，即将出版），尤其鉴于政治议程中移民话题的存在。基督教也受到更多的新闻关注。宗教的制度形态不仅获得更多的新闻报道，其应对举措也更多集中于舆论和辩论上，并极大程度上利用了上述比先前影响力范围更大的新闻体裁。就 1985 年到 2005 年期间的丹麦纸媒而言，罗森菲尔德（Rosenfeldt，2007）记录了涉及基督教事件（大约增长 3 倍之多)和穆斯林事件(大约增长 11 倍之多)的报道。最后,互联网络和其他电子媒介已经成为传播和讨论宗教事件的一个重要平台,允许诸多个人和宗教运动来表达在传统教堂框架之外的宗教观念和态度,并改变宗教机构与其社群互动的方式(Højsgaard and Warburg,2005;Campbell,2010)。

媒介中日益增多的宗教主题首先表现为对世俗化是高度现代性的标志和媒介是启蒙代言人的立场的否定。由此,我们可以将这一发展理解为去世俗化的趋势(Berger et al.,1999)或现代社会的再世俗化(Demerath,2003)。其间,世俗的趋势逐渐被基督教、伊斯兰教和新兴的宗教媒介化形态的复苏所替代,或至少被挑战。尽管宗教在媒介议程上重新出现,然而社会世俗化的趋势仍然存在。诺里斯(Norris)和英格哈特(Inglehart,2004)以及英格哈特和威尔兹尔(Welzel,2005)提出现代化和多维度世俗化之间关系最为综合的比较分析。基于来自 74 个国家,覆盖 1981 年到 2001 年的可用统计数据,诺里斯和英格哈特(2004)报告了关于社会现代化和传统宗教行为与信仰下降之间的清晰联系。同时,英格哈特和威尔兹尔(2005)也指出,自我表达价值在晚近现代社会中的传播会使得多种形式的主观化精神性和非物质思考的敏感性得以提升。因此,世俗化并不必然引起宗教的整体消失,而是预示了宗教在现代世界中的一系列结构性变革,包括宗教机构权威在社会中的下降,以及宗教信仰和实践更多的个体化形式的发展(Bruce,2002;Dobbelaere,2002;Taylor,2007)。从这一角度来说,宗教的媒介化可以被视为晚近现代社会中世俗化循序渐进过程的一部分:它是一个历史性过程,而媒介在这一过程中承担了许多从前由宗教机构执行的社会功能。仪式、崇拜、哀悼和庆典都曾是作为制度化宗教的部分社会活动,但是现在,它们部分地由媒介接管和变革为或多或少的世俗性活动,服务于宗教机构之外的其他目的。研究宗教如何与媒介的联系揭示了世俗化的证据以及再世俗化的趋势。这两种趋势当然有可能并存——尽管存在于宗教与媒介交界的不同领域和方面。例如,一些如新闻和纪录片的媒介类型也许通常认同世俗化的世界观,而幻想和恐怖类型则更倾向于唤起形而上学或超自然的想象。

对十媒介在宗教中所扮演角色的社会学理解,很重要的一点是强调媒介不仅再现或报道宗教问题,而且改变宗教机构的理念和权威,进而影响关于宗教问题的交流。例如,一些信仰分支曾被认为是迷信并被谴责为低级文化。这种信仰类型在国际和国家电视中的日益增多加强了"迷信"的合法性并挑战了制度化教堂的文化声誉。正如丹麦主教在捉鬼类电视节目《神灵力量》播出后所表示的,"丹麦文化在此节目播出后将会变得截然不同"(Lindhardt,2004)。与此类似,我们见证了丹·布朗(Dan Brown)的畅销小说和由此改编的电影《达·芬奇密码》(*The Da Vinci Code*)和《天使与魔鬼》(*Angels & Demons*)如何通过灵魂感知、阴谋论、批判正统获得了全球受众(Partridge,2008)。这一成功是如此巨大,以至于罗马天主教教堂和其他基督教社群感到了来自丹·布朗对福音书另类理解的威胁,并发出大量新闻通告来反驳他的论点。其结果是,丹·布朗小说和电影的发行与上映成为惊人的媒介事件,并刺激了新闻报道、电视辩论和公共抗议。

本章目的在于通过一个理论框架的发展,用于理解媒介如何扮演宗教变革的行动者角色。媒介化的过程意味着媒介在某些层面影响和改变宗教,包括宗教机构的权威、宗教叙事的符号内容和宗教信仰与实践。涉及媒介与宗教交界的理论必须在恰当的文化与历史语境下考察媒介与宗教,因为宗教的媒介化既不是历史性、文化性现象,也不是地理性普遍现象。正如在第二章中所述,媒介化是晚近现代现象中的一个普遍过程;其间,媒介已成为半独立机构,与此同时,媒介又已被整合为多种文化与社会机构。此外,即使是在高度现代化的社会中,媒介和宗教方面也存在着许多不同,本章所展示的理论框架和分析大纲也许更适合描述欧洲西北部的发展,而不适合世界其他地区。克拉克(Clark,2005)和胡佛(Hoover,2006)的研究清楚地表明,美国的新教会运动为媒介与宗教的互动提供了重要的文化背景。这一点大大区别于北欧经验,因为北欧新路德教会的存在更为局限,参与水平较低。因此,本章末尾所呈现的丹麦语境下的实证研究结果与美国经验相比结果可能大相径庭。

正如林奇(Lynch,2011)所观察到的,北欧国家的宗教媒介化依赖于主导媒介与宗教关系的四个特点:(1)主流媒介机构具有非忏悔导向(non-confessional orientation),且强忏悔导向的使用在媒介具有很大局限性;(2)当人口与宗教机构几乎没有直接联系时,主流的公共媒介成为与宗教符号和叙事的接触点;(3)一个清晰可辨的宗教机构的存在(如,新路德教会);(4)社会、组织和个人层面的高度世俗化(Lynch,2011:205)。换句话说,宗教的媒介化在美国、巴西或印度有着不同形式,并产生不同结果,其主要取决于宗教、社会和媒介语境。而我们的理论框架同样必须考虑到媒介并非一个单一现象的事实。个人媒介依赖于其技术特征、美学惯例和制度框架,因此,对宗教而言,网络和电视所产生的结果可能有所区别。要充分理解媒介对宗教的影响,不仅必须区别媒介,而且还要审视不同语境下其所描绘的宗教,改变的宗教性内容与符号形式,以及影响的宗教性活动。

二、三种媒介隐喻

梅罗维茨(1993)区分了传播媒介的三个不同方面：作为渠道的媒介、作为语言的媒介和作为环境的媒介。根据梅罗维茨的框架，上述隐喻可以将现存的研究方向归类为中介化的传播。但是在本章中，它们将被用于具体阐释媒介影响宗教的多种方式。

（1）**作为渠道的媒介**的隐喻关注于媒介如何跨越地域将符号和信息从发送者传输给接收者。这一方面的研究必然涉及媒介内容：即什么类型的信息得以传输，什么话题占据媒介议程，不同主题收获的关注又是如何等。在这一背景下，媒介是多样化宗教表征的传递者。最为显而易见的例子是宗教的关键性文献，如圣经、古兰经和赞美诗等，其既在宗教机制内流通，又通过普遍意义上的媒介市场发行。然而，如果从独立媒介生产与发行的角度来看，媒介仅仅依托有限渠道发行来自宗教机构的文献。新闻报纸也许包含宗教公告的专栏，广播和电视通常传递宗教服务信息，但是在大多数西方国家里，这仅仅只是一种边缘性的活动。大多数媒介对宗教问题的表征并不源自制度化的宗教，而是由媒介职业从事者或个人用户制作和编辑，并经由新闻、纪录片、戏剧、娱乐、博客等媒介类型得以传播。通过对上述类型的运用，媒介提供了宗教表征再现的寻常样貌，以新的方式混合了制度化宗教和其他精神元素，这使得媒介成为有关宗教的信息和经验的重要来源。一般而言，媒介扮演着三种不同类型的宗教传递者：**宗教性媒介**（religious media）、**宗教新闻**（journalism on religion）和**平实宗教**（banal religion）。它们在宗教内容方面、对传播的控制以及宗教性事物的形式化方面各不相同。

（2）我们转向**作为语言的媒介**的隐喻。在这一方面，注意力集中在媒介审美上，即媒介形塑信息并建构发送者、内容、接收者之间传播关系的多种方式。尤其需要指出的是，媒介和类型的选择影响着诸如叙事结构、现实状态和特殊信息接收模式等重要特征；并且，媒介依据特定的媒介和类型的模式性而随之调整与塑造宗教表征。一则关于拉丁美洲宗教政治的新闻报道，一个像《驱魔人》（*The Exorcist*）一样的恐怖电影，和一个斯堪的纳维亚受苦信徒的 Facebook 展示了对宗教问题截然不同的表征。不仅如此，这毋庸置疑意味着截然相反的有关宗教的定义和我们应如何了解宗教问题的讨论。在当代欧洲和世界其他许多地区，作为语言的媒介首先且最重要的是意味着宗教按照**流行文化类型**而形式化。流行文化始终从事着对宗教问题的争议性表征，但是广播和电视的公共服务职责和总体上更为严格的商业媒体道德控制先前意味着制度化宗教对在公共媒介上如何表征宗教有着更为严格的控制。由于大多数欧洲国家和世界其他地区的媒介系统去管制化和商业化发展，广播电视与流行文化进一步融为一体，如计算机游戏、互联网络以及移动媒介在内的新媒介从一开始就已将流行文化的主题和叙事放置在其中心位置。通过媒介中流行文化的语言，宗教变得更加以娱乐和消费者为导向，宗教路径也更为个体化。

（3）最后，考察**作为环境的媒介**隐喻，我们的兴趣将集中在媒介系统和机构如何促进和组织人类交流与传播。鉴于技术与机构属性，20世纪中叶公共服务媒介，如广播电视，通常偏好全国式、家长式、单向性（一对多）的传播路径。然而，21世纪互联网络的偏好为全球化、消费者导向、多向性的传播模式。由于环境比个人信息更加稳定，这一隐喻鼓励在普遍层面上，尤其是针对长期历史性变化的研究。例如，印刷媒介刺激了科学理念的传播，削弱了教会对个体接触宗教文献的控制，因此支持了信仰的个体化和新教主义的崛起（Eisenstein，1979）。在科技领先的21世纪社会中，媒介已扩展到几乎社会各个领域并构建起无处不在的网络（Castells，1996；2001），大多数人际互动和交流必须由其筛选过滤。因此，媒介也构建社群感和归属感（Anderson，1991；Morley，2000）。媒介使日常生活中的小范围变迁和更广范围下的社会事件仪式化（Dayan and Katz，1992）。在早前社会中，如家庭、学校和教堂这类的社会机构对社会个体成员来说曾是最重要的信息、传统和道德导向的提供者。今天，这些机构已失去其部分早前的权威，而媒介则在某种程度上代替了其作为信息和道德导向提供者的角色。与此同时，媒介也成为社会中关于社会本身最为重要的叙述者。

媒介对宗教的影响可能是多方面，且有时是矛盾的，但是作为一个整体，作为渠道、语言和环境的媒介对**宗教的媒介化**有着至关重要的影响。这一过程也引起宗教的多方面改革，影响了宗教文献、实践和制度关系，并最终影响了现代社会中信仰的本质。而这一变化的结果并不意味着新的宗教本身，而是一个新的社会和文化条件，在其间定义和实践宗教的权力已然发生改变。

三、媒介化宗教的三种形式

作为传播渠道，媒介传递多种多样的信息，其间也包括对宗教的表征。这些媒介表征并不提供宗教的雷同形象，相反地，它们囊括了大量不同内容，包括宗教表征类型、对宗教的态度和传播的目的。然而，在媒介对宗教表征的多种类型之上，我们可以分析区分主要传播实践群集（clusters），每一种集群包括一系列主要流派、机构控制、宗教内容和传播功能为其特征。下面,我们将简要描述三种主要集群:**宗教性媒介**(religious media)、**宗教新闻业**(journalism on religion)和**平实宗教**(banal religion)。表 4.1 提供了媒介化宗教形式的概览(Hjarvard, 2012a)。

表 4.1　三种不同的媒介化宗教形式的关键特征

	宗教性媒介	宗教新闻业	平实宗教
主要类题	宗教服务、布道、忏悔、讨论	新闻、时事、协调辩论	叙事小说、娱乐、自助服务、消费者建议
主要控制机构	宗教	新闻业	媒介
宗教内容	宗教著作和道德建议的解读	世俗新闻价值观框架下的宗教参与言论与行为	文献拼装,多种制度化和民间宗教形象与礼拜仪式
宗教行动者角色	拥有者、制造者、呈现者	来源	牧师与信徒的虚构再现;以社会顾问、演艺人员等真实形式
传播功能	劝诫、社会仪式、宗教社群	信息、批评监察、政治公共领域	娱乐、文化仪式、自我发展
对新教教会的挑战	多重化和个体化的宗教声音与视觉表征	与世俗价值观不符时对宗教机构的批评	宗教表征的拼装以提供宗教文化知识的背景

1. 宗教性媒介

宗教性媒介是指,主要由宗教行为或集体(例如教堂)、或个体控制和执行的媒介组织和实践。包括用于宗教个体之间进行传播的大众媒介(例如 God TV)、社交网络媒介(例如 Facebook 上的 Catholic Online)和私人媒介(例如移动电话)。从历史性视角来看,媒介对宗教的实践与传播有着十分重要的意义,媒介环境的变化经常对宗教发展产生重要影响。在基督教历史上,手抄文献的传播和之后印刷术的发明具有重大意义,其重构并挑战了宗教权威的力量。正如霍斯菲尔德(Horsfield,即将出版)所提出的,基督教从口头向手写文化的转型为基督教的世界性传播铺平了道路,其代替了以口述为基础的基督社群(亦参见 Ong,1982)。在罗马帝国晚期,受过教育的人掌握基督教的领导地位,且文职阶层对写作技术这一社会和知识工具权限的使用权在制度化和天主基督教时间和空间传播中起到促进作用。与此类似,1450 年左右印刷技术在欧洲的发明使基督教文献的大量生产与发行成为可能,并允许上帝话语和新教追随者之间发展出更加个体化的关系(Elsenstein,1979)。独立的媒介产业和职业的建立以及印刷厂和出版商在教会之外增加了另一种权威:宗教文学的市场。

　　近年来,电视福音布道活动在美国的发展体现了宗教电视如何为福音运动创造了一个新的公共平台,并允许很多电视福音传道人成为知名魅力宗教领袖的典型案例(Peck,1993)。电视不仅充当了宗教理念传播的公共平台,也改变了宗教运动和组织。宗教电视引入了宗教经验和社群感的新形式,并影响了宗教组织的内部权力结构。作为美国出现的社会现象,电视福音布道活动随后在世界其他地区传播开来。在印度,电视福音布道活动已发展为“马萨拉·麦可福音”(Masala McGospel),它混合了印度教元素与美国媒介文化(James,2010)。然而,在许多国家,与如电视、广播和电影这类公共或商业利益主导的大众媒介相比,宗教大众媒介在产出上极其有限,通常也不寻求传播任何特殊的宗教信仰。这在包括北欧国家在内的欧洲北部尤其典型,宗教报纸和广播仅仅在以世俗媒介占主导的市场占据小众份额。

　　互联网络和其他电子媒介为宗教参与者及其追随者和一般大众提供了传播的新机会。新媒介的交互潜能使宗教参与者加强信徒之间的纽带成为可能,并创造一种新的存在感和社群感。然而,大部分现有研究似乎并不认为宗教机构可以通过电子媒介的运用接触到现有信仰社群以外的人们。新媒介更常用于与宗教社群现有成员进行沟通,鼓励成员适应宗教机构更为个人化的立场(Hoover et al.,2004;Lövheim,2008)。迈耶和摩尔(Meyer and Moors,2006:11)认为,媒介对宗教机构针对传播的控制“兼有解放和促进的潜力”。因此,媒介类似于“特洛伊木马”,一旦投入使用,便可能挑战制度化宗教的权威。这不仅因为网络上宗教声音的多元化挑战组织化的宗教权威,而且基于受到大众网络文化推动的个体化和网络化宗教传播实践形式的发展。霍伊斯高(Højsgaard,2005:62)关于互联网络宗教的研究观察到,“进一步而言,网络宗教领域以角色扮演、身份建构、文化适应性、科技沉溺、对虔诚信奉的讽刺等方式为特征”。多种在线媒介,如博客,为个体表达个人宗教信仰与体验和建构“宗教自传”提供了机会(Lövheim,2005),而这既挑战了正统宗教机构,又挑战了宗教在世俗社会的主导话语。尽管如此,在线论坛很少能够自己设置公共议程。但是,结合大众媒介,博客便能够在宗教公共讨论中扮演一个辅助角色,例如,针对瑞典“Halal-TV”辩论的研究(Lövheim and Axner,2011)中所展示的(亦参见 Lövheim,2012)。

与媒介化宗教的其他两种形式,亦即**宗教新闻业**和**平实宗教**相比,宗教性媒介被认为是一种较少经历媒介化的宗教形式。由于宗教参与者对媒介的控制(组织或个体层面),媒介服务于宗教目的而非其他方面。因此,媒介的**独特方式**常常为服务于如电视福音布道活动等宗教原因而得以工具化。电视福音布道活动频道上的节目并未利用电视的全部可用体裁,而是相反让宗教模式传播适应电视,以宣扬某一特殊宗教信息。即便如此,宗教媒介需要在许多方面适应媒介需求,这不仅影响宗教信息的形式和内容,也改变着宗教媒介和受众之间所建立的关系,包括宗教权威如何被运用这一问题。当进入普遍的公共领域后,宗教媒介将依据与其他媒介相同的专业标准受到评价,包括其在多大程度上以恰当与有趣的形式运用媒介技术和类型的能力。

总而言之,宗教媒介的新老形式都致力于遵循商业媒介对受众和用户的需求。正如杰拉勒(Galal, 2008)在其对阿拉伯卫星电视上流行宗教类型的研究中所揭示的,通常这些节目中建构起来一个更加个体化和消费者导向版本的伊斯兰教。在《古兰经》背诵比赛和治疗节目中,"符号资源不仅源自伊斯兰传统,同样也来自全球符号资源。这些节目必不可少的则是风格和信号,换句话而言,表达"(Galal, 2008:177)。因此,其中一些节目在传统或政治宗教权威方面较"薄弱",只是适应于一个更加广阔的全球化伊斯兰文化,"这期间,穆斯林是一种时尚"(Ibid.)。宗教参与者将媒介用于其自身目的;与此同时,在服务于宗教目标的过程中,宗教媒介也许最终会将宗教引入更广义的世俗与多重宗教观的媒介文化实践。正如所谓的"阿拉伯之春"经验所示,对如卫星电视、互联网和社交网络媒介在内的新媒介技术的控制和使用能够被用于挑战现有的政治与宗教权威,以及促进对社会中伊斯兰教角色的不同解读。

2. 宗教新闻业

在过去几十年中,宗教问题已经在许多国家的新媒介平台上获得了极大的关注。在全球范围内,诸如反恐战争、穆罕默德卡通危机、日益增加的移民带来的长期社会和文化反响等主要矛盾,已经将不仅仅是伊斯兰教在内的宗教置于新闻议程中。对宗教日益增长的关注不仅源于单一冲突或问题,而是体现一种普遍发展。宗教不再处于新闻媒介的边缘,而是成为记者涉猎的经常性主题或领域。宗教也不再局限于某种带有特殊宗教属性的宗教专栏或报纸,而是定期被主流新闻媒介的报道覆盖。

从制度视角来看,对宗教不断增加的新闻关注反映了对宗教权力定义和框架的变化。宗教和新闻业都可被视为是社会机构,但其由不同合理性建构,受到迥异的独特方式所控制。两个机构都处于其活动的传播中心，且致力于影响其受众的世界观与行为。但是，这两种机构的行为和遵循的传播实践规范却大相径庭。从 19 世纪晚期以来，新闻业在媒介产业中逐渐发展成为一个特殊行业并半职业化，新闻记者通过坚守世俗社会的普遍规范，尤其是来自科学的客观性理念和来自政治世界的民主价值观获得专业合法性。因此，客观性和事实被嵌入新闻业的专业语言和工作例行程序（Schudson，1978；Tuchman，1972），与此同时，作为第四等级的权力，新闻媒介努力使包括宗教机构在内的其他社会权力机构为自身对权力的使用（滥用）承担责任。

我们自然应当注意不应从表面理解记者的自我认知和理想。事实上，新闻媒介并不局限于对客观事实的报道中，而是成为社会的舆论产业（参见第三章）。许多研究显示了新闻媒介如何使用特殊方式**框架**新闻，并因此实现"对特定问题定义、原因解读、道德评估、和/或解决意见的推广"（Entman，1993：52）。新闻媒介是公共议程设置过程的一个至关重要的部分（McCombs，2004），通过对多种事务的特殊框架，新闻媒介生产社会事实和意见——其不仅仅是对已然存在的反映。进一步而言，新闻业是更广阔的大众文化领域的一部分，且作为商业企业，其不仅扮演着公共讨论的工具，也是娱乐的来源和舆情的声音（Hardey，2009；McManus，1994）。因此，新闻媒介中宗教的框架不仅受到新闻业专业价值观的影响，也受到社会中普遍存在的话语和受众对娱乐故事需求的影响。然而，西方世界的新闻媒介通常具有专业性，无党派机构与其他机构——政治或宗教机构——保持距离（Hallin and Mancini，2004）。新闻媒介作为社会半独立机构的出现（Cook，1998）改变了新闻业在社会中的影响。回到政治报刊时代，新闻媒介通过其意见性政治报道施加影响。今天，半独立的新闻机构通过对政治保持一定距离，生产带有新闻业专业价值观的政治事实和意见来施加影响。与此类似，新闻媒介并非采取虔诚的宗教立场，而是与宗教保持一定距离，根据新闻业价值观和规范框架对宗教的表征。一般认为，新闻媒介自身扮演着无意宣传宗教价值观的世俗机构角色，也无意将宗教组织或从业者与其他组织或从业者区别对待。

新闻业和新闻媒介至少已获得了相对于其他机构所依赖的社会重要资源的部分控制：即对政治、社会和文化事务的公共表征。如果宗教组织和个体从业者希望接近这一资源，他们必须适应新闻媒介的要求。通常而言，这意味着他们不得不至少适应于新闻业的两个主导逻辑：**新闻价值标准**和**新闻来源**。为了成为新闻，宗教组织或个体从业者的行为或信息必须具有新闻价值，即遵守社会重大事件、时事话题、强度等的新闻价值（Hjarvard，2011）。因此，没有明确利益冲突的宗教事件通常不会成为新闻,不论宗教社群自身认为其与公众多么休戚相关。进一步而言,为了在新闻中发声,宗教组织和利益团体也必须满足扮演相关和可靠新闻来源的角色。新闻来源需要提供关于近期事件的信息和意见,但是在新闻记者眼中,仅仅当其提供可信的(事实或客观的)信息和意见,并且这些信息和意见与故事框架一致时,它们才能够被引用。新闻记者当然不可能经常拥有相对于新闻来源的优势信息(Blumler and Gurevitch,1981),宗教从业者也能够影响记者对新闻话题的选择和对故事的框架。由于报道者需要新闻来源以生产新闻,他们也回应由新闻来源提供的议程和框架——尤其是拥有权力的新闻来源。然而,与记者协商过程中,宗教组织和个体从业者不能运用他们自己的传播类型(布道、祈祷等)或信誉规范(引用《圣经》文献)。他们必须适应现代、世俗新闻业的规范。为了在新闻媒介的公共领域发声,你需要理解如何制作新闻,并扮演新闻来源的角色。

宗教新闻业挑战宗教从业者(组织和个人)在公共领域定义宗教和框架宗教问题的能力。基于世俗社会的一般社会与政治规范,这些从业者随后将更多暴露于批评之下。在有关斯堪的纳维亚国家宗教报纸报道的研究中,克里斯滕森(Christensen,2010)呈现了不同类型的宗教权威如何有限地存在于斯堪的纳维亚国家的媒介和议会公共领域中。对基督教而言,宗教权威的传统和教条不试图对公共领域施加任何特殊影响,但是在挪威和瑞典,也许偶尔在报纸文章中可以见到基督教呈现为公共生活的一个自然部分,如音乐会公告和讣闻中(Ibid.:105)。因此,基于其在北欧国家的历史遗产,基督教仍然能够携带一种文化权威,但仅仅在其价值观与周围社会发展处于同步的情况下。例如,有关性别平等和同性恋问题的新闻报道就极为典型地体现了相较于社会其他群体,基督教和教会给予了更少的平等和容忍(Christensen,2010;2012)。

考虑到新闻业对世俗价值观的承诺,新闻媒介常常成为"宗教现代化"的工具,亦即其公开和批判不可接受的规范和行为。丹麦媒介对有关罗马天主教会性虐儿童与年轻人丑闻的报道便是这种批判——世俗功能的典型案例(Hjarvard,2012a)。由于很少有丹麦人是罗马天主教会的成员,丹麦新闻媒介极少报道天主教,大多数报道涉及外交事务。然而,这些丑闻在丹麦同样产生了反响,这期间罗马天主教神职人员也被指控对未成年人进行性虐,这相应地增加了丹麦关于罗马天主教会的新闻报道。

《贝林时报》(*Berlingske Tidende*)——一份具有保守背景的严肃丹麦报纸——密切报道了这些事件,并在其网站开辟了一个特殊版块报道罗马天主教。这个以《贝林时报》2010年100篇新闻报道为主题的展览提供了一幅关于该宗教的报纸选择和新闻框架的缩略图。100 篇文章中,有 87 篇是有关性虐儿童、年轻人的报道。除了虐待本身,报道对罗马天主教会对指控的处理进行了猛烈批判。新闻报道描写了罗马天主教会既无能又急于掩盖其神职人员的犯罪不检行为。其余报道中,有 8 篇报道了一名天主教修女的死亡,其在日德兰半岛的修道院受到了虐待。此处我们发现了与罗马天主教会领导及其处理事务方式相似的批判框架。另外有两篇报道涉及了天主教会的避孕政策,一篇报道了德国主教由于对儿童的身体暴力和经济不端指控被免职。最后,《贝林时报》刊载了两篇关于禁欲的报道。只有在上述情况下,我们才看到不再批判罗马天主教会的报道。尽管如此,至少其中的一篇文章被理解为是对其他报道所称犯罪的间接辩护,即禁欲也许至少间接是罗马天主教神职人员性虐待的一个原因。

关于罗马天主教会恋童癖丑闻的新闻媒介报道当然不限于《贝林时报》所刊登的,这是一个全球性的现象。其成为一个关于媒介丑闻近乎教科书式的案例(Thompson, 2000)。这其中,拒绝或解释指控、应对指控的官僚式不情愿态度成为丑闻本身。在全国以及世界范围(通过教皇和梵蒂冈),罗马天主教会寻求在不同方面——包括批评新闻媒介——反驳剧增的批评。一般而言,这大大减少了教会在公众眼中道德惯习的非预期效应,并证明了罗马天主教会误判了其公众定义和框架自身表征的能力。《贝林时报》主编利斯贝特·克努森(Lisbeth Knudsen)回应梵蒂冈关于媒介对教会批判过火的指控时,重新声明了记者批判罗马天主教会的权力:"新闻媒介的批判性报道不是诽谤运动。如果媒介应被指责做错了什么,也应该是因为它给予宗教情感和神职权威太多尊重"(2010 年 4 月 17 日)。在丹麦语境下,对罗马天主教会的批判框架在某种程度上可以被理解为罗马天主教被看作是文化外来者,并因此在记者与新闻媒介心中具有较少的权威这一事实。但是,新教的传统或教条权威在公共领域的缺失体现了新教(偶然性)的文化权威是如何通过适应宗教新闻业与其他诸如学校、科学和政治的现代社会机构得以建立起来的。由此,新教已然维持了其部分文化权威,但是这是通过适应世俗社会的要求从而实现的。

3. 平实宗教

如果**宗教新闻业**将宗教引入政治公共领域,媒介化宗教的第三种形式**平实宗教**则将宗教想象引入了文化领域。**平实宗教**的概念源于迈克尔·比利希(Michael Billig, 1995)关于国家主义和文化身份的著作。他在著作中发展了"平实宗教"的概念。国家主义的研究常常关注明确且制度化的国家主义表现,如国家主义意识形态(例如法西斯主义)或符号(例如旗帜)。然而,国家主义和国家认同不仅通过对官方和明确的国家符号的使用、创造和维持,在很大程度上也基于一系列日常现象,其时常提醒个体对国家和国家文化的归属。比利希(1995：39)区别了"被挥舞的和不被挥舞的旗帜"的喻指;即显而易见的和较少被关注到的国家符号之间的区别。尽管集体的"我们"和"他们"在特殊历史环境下已用于区别国民与外来者,这一代词同样也在其他时期以平静、日常的形式存在,为国家文化的成员和非成员提供自然但却不引人注目的参照。正是这种对先前明确的国家符号不引人注意的低调使用,构成了比利希所称的"平实民族主义"。

与艾加(Agger，2005)的研究一脉相承,我采纳相较于比利希(1995)更进一步的"平实国家主义"概念,并囊括了全部的日常符号和事件,这些日常符号和实践从未成为国家或民族主义的象征,或仅处于边缘地位。许多文化现象和符号能够在文化与社会领域成为耳熟能详的符号,但是它们未必成为国家文化或国家主义意识形态的表现。在丹麦语境下,如腌制或熏制的鲱鱼和烈酒、罗斯基勒摇滚节、年轻人的北海洗浴、哥本哈根市政广场新年夜报时的现象,对很多人来说是熟悉的体验,并构成了文化环境和记忆的一部分。这些体验和符号也许与国家主义无关,但是却也能够与个人历史、家庭事件或阶级经典文化联系起来。然而,在特定情况下,国家主义目的可以调动它们,使其获得一系列全新的意义。这期间的一个典型案例就是丹麦反对移民的右翼政党丹麦人民党(Dansk Folkeparti)在2001年议会选举中的竞选视频。在仅有音乐的伴奏下,这一视频包括一个五分钟长的"平实唯丹麦"(banal Danishness)静态画面蒙太奇。视频传达了非常有力且积极的丹麦与唯丹麦的图景,并通过使用这些平实国家符号,系统地将外国文化元素排除于所谓"唯丹麦"之外。

诚如国家主义的研究需要考虑国家文化中的平实元素,宗教研究同样必须考虑个人信仰和集体宗教想象如何由一系列经验和表征创造并维持,而这些经验和表征也许没有,抑或仅仅与制度化的宗教存在着有限的关系。延续比利希的讨论(1995),我们将这些称为**平实宗教的表征**。其由如下内容构成:通常与民间宗教相关的元素,例如洞穴巨人、吸血鬼和过街的黑猫;取自制度化宗教的事物,如十字架、祈祷和蒙头斗篷;不需要携带宗教内涵的表征,如正向上看的面孔、雷声和闪电,以及高度情绪化的音乐。

从人类进化的观点来看(Barrett，2004；Boyer，2001；Pyssiäinen and Anttonen，2002),这些平实宗教表征为宗教的想象提供最初的描绘,并继而成为一种主要的、在某种程度上无意识的宗教想象,而这种论述似乎是合理的。在历史和后续的社会分化中,宗教被部分制度化,宗教专门人士逐步生产出更加复杂和连贯的宗教叙事,其排除了部分作为迷信的平实元素,并包含了其他平实元素作为"圣经"的一部分,同时发明了一些新的平实元素。不接受制度化的宗教文献作为宗教和信仰最正当和真实的来源,并因此认为民间宗教或"迷信"是不完整、欠发展或边缘的宗教现象,它们将平实的宗教元素作为宗教想象的基本构成,将制度化的宗教文献和符号视为次要特征,这种在事实之后的合理化,无论从理论还是分析上都十分具有启发性。

"平实"这一标签并不意味着这些表征不重要或无关轻重。恰恰相反,它们对宗教思想和情感的产生有着至关重要的基础性作用,其是平实的,因此能够不引人注意地传播宗教意义,并独立于宗教文献或机构。从此意义上而言,平实宗教元素的宗教意义依赖于基本的认知技能,其有助于将拟人化神灵依附的行动者归因为超自然力量,这通常是通过吸引注意、支持记忆、唤起情感这类反直觉的范畴所实现。因此,平实宗教元素是突如其来的电闪雷鸣(归因行动者)背后的超自然和蓄意力量,或是夜晚游荡的死者(违反直觉的范畴混合)。制度化宗教的神圣文献、造像和礼拜仪式有助于构建平实宗教的元素。借此,它们能够循环和激活或多或少与被认可的宗教解读有关的意义。当然,平实宗教表征和制度化宗教之间的权力关系在不同历史时期和不同地理位置有着不同的样貌,但媒介在社会中日益重要的角色似乎为更多的平实宗教表征创造了空间。

四、复魅的媒介(re-enchanting media)

根据马克斯·韦伯(1904)的论述,现代社会以理性的发展推进为特征。由于社会机构越来越差异化和专业化,官僚机构、军队、产业等被归入理性逻辑之中。因此,现代社会变得祛魅化:不可思议的想象、宗教和情感——简而言之,非理性——败给了现代机构无所不包的逻辑,现代人逐渐被理性"铁笼"囚禁。尽管韦伯对现代社会中理性角色的分析在这里仍言之有理,但其关于渐进式祛魅的判断却难以自圆其说。在现代社会的混沌现实中,理性与非理性并肩繁荣发展。作为 20 世纪的两大独裁灾难,法西斯主义和斯大林主义证明了极端理性主义很有可能与疯狂的非理性主义,如对领袖的狂热颂扬、神话故事和预言,以及对敌人的恶魔化描述携手并进。

在正常的社会条件下,非理性主义有可能成为理性主义的伙伴。正如坎贝尔(1987)在关于消费文化的传播与浪漫情感的崛起两者关系中所指出的,理性的发展仅仅是故事的一面。李泽尔(Ritzer, 1999)在后现代消费文化的分析中发展了坎贝尔的观点,比如商场和主题公园的"消费的教堂"以壮观的场面赋予大众生产的商品出众的质量，并提供不可思议的体验。与此同时，由于日用消费品的生产和分销都从属于日益加深的"麦当劳化"（McDonaldization）——更多计算、效率、科技控制——商品自身和消费过程被赋予了不可思议的意义，其目的在于复魅一个没有灵魂的、充满雷同消费品的世界。

与此类似，宗教成为复魅在现代世界的资源。延续伊尔胡斯（Gilhus）和米凯尔松（Mikaelsson，1988）的讨论，我们认为新宗教运动的推进预示着"魅力"元素自前现代（premodern）世界的返回。与此同时，这些新宗教是现代、自反性个体身份和意义的来源，这意味着个体越来越多地承担起构建人生目标的责任。诚如世俗化将制度化的宗教放逐到社会边缘，在包括商业和工业在内的社会不同领域里鲜见组织化宗教形式的出现，而是更多以个体化形式存在；其间，准宗教元素影响了管理培训、品牌化等。然而，需要注意的是，宗教的新老形态都不必然意味着现代世界中的任何复魅。现代新教的智识化（intellectualization）和某些伊斯兰原教旨主义团体内的严格行为控制，是宗教发展中宗教魅力潜质削弱的两个截然不同的例子。

正如新宗教运动，媒介同样能够促进现代世界的复魅（Murdock，1997，2008；Martin-Barbero，1997）。媒介是叙事——功能性和事实性——的主要供应者，提供了关于冒险、魔法、善与恶之战等叙事（Clark，2005）。毋庸置疑，媒介也是信息、知识、启蒙和理性传播者的来源。但与此同时，媒介又是幻想与情感体验的来源。媒介因而也相应成为社会魅力体验的主要来源。当李泽尔（1999）选择"消费教堂"作为**最重要的**复魅机构时，他事实上仅讨论某些特殊的媒介产业。类似于迪士尼乐园的主题公园壮观地重现了单一媒介大亨的叙事，商场以前所未有的体验吸引消费的企图通常需要依赖于广告技术的运用、媒介品牌的允许和充满流行音乐与电视屏幕的物理环境。与此类似，我们认为，一系列新宗教运动在其受众中取得了更大的反响，这正是因为媒介传播了同样的故事。例如，从整体上而言，媒介对外星人的持续关注，尤其是"罗斯威尔神话"，以及对外星人的类似宗教信仰的扩散之间存在更强的相互依赖（Rothstein，2000；Levis，2003）。

我们也许可以认为，宗教信息一直以来都是由媒介所散布：书籍成为宗教教化的工具以及关键的神圣文本的特许来源。从某个特殊角度来说，教会也可以被视为是如同布道、旧约诗篇等的传播媒介。然而，这一观点忽视了媒介在社会中量化和质化的发展。过去，大众媒介很大程度上服务于其他社会机制。在很大程度上而言，由宗教机构、科学机构和文化公共领域与报纸控制的书籍和期刊是政党和运动的工具。在北欧语境下，广播和电视则是文化机构，通过政治和文化的精巧控制，传播平衡之后的政治和文化机构在社会中的表征。

　　在 20 世纪末，大多数媒介逐渐失去了其与特殊社会机构、组织和政党的密切关系，媒介自身成为社会中的独立机构。因此，媒介不再视自身为其他机构议程的承担者；相反，其活动更多地服务自身受众——并常常结合商业市场的逻辑。换句话而言，媒介越来越多地以适应个人媒介逻辑和市场的方式组织公众和私人传播。其他机构虽然仍然通过媒介得以再现，但是其功能则日渐变为仅扮演原材料的提供者，而媒介依据其自身目的使用并改造这些原材料。制度化宗教的礼拜仪式和造像成为媒介叙事的储备。例如，《夺宝奇兵》（*Raiders of the Lost Ark*）中关于印第安纳·琼斯的流行动作冒险故事，或像《迷失》（*Lost*）一样的电视剧，以新颖和出人意料的方式混合和再语境化不同的宗教、异教和世俗符号。总而言之，媒介成为多种宗教想象的关键生产者，而不再只是宗教机构信息的传递者。

五、社群和仪式

　　通过将媒介视为环境，我们可以将"中介"和"传播"的词源作为讨论出发点。"medium"这一词汇起源于拉丁文"medius"，意指"在中间"，而"communication"源于拉丁文"communicare"，意思是"分享或使普遍"。因此，媒介介于人群之中或人与人之间；通过媒介，人们分享经验并使其成为常识。部分媒介研究涉及媒介和传播的公共方面。詹姆斯·凯利（1989）提出，除了传输信息，媒介的重要意义存在于其**文化**功能，即其创造和维系社群与协调个人和整体社会之间关系与归属的能力。

　　正如戴杨（Dayan）和卡茨（Katz，1992）通过实证研究所展示的，媒介所承载的集体仪式（rituals）有着高度的社会整合功能。广播媒介在重要社会变迁的仪式化中扮演着关键角色，例如国家首相的葬礼、国家节日的庆祝、新君主的加冕礼等。广播和电视对事件的直播使整个社群（宗教、国家或世界）既见证又参与到典礼之中。媒介事件加强了社群及其成员之间的感情纽带，并使事件成为社群集体记忆的一部分。媒介同样也对集体哀悼过程和悲剧事件中应对悲痛具有重要意义，例如 2001 年 9 月 11 日发生在美国的恐怖袭击。基奇（Kitch，2003）展示了新闻杂志《时代》（*Time*）和《新闻周刊》（*Newsweek*）对这一事件的报道，其不仅提供信息，而且提供某种心理帮助，指导读者在全国性的灾难之后克服持续性悲伤,实现复原和解脱。集体情感的治疗不只是在重大灾难之后才出现,这是媒介的重复特征之一。媒介也不仅指导情感,也能够在一开始就促进集体情感的构建。例如,威尔士王妃戴安娜死亡的悲剧事件被媒介转化为全球性事件(Richards et al., 1999),其间,媒介既提供了情感回应,又呈现了多种表达悲痛的方式,如在大使馆前献花或点蜡烛等。

媒介和教会之间的有趣互动通过仪式事件得关注。无论是悲剧事件,如奥斯陆枪击事件或于特岛惨案(2011 年 7 月 22 日),还是国家庆典,如丹麦王储与玛丽·唐纳森的婚礼(2004 年 5 月 14 日),宗教典礼的传播扮演着一个虽然细微但却重要的角色。大多数这类事件的媒介报道由媒介自身承担,使用诸如新闻、采访、纪录片、实况解说等传统类型和形式。然而,仪式活动最佳的描述方式是直播:在某一时刻,媒介将指挥棒传递给另一个社会机构,使其暂时对仪式表演负责。换句话而言,媒介最为神圣的时刻,也就是它们尽可能表露自己的时刻,亦即它们仅扮演纯粹的传输渠道角色,沟通社群与开展追悼或婚礼仪式的宗教机构。在这些情况下,教会和媒介互动显得更为直接,媒介化可以被理解为变迁的社会条件下两个机构的相互适应。

正如科特尔(Cottle, 2006b)所述,媒介仪式不需要形成共识或对建立某种主导的社会秩序的肯定。其偶然地"产生政治影响,甚至对于公民或宏大社会的反响形成变迁性"(Cottle, 2006b:411)。尽管媒介仪式看似节庆,但庆典事件也可能致力于将想象的共同体中特定部分摒弃。这同样能够用于理解与宗教问题有关的媒介仪式和事件。因此,媒介不仅接管了之前由教堂开展的肯定性质的仪式表达,媒介仪式和事件同样能够用于挑战和改变宗教想象及其社会状态。例如,丹·布朗小说和电影《达·芬奇密码》在全球的报道明确挑战了基督教会,并提出了对耶稣生平关键事件的另类解读。

罗森布勒(Rothenbuhler, 1998)讨论了媒介本身使用的惯习和仪式。对于大多数人来说,对媒介的使用根植于日常生活之中,使用特定媒介和类型意味着每天、每周、每年中次要和主要的转变。早间广播的声音、早餐期间阅读报纸表明一天的开始。同样,晚上睡前最后查看 Facebook 或电子邮件以仪式化的形式结束一天。先前,宗教机构利用教堂的钟声、早晚祈祷等提供时间导向。如今,媒介在日常生活的时间流中标识了这些节点。

宗教机构的关键活动之一是对符号、神明和圣人的膜拜,但是它们却不再垄断这一领域。媒介经常性地引发崇拜行为。周刊杂志会有一整个主题依靠着普通受众和媒介人物、电影明星、皇室成员、富人、名流等名人世界之间的准社会关系得以生存(Horton and Wohl, 1956)。电影、电视和音乐产业有意寻求将崇拜现象、粉丝俱乐部和偶像化作其市场发展的一个积极元素,但类似于崇拜的行为也有可能在其中同时出现。同样,现代企业品牌战略寻求在品牌、雇员和客户之间创造既具有文化性又包含精神性的关系。彼得森(Petersen,2010;2012)关于青少年粉丝对电影和电视剧中超自然现象(例如,《暮光之城》《邪恶力量》等)的认知研究显示了粉丝对上述叙事件的强烈感情投入可以被理解为是一种源于宗教情感或新式虔诚变化的体现。

詹金斯(1992a,1992b)论述了媒介粉丝文化的特点。在诸多特征中,粉丝发展了一套读解关键文本的特殊模式,因此,粉丝构成了诠释社群之一,并同时成为一类非传统的(alternative)社会群体。此外,粉丝文化经常参与"艺术世界"的发展,即以多种方式评论或褒赞被崇拜的媒介产品的特殊制品。尽管其在崇拜指向的本质方面有所区别,粉丝文化和宗教团体却共享很多特点。一方面,粉丝不一定需要相信媒介中的英雄和偶像具有神力;另一方面,粉丝又经常将媒介偶像视作圣人。正如希尔斯(Hills,2002)所指出的,相似性不必然使我们将粉丝文化和宗教社群平等视之。相反,这种类似现象证明了下述事实,即在没有重大变化的情况下,一系列宗教活动将类似于崇拜和偶像崇拜,在多多少少的世俗语境下得以再语境化。

六、媒介精神功能的考察

为了从实证的角度阐明上述关于媒介和宗教之间相互关系的观点,在2005、2006和2009年对丹麦成年人(18岁及以上)代表性样本的持续调查中,我们提出了一系列问题。其中问题之一的目的在于记录丹麦人在多大程度上使用媒介来参与对精神性问题的讨论。问题的答案包括对宗教的宽泛理解,如"平实宗教"。正如表4.2中所显示的,与亲朋好友讨论是参与精神性问题的最常见方式。之后,电视节目、非虚构类书籍和互联网络是参与精神性话题的常见方式。有趣的是,参与精神性问题的制度性方式——访问教堂或阅读宗教文本——与媒介使用相较而言可以说是微乎其微。阅读《圣经》(或其他宗教文献)是最不常见的来源。阅读小说与访问教堂具有同样的频率。与亲朋好友(而不是与牧师或宗教团体中的其他成员)讨论在调查中所呈现的重要角色反映出精神性问题在高度现代化社会中如何被视为是私人而非公共的、社会的事务;与此同时,家庭和亲友在很大程度上服务于情感功能(Giddens,1992)。还需要注意的是,许多人根本没有参与这类事件:超过50%的被调查者没有使用过媒介或其他资源来探索精神性问题。

表 4.2　参与精神性问题的方式

参与精神性问题的方式	百分比(%)
和家人、好友讨论	24.3
观看电视节目	22.6
阅读非虚构类书籍(如哲学和心理学)	10.5
访问网站/互联网络讨论	8.9
参与教堂仪式	6.7
阅读小说	5.8
参加会议/公共演讲	5.2
去电影院	4.3
收听广播	4.2
阅读《圣经》(或其他宗教文本)	3.9
其他	3.0
未参与此类事务	50.4

(注:问题是:"人们对包括信仰、民间宗教、道德、魔法体验、生死等精神性问题感兴趣。如果对这些问题感兴趣,你在过去的几个月里是如何参与其中的?"受访者被要求在最多三项可能中选择,因此选项总和超过 100%。问题来自 Zapera 研究机构关于丹麦互联网络常规调查的一部分 [2009 年第一季度],N = 1 010。)

　　另一个问题考察了在多大程度上某种特定媒介和类型被视为关于善与恶之争的来源。问题涉及作为道德指向来源的媒介和不必扮演精神指导的角色,尽管这两个方面可能交织在一起。不出意外的是,诚如表 4.3 所示,叙事和虚构媒介与类型提供了使被调查者产生深刻印象的来源。尽管如此,时事新闻也是有关善与恶之争的经常性故事来源。因此,《电视—报纸》(Tv-Avisen)和《新闻》(Nyhederne)这两家丹麦电视新闻广播常常被作为提供这类故事的电视节目而提及。在这方面,宗教文献仅在十分有限的程度上给丹麦人留下深刻印象。这一问题要求受调查者列举媒介产品的具体名称,被提及最多的是《指环王》电影三部曲,被提及最多的电影有《哈利·波特》系列电影、丹麦电影《亚当的苹果》(Adams Æbler)、德国电影《帝国的毁灭》(Der Untergang),以及美国电影《耶稣受难记》(The Passion of the Christ)和《地狱神探》(Constantine)。在虚构小说中,丹·布朗的《达·芬奇密码》和《天使与魔鬼》经常（再一次）与《哈利·波特》《指环王》系列丛书以及丹麦的幻想系列《羞耻者编年史》(*The Shamer Chronicles*)被同时提及。而《圣经》则是最经常被提及的宗教著作。

表 4.3　关于善与恶之争的媒介故事

	百分比（%）
电影	41.1
电视节目	25.2
虚构小说	22.0
新闻报纸	14.4
计算机游戏	11.4
互联网络	6.7
杂志月刊、周刊	6.0
广播节目	6.0
宗教书籍或文献	5.5
其他	3.6
不记得或不知道	41.4

（注：问题是："媒介中充满了有关善与恶之争的故事。其可能是故事片、小说、宗教书籍、纪实节目等。请根据所知的让你印象深刻的善与恶之战选择 1 至 3 种。如果记得具体的故事名字，请写下来。"受访者被要求在最多三项可能中选择，因此选项总和超过 100%。问题来自 2005 年 Zapera 研究机构关于丹麦互联网络常规调查的一部分，N＝1 005。）

　　为了考察媒介是否不仅支持现有的对精神性问题的兴趣，也鼓励对类似事件更为长远的兴趣，我们选择了四种有代表性，在一定程度上彼此区别的流行媒介产品。受调查者被问及这些媒介产品是否分别提升了他们对"魔法和幻想""精神性问题"和/或"宗教问题"的兴趣。不同的可能答案用于区别宗教问题的多个方面，这也是因为单纯强调对宗教的兴趣会忽视其他的重要方面。"魔法与幻想"用来突出超自然和平民宗教方面，"灵性问题"有关存在主义、哲学和/或情感方面，"宗教问题"则能够体现对制度化宗教及其形式特征的兴趣。

表 4.4　不同媒介故事对魔法与幻想兴趣的影响(百分比)

媒介故事提升了对魔法与幻想的兴趣	《哈利·波特》故事(小说、电影、和/或计算机游戏)	丹·布朗的小说(《达·芬奇密码》和/或《天使与魔鬼》)	《指环王》三部曲(小说、电影、和/或计算机游戏)	《魔兽世界》(计算机游戏)
是	32.3	29.3	35.2	22.5
否	64.6	68.3	62.6	75.5
不知道	3.1	2.4	2.1	2.0

　　表 4.3、4.4 和 4.5 体现某种媒介故事对魔法与幻想、精神性问题和宗教的兴趣的影响,这可见于受调查者阅读、观看所提及的媒介故事诸多版本之一,或玩过相关游戏的百分比(垂直)。在所有受访者(N = 1 007)中,588 位阅读或观看过至少一个版本的《哈利·波特》故事,或玩过相关游戏;350 位至少阅读过丹·布朗两部小说中的一部;716 位阅读、观看或玩过《指环王》游戏;133 位玩过《魔兽世界》的计算机游戏。问题来自 2005 年 Zapera 研究机构关于丹麦互联网络常规调查的一部分。

　　如表 4.4 所示,约 1/3 的受调查者表示,《哈利·波特》的故事、丹·布朗的小说和《指环王》三部曲提升了其对"魔法与幻想"的兴趣。有 22.5% 的被调查者表示,计算机游戏《魔兽世界》提升了他们对"魔法与幻想"的兴趣。还应注意的是,多数被调查者并没有显示出全部四个案例让其提升兴趣。在媒介产品对"精神性问题"兴趣的影响这一问题上(表 4.5),《哈利·波特》的故事、《指环王》三部曲和计算机游戏《魔兽世界》表现得更少。尽管如此,超过 1/10 的受调查者表明,上述媒介产品提升了其对精神性问题的兴趣。在对"宗教问题"提升兴趣的问题上(表 4.6),上述三种媒介产品的比率存在着进一步下降的趋势;但仍然有一些受调查者承认如《哈利·波特》系列在这一话题上产生影响。丹·布朗的小说相较于其他例子则呈现出了大相径庭的模式。与其他三种媒介产品相比,他的书更倾向于鼓励对精神甚至制度化的宗教态度的兴趣。超过半数的受访者表现出在阅读小说之后对宗教问题的兴趣有所提升。这并不足为奇,因为丹·布朗的小说明确涉及基督教的精神和制度化内容。但也许令人惊讶的是,乍看调查结果,媒介叙事即使与宗教有关系,也仅仅与其有着十分遥远的关系,如《哈利·波特》(Sky, 2006)。然而,它仍可刺激受众对超自然和灵性问题的兴趣,甚至于——尽管只是在有限的程度上——鼓励对更明显或制度性的宗教形式的兴趣。

表4.5 不同媒介故事对关于精神性问题兴趣的影响(百分比)

媒介故事提升了对精神性问题的兴趣	《哈利·波特》故事(小说、电影、和/或计算机游戏)	丹·布朗的小说(《达·芬奇密码》和/或《天使与魔鬼》)	《指环王》三部曲(小说、电影、和/或计算机游戏)	《魔兽世界》(计算机游戏)
是	11.5	38.4	13.4	12.1
否	84.5	58.1	83.7	86.5
不知道	4.1	3.5	2.9	1.4

表4.6 不同媒介故事对关于宗教问题兴趣的影响(百分比)

媒介故事提升了对宗教问题的兴趣	《哈利·波特》故事(小说、电影、和/或计算机游戏)	丹·布朗的小说(《达·芬奇密码》和/或《天使与魔鬼》)	《指环王》三部曲(小说、电影、和/或计算机游戏)	《魔兽世界》(计算机游戏)
是	4.5	53.5	7.2	7.1
否	91.7	43.1	90.1	90.0
不知道	3.7	3.4	2.7	2.8

对于这类内容日益增加的兴趣并不必然等同于对魔法或宗教信仰的增加;相反,诚如丹·布朗著作所示,其可能与对宗教主流的怀疑认识和批判并存。在这一调查中,读过或看过《达·芬奇密码》书籍或电影的受调查者被问及他们在何种程度上认同丹·布朗在故事中对基督教会的批判。值得注意的是,截至调查时,媒介已出版了大批深刻批判丹·布朗从整体上错误解读历史的报道,尤其是他对事实细节的使用。而调查显示,50.4%的读者和观众认为,丹·布朗的批判是正确或部分正确的,31.5%认为是错误或部分错误的。对批判的评估因受调查者的信仰类型的不同而有所不同。在笃信传统信仰人性化神明的受调查者中,仅有27.8%认为丹·布朗的批判是正确或部分正确的,而在相信精神力量的受访者中,59.7%认同或部分认同他的批判(表4.7)。因此,对丹·布朗描述的故事情节和批判的接受程度依赖于对个人化宗教形式已然存在和普遍的认可(Partridge,2008)。与此同时,也由于媒介叙事赋予针对宗教虔诚的非制度化兴趣更多信任。丹·布朗小说和电影的案例表明了流行媒介文化如何不仅一再重复使用多种形式的现有宗教故事和想象意象,而且刺激了对组织化宗教的直接批判,并同时赢得了对不同宗教解读的支持。

表 4.7　读者和观众对丹·布朗对基督教会批判的评价

| | 信　仰 | | | | |
	总　计	我相信任人性化的神	我相信精神力量	我怀疑神或精神力量的存在	我不是信徒	其他
错　误	14.5	28.9	9.2	13.0	12.5	14.3
部分错误	17.0	22.2	17.2	18.0	12.5	0.0
部分正确	39.8	21.1	49.4	38.0	42.0	28.6
正　确	10.6	6.7	10.3	10.0	14.3	14.3
不知道	18.2	21.1	13.8	21.0	18.8	42.9
总　计	100.1	100.0	99.9	100.0	100.1	100.1

(注：问题是："在《达·芬奇密码》中，作者丹·布朗批评基督教会禁止披露有关耶稣和抹大拉的玛丽亚的许多内容。从整体上而言，你如何评价《达·芬奇密码》中对基督教会的批评?"在全部受调查者中[N=1 004]，483 人曾阅读过书或观看过电影。只有来自真正读者和/或观众的回答被收录在表格中。分布根据百分比及信仰类型制定。问题来自 2006 年 Zapera 研究机构关于丹麦互联网络特别调查的一部分。)

七、结语

本章提出媒介如何影响宗教想象、实践和权威的一个概念化框架。发展毋庸置疑是复杂的，媒介也并不必然对宗教产生特定的影响：在某些情况下，媒介能够增进社会的再世俗化；在其他情况下，媒介消解制度化宗教的权威，并促进世俗想象、仪式和崇拜模式。总而言之，上述过程有一个共同特点：它们都体现了宗教的媒介化。在媒介化过程中，宗教想象和实践日益依赖于媒介。作为传播的渠道，媒介已然成为魔法、精神性和宗教的主要和重要想象与文本来源，以及围绕上述问题互动的工具。媒介作为语言，其遵照流行文化的类型塑造宗教想象，并借此扮演着文化环境的角色，其间，媒介部分承载了制度化宗教的许多社会功能，提供了道德和精神上的指导以及社群意识的建构。我们进而明确了媒介化宗教的三种形式，其中每种形式都包括特殊的媒介样式、宗教内容、传播功能和对新教教会的特定挑战。由此，在高度现代性中，制度化的宗教在宗教信仰的传播中并未扮演突出的角色，而是与此相反，媒介化宗教的多种形式占据了社会中宗教想象的阵地。

第五章

游戏媒介化：从积木到比特

一、引言

　　半个世纪之前，孩子们的玩具是由如木头、铁、塑料等实体物料制成的。某种程度而言，游戏意味着体力活动，是洋娃娃或玩具士兵的移动，或是孩子们自己的奔跑雀跃。孩子们的玩具通常和成人世界中的发明极其相似，或者说，它们是父母们真实世界的缩小版。女孩子们摆弄家用器具的小复刻品，尤其是衣服、厨具和婴儿用品；而男孩子们则玩耍源自现代世界的建筑工具或技术制品，如轮船、汽车、火车、枪支、飞机等。

　　如今，孩子们的玩具日益非物质化。虽然曾经的物料玩具仍然存在，但它们不断和"更为软性"的玩具竞争，尤其是计算机和电子游戏软件，尽管物料玩具同样越来越多地引入基于电影、电视和计算机游戏的一些符号性表现元素。很大程度上而言，游戏已经成为一种精神活动，囊括了想象、运筹、模拟、交流和角色扮演等。此外，游戏与视听表征和叙事的操纵交织在一起。在一定的程度上，身体活动仍然是游戏的必要组成部分，但是，对客体的操纵不再意味着从前那种具体的感官运动。游戏客体是屏幕上的视觉表征，通过鼠标、操控杆和游戏手柄等媒介交互界面得以操控。孩子们的玩具几乎不再重复成人世界中的物件。相反，它们通常是虚拟世界的一部分，背景设定于遥远的过去或未来、遥远的星系或超自然的环境。居住在上述想象空间中的角色很少是现实中的人物。相反，他们通常拥有超乎常人的力量、能力、财富或美貌，或只是半人类，如半机器半人（如变形金刚）和半人半动物（如蜘蛛侠）。

　　在诸多因素中，媒介的普及推动了孩子们游戏和玩具的变迁。游戏已经得以媒介化。在这一过程中，包括媒介的技术、经济基础、象征性内容和交流的功能可见性在内的媒介逻辑持续性地影响着游戏。相当一部分儿童、青少年和成年人的游戏活动需要通过与媒介的互动实现。从这个意义而言，游戏经历了直接媒介化（参见第二章）。计算机和视频游戏尤为如此。它们不仅改编自大量已有的游戏和娱乐方式，诸如棋类游戏、纸牌游戏、唱歌比赛、竞猜等，也开发出它们自身的游戏和游玩类型。在过去三十年间，计算机和视频游戏取得了巨大的成功,成为大多数儿童和青少年耳熟能详的活动,并同时在成年人中迅速传播。诚如我稍后将提到的,投身于计算机和视频游戏的人与时间的绝对数量可以强有力地说明游戏的直接媒介化已经达到何种程度。

越来越多的游戏形式,特别是人工产品——玩具——不仅包含媒介的象征性内容和商业周期,也为其所影响。从这个意义而言,游戏的间接媒介化同时进行着。媒介和玩具间的相互影响不断加剧,这使得玩具在经济上愈加有赖于媒介(Kline,1993;1995a;1995b)。随着儿童成为玩具的重要消费群体,广告业和玩具制造商也结成了紧密联盟。玩具产业变化无常,对孩童不断变化的兴趣和潮流十分敏感,因此,它高度依赖广告宣传和品牌推广,从而保证市场渗透和一定程度的前瞻性。媒介也依赖于玩具产业的广告。欧洲和美国的商业广播公司普遍反对针对儿童电视广告的过多限制,因为这将使得儿童电视的制作和播放缺乏吸引力。欧洲的公共服务电视历来区隔儿童电视内容和商业利益,但由于20世纪80年代放松管制政策的发展,欧洲的儿童电视内容也变得愈加依赖直接针对儿童的广告。

玩具和媒介间的经济联系并非仅在广告上表现得强而有力,在赞助和推销领域,二者间的联系也同样清晰可见。此外,玩具产业和传媒业间的界限也变得模糊。迪士尼主题公园和迪士尼商店在全球范围内的扩张,恰恰正是传媒业运营商业"游乐场"和品牌玩具店的典型案例(Wasko,2001)。间接媒介化在版权这一块尤为明显,亦即玩具中越来越多地采用媒介的象征内容(英雄、叙事等)。通过版权的运用,玩具提供了对孩子们已然熟悉的媒介故事的重现和演绎。

直接和间接媒介化的结果使游戏和玩具经历了许多变迁。在接下来的分析中,我们将运用想象化、叙事化和虚拟化的概念来解读这些变化。为了阐明媒介化的过程,我们将运用玩具制造商乐高(LEGO)的历史性案例研究,分析的重点关注新的市场环境和变化中的儿童文化是如何带来玩具的变化的,而这两者也刺激了媒介影响力。在探究这一历史变化之前,我们先了解宏观的社会和文化发展,这将为我们理解当前游戏的媒介化提供背景,它包括了变化的童年概念,媒介、玩具和广告的商业融合,作为儿童和青少年主要游玩活动的计算机游戏的发展。

二、童年的转变

不仅玩具和游戏有所改变,童年和青春期的概念同样也已发生了变化。在菲立普·埃里耶斯(Philippe Ariès,1962)关于童年的历史的开创性作品中,埃里耶斯揭示了，在任何的特定时间里，童年的概念和对儿童的观点均被特定的文化所影响。在关于童年的范式研究理论概述中，阿利森（Allison，1998）等指出了埋解儿童和童年的总体发展。早先的研究重点关注儿童"成为"（becoming）人的概念，研究考察从婴儿到成人的不同发展阶段。而新近的研究在更大程度上将儿童认作一种"存在"（being），亦即一个已然存在的社会和文化角色。先前，研究者把儿童视为未完成的人，而当代研究则更大程度上将儿童看作是完整的个体，这些个体的能力和文化不应被简化至通向成年期的发展阶段。这种从"成为"到"存在"的转变并不意味着将儿童视作被动的。相反，新近研究并不关注于儿童习得和适应成人世界要求的需要，而是将他们视作积极且自立的个体，以多种方式与社会环境互动，而不一定需要被成人期的发展路径所指引。

当然，不仅仅只是研究中的童年和青年的概念发生了变化。在一定程度上，我们发现了社会中类似的、对于童年和青年的观念的转变。童年和青年日趋成为独立的经验和文化领域，它们不仅脱离成人世界而存在，而且在多方面呈现出不同于成年人文化的特性。儿童的世界有着一系列的积极价值，如游戏、幻想和创造力，与成年人世界的工作、惯例和职责等沉重负担形成鲜明对比。青年则通常被理解为一段充满机遇的时期，其介于童年的天真烂漫和成年的责任之间。青年意味着个人的发展、性探索和新社会关系的领域。因此，在高度现代性中，青年是最佳的个人自我实现的领域。但恰恰因为这种潜能，年轻人被期望展示出很高程度的自反性（reflexivity），从而在老一辈的规范和经历无法提供合理指导的社会中创造自己的生活和认同（Ziehe，1989）。

童年和青年作为不同文化领域的区别受到成年人社会之外价值的支配，这种区别与现代社会中某些总体且长期的转变相关，而这些转变在二战后变得格外显著。工业化和城镇化将家庭和工作场所分隔开来，并逐渐使儿童对劳动力而言变得不再重要。家庭逐渐失去若干社会功能和责任，这个过程使人们情感层面和个人层面注重家庭成员间的关系成为可能。同时，义务教育的延长意味着儿童和青少年将在成年人的社会制度外度过生命的头十到二十年。因此，儿童和青少年不再被期望成为成年人世界的一部分，或者对其有所贡献。事实上，他们将在另外一个由学校、家庭和休闲时间所组成的世界中度过许多年；在这个世界中，儿童、青少年和青年的生活被非成人世界的其他规范所约束。战后时期快速扩张的消费者市场增加了休闲活动在不断发展的儿童和青年文化中的机会及重要性。

童年和青年概念的发展同样反映在为这部分人群服务的媒介上，包括媒介对主题的选择以及与儿童和青年人对话的不同方式。在克里斯滕森（2006）对于丹麦对儿童和青年人电视节目的历史分析中,呈现了20世纪50年代的儿童电视节目主流是那些儿童以多种方式(生理、艺术、认知上等)展示技能的节目,由此,儿童证明他/她们几乎跟成人一样有能力。与此类似,针对年轻人的电视节目并没有包含特定的青年文化,而是渗透着成年人的气质,向年轻人通向成年的路上提供建议和所谓的好想法以助其一臂之力。20世纪60年代以降,面向儿童和青年人的电视节目不断试图让儿童和青年人表达自己的声音,追求以儿童和青年人的视角描绘社会。在20世纪六七十年代,这种视角的转换让位于一种新社会现实主义(social realism),后者带着政治基调以及对社会和文化环境的批判,而上述环境正是丹麦和其他国家,特别是第三世界国家中的儿童和青年人所面临的。在20世纪80年代,儿童电视节目变得越来越关注自身,集中于儿童自身的世界,培养对幻想、魔法和创造性游戏的兴趣。因此,儿童被描绘成"自由和机智的独立个体,不同于被现实束缚和缺乏想象力的成年人"(Christensen,2006:87)。从20世纪90年代开始,儿童和青年人的电视节目进一步融入消费文化;同时,儿童和青年人被视为能够通过消费,尤其是媒介产品的消费,创造自身身份的个体。

三、小小年纪的成年化

媒介和其他社会因素一起重新描绘了儿童、青年人和成年人三者文化之间的界限。正如丹麦电视的例子所示,媒介提升了儿童和青年文化的价值,但同时也给儿童和青年人提供了接触那些至今仍留给成年人的问题的契机(Meyrowitz,1986)。针对玩具和媒介的分析尤为有趣的在于童年时期和青少年时期不断变化的关系。在过去几十年间,儿童媒介和消费者习惯的变化显而易见,这种变化被市场分析员称作K.G.O.Y.,亦即"小小年纪的成年化"(kids getting older younger)。简而言之,孩子在很小的年纪就开始其行为养成,包括更像青少年的消费行为。由此,大约8到12岁的孩子被称为"两年龄间的青少年"(tweens)或"中间少年"(tweenagers),即"两者之间"(in-between)和"青少年"(teenagers)的简称。这一新的年龄群体反映了一种发展变化,它意味着儿童很早就开始在意自身的外貌(对衣服的选择、化妆、发型等),并穿扮得像青少年。同时,他们的闲暇活动也变得更加"成熟",包括消费各种各样的媒介产品,如音乐、电视节目、电影、计算机游戏、移动电话、互联网络等。儿童的早熟还存在于生物学方面的体现:女孩们进入青春期的时间更早了。

年轻群体消费习惯的变化部分源于针对年轻群体的市场的快速发展,其目标群体被按照年龄段进行划分。库克（Cook）和凯泽（Kaiser，2004）追溯了20世纪40年代美国"中间少年"的历史。当时，服装行业逐渐将青少年看作市场细分中的消费群体之一。由此，"前青春期"（preteen）出现了，这成为"中间少年"这一类别的前身。希莫威茨（Kay Hymowitz，2000）将1959年美泰公司推广其核心玩具芭比娃娃视作"媒介侵蚀童年"（Hymowitz，2000：110；quoted from Cook and Kaiser，2004：212）的开始。

自美泰公司的芭比系列始，女孩和洋娃娃的游戏不再注重照顾和培养，而是进入到一个拥有浪漫故事，培养生活方式和消费习惯的青少年和成人世界。尤为重要的是，这已然导致了女孩加剧性化（sexualization），并引发不定期的关于诸如将丁字裤售卖给年轻女孩这类问题的公共讨论。最近，针对年轻男孩的服饰、化妆品和其他生活产品的市场营销扩张无疑也增强了"中间少年"男孩的性化。对玩具行业整体而言，儿童的早熟带来了一个严重的问题，它缩短了儿童实际上玩玩具的年限。儿童越早受到青少年文化的影响，他/她们就将越快地把玩具束之高阁，并将玩具视作幼稚的事物而与之疏远。为了消除这种影响，玩具行业寻求开发具有更加成熟的生活元素的玩具，并根据年龄群体进行更为细致的产品划分，使得面向每个年龄群体的玩具的"幼稚"水平相应逐渐降低。

成年人身份的文化观念同样已发生变化。在传统社会或早期现代社会，长者通常被看作是成熟和富有经验的标志。因此，社会要求年轻人尊重长者。在高度现代化的时代，年老却成为一个问题，尤其是由于社会对劳动力灵活性和创新性的持续要求。例如，社会中大多数领域对终身学习与深造的要求，体现了教育的完成和工作的落实不再是人生的一个高点。作为成年人，你不能再期望依靠已有的知识和技能生存，而必须像年轻人一样，准备好不断地学习，放弃熟练掌握的技能和流程，学习新的方法，以期与社会需求同步。同时，年老也带来了文化上的问题，因为年轻已成为成年人的梦想。在体态外貌和社会活动方面，成年人，尤其是成年女性，必须看起来年轻且表现得青春有活力。和K.G.O.Y.现象一样，老一代也出现了A.S.Y.L.的倾向，即成年人渴望长葆青春（adults staying younger longer）。而矛盾之处在于，童年和青少年时期获取独立文化地位的过程，以及相较于成年人世界的独立准则和行为，导致成年人身份需要依赖于同一种童年和青少年时期的行为规范理想。游戏和创造性不再与成年人的工作生活并存，但一定程度上，它们却已经成为高度现代性社会中重要的生产力。理查德·佛罗里达（Richard Florida，2004）对"创意课堂"的褒赞便是游戏和创造力如何在所谓的"知识经济"中被赋予关键角色的众多例子之一。

媒介拉近了儿童和年轻人与成年人主题之间的距离，如性、暴力、酒精及成年人化的美的标准和消费习惯。这一事实常常遭受来自学术界和更普遍的公众文化批判。来自学术圈的批判包括燕尔金德（David Elkind）的《还孩子幸福童年——揠苗助长的危机》（*The Hurried Child: Growing Up Too Soon, Too Fast*, 1981）和尼尔·波兹曼（Neil Postman）的《童年的消逝》（*The Disappearance of Childhood*, 1982）。虽然两者学术路径不尽相同，但是他们都关注同一件事情，即儿童不被允许像以往那样长时间地扮演儿童的角色，相反，他们成为早熟的成人而面对着诸多问题，但他们的情感和社会性上都不足以成熟到处理这些问题。

大卫·帕金翰（David Buckingham, 2000）颇具说服力地论述了上述文化批判通常如何建立在一种关于童年正遭受威胁或已遗失的保守感情主义之上，同时推动旨在重建一个特定时期的文化政治议程，在这个时期，家长的权威和基于印刷文化的价值观可能重新确立成年人对儿童获取知识和阅历的控制。这类议程通常建立在中产阶级的价值之上，并未能认识到以往并非所有儿童都处在良好的家庭中过着受保护的生活。正如斯蒂芬妮·孔茨（Stephanie Coontz, 2000）所言，对家庭、性别和童年的当代观念和价值充满对过去健康、安全和良好家庭生活的怀旧之情。

帕金翰（2000）同时也指出了另外一种在媒介研究和普通大众之中关于儿童及其媒介使用的感伤主义。正是由于儿童孩子的天性（自发性、好奇心等），"儿童是有能力的"（competent child）这一观念的广泛传播赋予儿童一身天赋，可以操控媒介致力于创造性目的。依据这一观点，儿童对计算机、网络和手机的早期、大量使用被认为是这些先天能力的实证依据。关注受众自身媒介使用的接受研究同样强调了儿童是有能力的观念，并低估了媒介制度对用户的选择和其对媒介产品的接受可能产生的影响（参见第一章）。第一类的感伤主义通常可见于公共领域中文化评论员的支持，而第二类则为媒介行业的发言人所提倡。正如帕金翰（2000：105）所揭示的，儿童和媒介间的辩论"通常被简化为两种立场间的简单选择：如果其一是错误的，那么剩下一种必然正确"。媒介或是危险的，那么儿童必须要被保护起来远离媒介，儿童或是有能力的媒介使用者，而媒介将丰富他们的童年生活。这两种立场都建立在对于儿童及其媒介使用的本质主义观点（essentialist view）之上，孤立地看待儿童个体能力和行为。与此相反，帕金翰（Ibid.: 105-106）提倡"对儿童和媒介关系更加充分的社会解释，这一解释将使受众分析处于对社会、制度和历史变化更宽广的理解中"。而这，也正是我们在随后的游戏媒介化分析中所遵循的路径。

四、玩具和媒介产业的互动

在美国,玩具和媒介产业间的关系自战后开始发展,全面商业化的广播产业在此时也处于发展之中,这与公共规范广播电视服务主导的欧洲大陆形成了鲜明对照。根本上而言,玩具和媒介行业之间的相互影响始于 20 世纪 50 年代包括卡通和其他形式的娱乐节目的儿童电视的出现。1955 年,作为一个面向儿童和年轻人的综合节目,迪士尼《米老鼠俱乐部》的成功是一个重要的里程碑。此之前,广告商对儿童电视节目几乎毫无兴趣。但如今,玩具广告成为各时段商业间歇的一个重要部分,而这也迅速得以制度化,成为儿童电视节目固定时段的内容(工作日下午和周六上午)(Kline,1993)。1955 年另外一个重大事件背后同样可以见到迪士尼:基于电视剧《戴维·克罗克特》(*Davy Crockett*)的电影《戴维·克罗克特,荒野边疆的国王》(*Davy Crockett, King of the Wild Frontier*)首映。这部电影之后还举行了一场包括服装、玩具、游戏和纸牌等的大型商品营销活动(Wasko,2008)。

自 20 世纪 60 年代始,儿童节目成为美国电视节目中必不可少且不断增长的组成部分,随之而来的,是儿童商品市场营销的扩张(Engelhardt,1986;Kline,1993)。将广告业、电视节目和玩具整合到一个共同的圈子形成了新的经济动力。而这期间,美国玩具制造商美泰公司的电视广告策略对这一发展有着至关重要的影响:

> 美泰在全国性电视节目中对儿童玩具开展五十二周的广告宣传决定彻底改变了这个行业,以至于将美国玩具行业的历史分成前电视和后电视两个时代的说法并非夸大其实。(Stern and Schoenhaus,1990:55)

儿童电视中的虚构世界为许可经营和商品销售敞开大门,电视上不断宣传玩具产品,而这也不仅存在于商业广告中,而且出现在虚构的电视剧中,后者一定程度上已然变为半小时的玩具产品广告。60 年代末期,媒介、玩具和广告行业合作的影响显而易见,以至于引发了负面效应。美国公共广播公司(PBS)开发了《芝麻街》(*Sesame Street*),作为不同于商业竞争者的教育及高品质节目。但是,《芝麻街》节目本身的叙事风格遭到了批评,因其与商业性质的儿童电视节目并无根本差异(Hendershot,1999)。此外,《芝麻街》还获得了大量来自人物商品化等的收入。围绕美国主要玩具制造商美泰公司的"风火轮"(Hot Wheels)模型车系列的争论,体现了这种基本发展和矛盾(Engelhardt,1986)。除开售卖"风火轮"玩具车外,美国网络公司美国广播公司(ABC)还播放同名动画片,并将风火轮玩具车刻画为最重要的角色。一位竞争者向美国联邦通信委员会(FCC)提出诉讼,辩称这部动画片实质上应被视作是"风火轮"的商业广告。联邦通信委员会支持这一主张,认为此类合作有悖电视媒介的公共属性,美国广播公司随即撤销了这系列卡通片。联邦通信委员会对该案件的裁决如下:

> 毫无疑问,在该节目中,美泰公司在商业广告许可时间之外获得对其产品的商业推广……我们认为这种模式令人不安……因为这使得电视节目由公共利益转向销售利润。(Engelhardr, 1986:75)

在 20 世纪 70 年代,不同的公民团体试图通过游说等方式抵制电视节目和玩具之间的新型商业协同所导致的惊人后果。然而,80 年代的里根主义营造了一个有利于媒介和玩具产业间商业互动增长的政治环境。里根时代对美国电视节目的放松管制促使儿童电视节目进一步商业化,儿童电视节目也随之发展成为玩具行业与其客户(即儿童)交流的最重要渠道。目前,随着 20 世纪 80 年代以降欧洲和其他地区对电视节目的管制放松,电视和玩具制造商之间的合作在其他许多国家也得以发展起来。

电视节目、广告业和玩具行业间的商业合作关系对玩具和游戏的特性均产生了影响。正如克诺斯(Cross, 1997)在对美国玩具行业的仔细研究中所阐述的,游戏已脱离家长及其现实的限制。新的玩具并非仅仅只是旧玩具的升级版。

> 20 世纪 80 年代和 90 年代的幻想玩具有着丰富的内涵。玩具已经成为一个庞大的、为盈利而创造新奇事物的互联产业一部分。这个产业包括电影、电视节目、视频和其他媒介。它涵盖了从帽子、午餐盒到玩具的各式版权图片。那些为年轻人市场所设计的新奇事物欢庆着一个摆脱真正成年人的世界。(Cross, 1977:188)

电视商业广告和动画片尤其适合包含虚构角色或简单地由虚构角色构成的玩具的推广。电视对虚构人物的叙述及可视化描述可以以极具吸引力的方式展现玩具。由此,数不胜数的虚拟人物以及其各具特色的角色特点及配饰(武器、衣着等)进入了玩具市场:芭比和肯尼(Barbie and Ken)、特种部队(G.I. Joe)、希曼(He-Man)、小马驹(My Little Pony)、蜘蛛侠(Spiderman)、忍者神龟(Ninja Turtles)、口袋妖怪(Pokemon)、贝兹娃娃(Bratz)等。毫无疑问的是,针对儿童电视广告的不同行业间的合作已经对儿童消费的选择产生了影响,包括对玩具的选择。一份针对儿童消费社会化二十五年研究的综述总结道:"迄今为止的证据为电视广告影响儿童的产品偏好和选择提供了强而有力的支持。"(John, 1999:207)例如,加拿大的一项研究通过对比儿童给圣诞老人的愿望清单发现,接触有线电视中人物玩偶广告的儿童将这些玩具列入清单的概率是那些没有接触此类电视节目的儿童的两倍（Kline，1993：322）。

尽管电视是开创媒介、广告与玩具行业三者相互影响的关键媒介，但如动画片、电影、音乐等其他媒介同样日益扮演起此间的重要角色。尤其是计算机、网络和移动媒介的融合，已然改变了玩具和媒介的关系，使得在线游戏成为一种主流和商品化游戏形式。不同商品和文化现象间的商业互动已发展成为一个领域，其间玩具和媒介的界限日渐模糊，甚至在许多情况下正在消逝。越来越多的玩具以计算机为基础，与网络世界相连，而最为重要的则是计算机游戏的形式。但其他类型的玩具均安装了芯片和软件，而且或智能，或交互，或具有网络的虚拟世界。在 www.barbie.com 网站上，美泰将与芭比娃娃的玩耍整合入一个包含游戏、视频和时尚小窍门的虚拟世界中。儿童和毛绒动物的游戏业同样融入虚拟商业化环境中。2005 年，冈斯（Ganz）游戏公司凭借其秀娃宠物（Webkinz）系列毛绒玩具大获成功。通过激活毛绒玩具上的数字代码，儿童可以在虚拟世界和相应的宠物玩耍（Wasko，2010）。

自 20 世纪 90 年代后期始，任天堂、索尼和微软这些媒介公司一跃成为玩具业中的主要竞争者，而传统的玩具制造商已失去市场份额，或被迫开发具有媒介元素的玩具。媒介不再是玩具的次要因素，也不再扮演最初实体玩具产品的宣传者角色。媒介被整合至玩具和游戏本身，实体玩具可能仅仅为了宣传媒介产品的创立，反之亦然。然而，媒介和玩具行业间不断增长的合作不仅仅源自新的市场机会。上文提到的儿童和年轻人不断变化的消费习惯也将玩具行业和媒介拉得更近。由于儿童在日常生活中越来越着迷于媒介，玩具制造商被迫追随潮流以适应新的现实。媒介—广告—玩具三者之间的关系网成为增加玩具销量的方式，而媒介却逐渐从商业伙伴发展成为玩具制造商不得不去适应的文化环境和社会经济现实。

除开打造一个新的玩具市场，媒介同样为现有产品的更新和与消费者之间更细致的交流及联系提供了新的激励。当消费者购买媒介硬件产品时，为了维持如新的计算机游戏、电影、歌曲等硬件的吸引力，他/她倾向于对新的软件有一种持续的要求。如，计算机游戏使足球游戏变成一类主要的媒介业务，每年，当同款软件的新版本或扩展包发布时，计算机游戏都邀请游戏玩家们更新已有的软件。不仅如此，与互联网的整合使得数字技术为市场营销、销售和对顾客的直销提供新的机会。此外，网络创造了虚拟社区，促进儿童对玩具产品和品牌的接触和依恋，这诚如在公司社区网站上玩游戏和与其他儿童交流。正如 **KZero**——一家专注于虚拟社区商业潜力研究，关注虚拟游戏激励的英国公司——的领导人所言："这些公司创造虚拟游乐世界的动机非常简单：这是现实世界玩具游戏的扩展，并以此确保儿童心中打下品牌的烙印。"（De Mesa，2008：1）

五、儿童对媒介使用的控制

媒介在儿童和年轻人生活中日益增长的重要性虽然是简单的事实，但却有着至关重要的意义，而这也体现在儿童和年轻人所接触到的媒介数量以及花费在媒介上的时间。数十年来，广播、电视和各种音乐媒介允许儿童和年轻人以轻而易举的方式收听、收看，而网络和移动电话这类交互媒介在近二十年得以迅速普及。除了可使用的媒介数量越来越多，以及花在媒介消费上的时间越来越长之外，儿童和年轻人对自身媒介消费不断增长的影响力也发生了质的变化。这是因为，媒介变得愈加互动，这允许儿童和年轻人参与到类型繁多的中介化交流之中，在消费媒介的过程中，儿童和年轻人对消费情景有着更大的控制权，而这并不仅仅因为如今的儿童和年轻人拥有更多媒介设备，在自己的私密空间便可直接使用这些设备。

根据欧洲儿童在线（EU Kids Online）2010 年对 25 个欧洲国家 9—16 岁的儿童和年轻人的媒介使用调查结果，绝大多数儿童和年轻人均是互联网络用户。特别是在欧洲北部，处在这个年龄段的几乎所有人都通过这样或那样的形式访问网络：如芬兰（98%）、挪威（98%）、英国（98%）、波兰（97%）、德国（86%）。在欧洲南部，网络访问仍受到一定限制，但大多数儿童和年轻人也可以使用网络：西班牙（80%）、土耳其（65%）和希腊（59%）（Livingstone et al.，2011：163）。平均而言，欧洲 93% 的儿童至少每周使用互联网上网，60% 的儿童每天或几乎每天都上网。家庭是最常见的上网地点（87% 的用户），其次是学校（63%）。49% 的人可在卧室上网，33% 的人通过手机或其他手持设备上网（Livingstone et al.，2011：5）。随着年龄的增长，孩子花费在网络上的时间也越来越多：9—10 岁的儿童每天大概花 1 小时上网，而 15—16 岁的使用者则投入双倍时间。而性别对上网时间的影响不明显（Livingstone et al.，2011：26）。详见表 5.1。

表 5.1　2010 年欧洲儿童和青年人平均每天的上网时间表（分钟）

所有儿童和年轻人	88
女生	85
男生	91

9—10 岁	58
11—12 岁	74
13—14 岁	97
15—16 岁	118

（注：调查基础是 9—16 岁使用网络的儿童和年轻人。来源：欧洲儿童在线调查报告［Livingstone et al.，2011：25］）

正如上文所提到的，大约半数的用户可以在卧室上网。此处，我们还发现一种相似性，即与更低龄的儿童相比，更多青年人拥有在自己卧室上网的途径（见表 5.2）。然而，不同国家的儿童和年轻人对网络资源的控制存在着相当大的差异。例如，在丹麦，74％的用户可以在自己的卧室上网；在英国，这一比例是52％；而匈牙利则仅有 37％。

表 5.2 2010 年欧洲儿童和青年人网络使用地点分布表（百分比）

	家中自己的卧室	除自己卧室的家里其他地点
所有儿童和年轻人	49	38
女生	47	39
男生	50	37
9—10 岁	30	55
11—12 岁	42	43
13—14 岁	52	34
15—16 岁	67	23

（注：调查基础是 9—16 岁使用网络的儿童和年轻人。来源：欧洲儿童在线调查报告［Livingstone et al.，2011：25］）

在对儿童的手机使用上，我们发现了与上述调查结果相似的特点。2008年，"欧洲晴雨表"（Eurobarometer）调查报告称，64％的孩童（6—17 岁）拥有自己的手机。西班牙（48％）和法国（50％）孩童拥有自己专属手机的可能性最小，而立陶宛（88％）和芬兰（87％）孩童拥有手机的比例最高。同样，我们发现了关键的年龄差异，也就是说，孩子年龄越大，就越可能拥有属于自己的手机。在 6 岁时，11％的欧洲儿童拥有自己的手机。在 11 岁时，64％的孩童拥有手机，而在 17

岁时,几乎人人(95%)都拥有自己的手机(Eurobarometer,2008:19-20)。

博维尔和利文斯通(Bovill and Livingstone,2001)是欧洲研究儿童"媒介丰富化卧室"(media-rich bedroom)这一现象的出色先驱之一。与此同时,随着20世纪下半叶的现代化和日益富足,西方世界越来越多的孩童拥有自己的卧室,并且在其中度过相当长的闲暇时间,或一人独处,或与朋友和兄弟姐妹。这其中理所当然存在国家和社会层面的差异,但相较于早先时期,越来越多的低收入家庭拥有了足够的空间,因此为小孩提供专属的卧室。随着一般家庭中媒介的丰富化,尤其是在儿童的卧室中,家庭和儿童居家空间进一步个人化与私人化,这允许每位家庭成员得以脱离公共的家庭空间,追求包括媒介消费在内的个人兴趣爱好。新兴的卧室文化私人化同样意味着,儿童已经在家庭中获得了一种新的独立的存在。早先时期,儿童绝大部分情况下在室外玩耍,但现在,他/她们可以待在家里而不一定受到家长的高度控制。总而言之,在父母对儿童媒介使用内容的影响减小的同时,媒介进入儿童的卧室意味着媒介使用量的增加。虽然父母并未完全失去对儿童媒介行为的控制,但是,他们却越来越不得不在新的语境下与孩子就合适的媒介行为标准展开协商,而这种新的语境"使得新的机遇和消费者选择与恰当管理孩子的社会发展的父母职责彼此对立"(Ibid.,2001:14)。

儿童媒介丰富化的卧室不仅将媒介消费个人化与私人化,还逃避了父母的权威,从而将儿童和整个社会联系在一起。对多种多样大众媒介的接触使得儿童暴露于成年人世界大量的体验和社会领域中(Meyrowitz,1986);不仅如此,交互媒介(手机、计算机游戏、互联网络等)的扩散使得地理上分散的儿童和年轻人通过社交网络互联互通。在博维尔和利文斯通(2001)开展跨国研究时,儿童卧室中交互媒介的渗透仍由于其价格昂贵和网络低速受到一定的限制。但是,从那以后,在包括美国和北欧在内的许多国家中,这些媒介已经成为儿童卧室的标准配置。丹麦的最新数据足以揭示儿童卧室中媒介的多样性,这一现象甚至存在于年幼孩子中。2011年,34.4%介于5—7岁的丹麦儿童拥有属于自己的电视机,13—18岁的孩童之中,这个比例是75.7%。DVD播放器和录音机同样很常见:8—12岁年龄群体中,26.6%的孩童在自己的卧室中有一台DVD播放器,而在介于13—18岁的群体中该比例是46.2%(见表5.3)。介于5—7岁年龄段,少数儿童在他们的卧室中有计算机,但是超过1/3的8—12岁少年在卧室里有计算机。13—18岁年龄段的孩子中,则几乎每个人都有一台笔记本或台式计算机。卧室中的互联网络接入遵循着相似的规律,因此,8—12岁的多数少年和年轻人可以在自己的房间轻松访问许多网站和虚拟社区。我们发现,21.7%的8—12岁儿童的房间拥有一台PS2,特别是在男孩子中,而且,我们还必须额外考虑许多其他类型游戏机的存在，如 Xbox、PlayStation 3 等。例如，任天堂 WII 游戏机出现在 15.4% 的青少年男孩房间中。多种多样的移动音乐播放器（MP3、iPod 等）在 8—12 岁的儿童中同样流行，且女孩子有更大可能拥有它们。对大多数 8—12 岁的儿童来说，拥有一部手机已成为一种现实，而 13—18 岁的孩童则几乎人手一部。由于在自己的房间便能使用媒介，孩童和年轻人在媒介使用方面获得了极大自主性。但值得一提的是，他们同样可能越来越多地在不同的社会环境中使用媒介，如幼儿园、学校、图书馆、青年俱乐部、咖啡馆等。

表 5.3　2011 年丹麦儿童和年轻人房间中的不同媒介设备及其分布（百分比）

	5—7 岁			8—12 岁			13—18 岁		
	总数	男生	女生	总数	男生	女生	总数	男生	女生
传统彩管（CRT）或平板电视	34.4	36.9	31.8	59.1	60.6	57.5	75.7	77.2	74.1
DVD 播放/刻录机	20	18.7	21.4	26.6	22.9	30.5	46.2	40.3	52.4
台式计算机	9	9.5	8.4	18.3	22.9	13.5	21.6	33.7	8.9
笔记本计算机	10	5.7	14.4	32.6	26.5	39	75.2	67.9	82.9
网络接入	18.7	14.7	22.9	42.8	44.4	41.2	74.2	75.7	72.6
PS2	8.5	10.9	6.0	21.7	32.2	10.6	25.4	33	17.3
任天堂 WII	3.7	3.8	3.6	12.8	15.2	10.2	13	15.4	10.5
MP3 播放器	11.2	8.3	14.2	23.8	19.1	28.8	37.4	36.9	38
iPod	8.1	4.5	11.8	21.2	15.6	27.1	52.9	47.4	58.6
拥有手机	5.4	3.6	7.2	77.1	74.6	79.8	94.6	93.7	95.5

（注：各年龄段的样本数为：5—7 岁，404；8—12 岁，709；13—18 岁，911。数据来源于盖洛普咨询公司［Gallup］的儿童和青少年指数［Children and Youth Index，2011 年秋季］。）

随着媒介在家庭中的不断渗透，各个年龄段的娱乐活动逐渐呈现媒介化的趋势。正如之前所提到的，计算机游戏反映了游戏的直接媒介化；与此同时，越来越多的人意识到，计算机游戏代表了社会中休闲和娱乐活动的重要转变。举例而言，欧盟议会所采纳的一项政治决议强调，"电子游戏是各年龄段和各社会阶层民众最喜欢的娱乐活动之一"，并提倡采用多种政治手段来规范计算机游戏市场，以调动计算机游戏的教育性应用，且规避"未成年人不正确使用电子游戏"的潜在风险（European Parliament，2009：4）。

儿童和年轻人花费在计算机和电子游戏上的时间量，可被看作媒介化游戏的一个重要指标。计算机游戏可在多种媒介平台上运行,而且如今,许多儿童和年轻人不仅在家里使用这些媒介,在幼儿园、学校、青年俱乐部等其他地方同样可以使用。表5.4和表5.5分别概述了2011年儿童和年轻人"平均每个工作日"花费在计算机游戏和网络游戏上的时间。每个年龄阶段的大多数人都会花时间玩计算机游戏,但时间量因年龄段和性别存在着显著差别。5—7岁的儿童间,男女之间并无明显差异,但随着年龄增长,计算机游戏更多成为男性活动。而这一点在13—18岁的男孩中尤其显著,我们在其中发现相当数量的重度使用者。在这个年龄群体中,23.1%的男孩平均每个工作日花费3小时或更长时间玩计算机游戏。与此同时,我们发现,13—18岁女生中有3/4在工作日不玩计算机游戏。尽管女孩玩网络游戏比计算机游戏更为频繁,但我们仍在网络计算机游戏的使用中发现了与计算机游戏使用的类似规律。

表 5.4　2011 年丹麦儿童和年轻人玩计算机游戏的时间分布(百分比)

	5—7 岁			8—12 岁			13—18 岁		
	总数	男生	女生	总数	男生	女生	总数	男生	女生
不花一点时间	45.7	43.1	48.3	33.2	25.4	41.4	47.0	22.1	73.1
少于 30 分钟	37.9	36.9	39	24.1	25	23.2	13.8	15.2	12.3
30 分钟至 1 个小时	8.6	10.6	6.5	20.1	21.8	18.2	11.1	17.2	4.7
1—2 个小时	2.8	3.6	2	12.0	14.7	9.1	10.4	16.9	3.5
3—4 个小时	0.2	0.4	0	3.7	5.7	1.6	9.2	15.8	2.3
5—6 个小时	0	0	0	0.5	0.8	0.2	2.9	5.2	0.4
超过 7 个小时	0	0	0	0.5	0.9	0	1.4	2.1	0.8
未回答	4.4	3.6	5.3	6.0	5.7	6.2	4.2	5.6	2.7

(注:基于对问题"您平均每天玩计算机游戏的时间多长?"的回答。各年龄段样本数及数据来源同表5.3。)

表 5.5　2011 年丹麦儿童和年轻人玩网络游戏的时间分布(百分比)

	5—7 岁			8—12 岁			13—18 岁		
	总数	男生	女生	总数	男生	女生	总数	男生	女生
不花一点时间	50.6	47.9	53.3	26.7	22.8	30.9	41.3	29.1	54.1
少于 30 分钟	31	32.4	29.6	26.2	22.3	30.2	22.6	20.4	24.9

（续表）

	5—7 岁			8—12 岁			13—18 岁		
	总数	男生	女生	总数	男生	女生	总数	男生	女生
30 分钟至 1 个小时	10.1	11.3	8.9	22.7	24.9	20.4	10.3	11.8	8.7
1—2 个小时	3.6	4.3	2.9	13.1	14.8	11.4	8.8	12.1	5.4
3—4 个小时	0.2	0.4	0	5.3	7.9	2.6	8.7	15.4	1.6
5—6 个小时	0	0	0	0.3	0.7	0	2.2	3.8	0.4
超过 7 个小时	0	0	0	0.7	1.1	0.2	1.3	1.9	0.7
未回答	4.4	3.6	5.3	5	5.6	4.3	4.9	5.5	4.2

（注：基于对问题"您平均每天玩网络游戏的时间是多长？"的回答。各年龄段的样本数及数据来源同表5.3。）

　　计算机游戏不仅在儿童和年轻人中流行，现今同样正成为成年人重要的休闲活动。美国娱乐软件协会（American Entertainment Software Association，ESA）于 2012 进行的一项全国性调查显示，美国游戏玩家的平均年龄为 30 岁，32% 的玩家小于 18 岁，31% 介于 18—35 岁，37% 超过 36 岁（ESA，2012：2）。美国娱乐软件协会的研究数据同样说明，计算机游戏并非局限在个人生命中的一段时间或一个阶段。从平均水平来看，美国成年游戏玩家游戏年龄为 14 年，男性平均为 16 年，女性平均为 12 年（ESA，2012：5）。从历史的角度来看，游戏的媒介化可能从童年和青年时期就已经开始，并持续地延伸到至成年人阶段。

　　然而，上述儿童与年轻人游戏和社会生活媒介化的量化指标，总体上并不能够帮助我们了解媒介是如何改变儿童和年轻人的文化体验和实践的。为了对游戏媒介化的定量讨论辅以定性认识，接下来我们选择乐高的案例进一步讨论，先前建造玩具的乐高积木是如何逐渐被整合至媒介文化和经济圈的。我们还将讨论，上述过程中的游戏理念和内嵌在玩耍乐高玩具中的文化价值是如何得以转变。除了借鉴已有的关于乐高公司的研究，我们的案例研究也利用到乐高公司的书面资料（e.g. LEGO，1982），其包括乐高分类一览表和广告、公开的业内信息（如 www.lego.com 网站）以及乐高公司提供的内部文件。

六、乐高的媒介产业之路

　　1955 年，作为乐高的主要产品，乐高积木诞生于"乐高游玩系统"（LEGO

System in Play①）的概念之中。从 20 世纪 30 年代开始,乐高创始人克里斯第森
（Ole Kirk Christiansen）就用木头和其他材料制造玩具,但公司开始制造乐高积
木则是从 20 世纪 50 年代早期始,并于 1958 年发明了"咔嚓"一声将各个积木拼
在一起的连接系统。1960 年的一场大火烧毁了公司存放木制玩具的仓库后,乐
高公司决定全力专注于一个产品:即乐高积木。自那以后,乐高公司成为丹麦
工业界的成功典范之一,其体现了一家地方性木匠小作坊如何发展成为一家全
球性的玩具公司。不仅如此,与其他竞争者不同,乐高公司在实业家、父母、儿童
和教育专业人士中都保持着极好的声誉。乐高公司成功地展现出一个具有社会
责任感的公司形象,其产品不仅好玩,且寓教于乐。乐高积木与暴力、性、政治观
点或其他任何具有争议性的话题毫无关联,这是由于乐高公司有意识地将乐高
积木树立成令父母和儿童都觉得十分安全的形象。一般而言,这些价值观念对
公司是一大优势,因为父母和教育家都因此推荐儿童玩乐高积木。然而,在近几
十年中,乐高积木的安全形象同样出现问题。因为受到媒介中成年人话题的影
响,儿童越来越多地参与到更多青少年的休闲活动中。对于成长中的 8—12 岁
的"中间少年"一代,乐高积木的安全形象反而更容易被视为是幼稚的代名词。

与其他许多国际性玩具公司相比,乐高公司在调整自身策略以增强与媒介
公司竞争力,并投身媒介活动方面起步稍晚,这在某种程度上源于公司自身的文
化。尽管公司早期便有了国际性定位,但这毕竟是一家在战后时期依靠自身想
法和收益而扩张的家族公司（Poulsen,1993）。该公司及其管理思路极具基督教
日德兰文化风格（Byskow,1997）,这也反映在其植入乐高玩具和游戏中所承担
的社会责任价值中。公司的管理策略大体上保守,而这个商业帝国的控制权也
一直稳固地处于丹麦小镇比隆的办公室（Cortzen,1996；Hansen,1997）。

乐高公司对变化中的玩具市场的迟缓反应,也归因于乐高公司以前并未将
自己看作一个综合的玩具制造商,更不用说成为儿童娱乐的提供者。相反,它将
自身看作某一特定类型玩具——建造玩具——的生产者。由此,乐高公司并未
与其他国际化玩具公司,如美泰或者孩之宝（Hasbro）处于全面竞争中。在其自
身建造玩具这一专营产品时,它追求稳定强健的增长策略,并成功成为这一狭小
市场领域的领先者。直到 20 世纪 90 年代,乐高才开始改变其策略及对公司的
认识。这个改变的关键因素归功于观念上的转变。这个转变之后,乐高公司不
再借助乐高积木这个物理实体来标识自身形象。相反,被视为高质量游戏的乐
高内在价值成为公司未来的身份和活动的载体。原则上而言,乐高时任执行总

---

① 丹麦语原文为 The System i Leg,英文翻译更普遍地采用 System of Play。——译者注。

裁克伊尔德·科尔克·克里斯蒂安森（Kjeld Kirk Kristiansen）在 20 世纪 70 年代后期就已预见到这一观念的转变。彼时，他将乐高视为一个概念而非产品。他于 1978 年 3 月的一次讲话中提到：

> 今天的消费者眼里，乐高这个名字主要是一种产品的身份（乐高＝建造玩具），但在将来，乐高的名字应追求成为"乐高＝一家生产销售面向所有年龄阶段，具备创造性和激发性的高质量玩具公司"。（Kristiansen，1978：10-11）

尽管如此，实际上这一愿景在 20 世纪 90 年代中期之前却并未产生实质影响。90 年代中期，玩具市场遭遇变化，乐高公司也开始陷入财务困难。在 80 年代及 90 年代初期，乐高公司仍专注于建造玩具，创新也集中在开发面向不同年龄群体的主题产品，从而实现产品的差异化。在乔勒斯－安德森（Gjols-Andersen，2001）对乐高品牌发展的分析中，她揭示了乐高管理层如何逐渐认识到乐高公司在儿童群体中的地位和吸引力已不如往昔。乐高也已经逐渐成为父辈和祖父辈喜爱的玩具，而儿童自身则不再认为搭建积木是令人兴奋异常的。正如乐高产品开发部门的一位项目经理所言：

> 我们的产品已经过时，这一点虽然非常可怕，但对我们而言却并非新闻。多年以前，我们就意识到这一刻终将到来。在我进入乐高时就有研究显示，只有唱诗班的男孩喜欢乐高。如今，男孩子们谈论着内存和硬盘，但不再是最新的乐高积木。所以，乐高能够继续销售，仅仅是因为儿童祖父母眼中的泪水。（quoted from Gjols-Andersen，2001：166）

另外的问题是，在建造更为复杂和细致的乐高积木时对建造工作的日益强调。1998 年，乐高公司的年度报告就已经指出，公司应该"摆脱为了漂亮而存在的许多高难度建造说明，摆脱构造结果已提前被完全设定的产品（比如模型），回到我们产品的核心价值——创造事物的乐趣，把空间留给想象力的无尽可能"（The LEGO Group Annual Report，1998）。换句话而言，乐高公司对建造方面的强调将儿童的游戏变为工作。与此相对的是，扩张的媒介文化更为有趣，而且更有吸引力，而对于乐高公司来说，媒介活动的发展则是让游戏之乐回归到玩具身上的途径。

伴随着 20 世纪 90 年代中期停滞的收入及 1998 年的巨大财政赤字，公司策略的改变之路终于敲定。由此，公司发布了更多类型的、面向儿童的玩具（时尚生活产品）以及娱乐产品。除了玩具建造，三个新的商业领域得以形成：乐高乐园、乐高生活方式用品以及乐高媒介产品。根据新的战略，乐高将成为一家全球性品牌驱动型公司，而不再专注于单一产品。与此相反，纷繁多样的活动将与乐高品牌价值结合在一起。因此，乐高宣称的雄心是在 2005 年成为有小孩的家庭最瞩目的品牌。虽然未必要成为规模最大或盈利最多的公司,但乐高的品牌将被儿童家庭所熟知和喜爱。

为了实现此目标,乐高公司建立了一套极具雄心壮志的增长策略,包括新产品的研发、新兴市场的销售扩张以及在美国和德国新开设乐高品牌店和游乐园。在乐高日常生活方式的产品中,儿童服饰成为主要的产品线。乐高公司下定决心,"截至 2005 年,乐高儿童服饰将挤入世界儿童服饰最强品牌之列"(LEGO:"Big Global Venture with LEGO Kids Wear",1999)。在媒介领域,扩张则由新成立的乐高媒介部门牵头,媒介部门尤其注重加强计算机游戏的开发,促进与其他媒介公司的合作,以及开发乐高电影、电视剧、动画片和杂志等。通过这些新的活动,今天的乐高处于一个截然不同的竞争局面。之前,乐高公司必须与建造玩具市场的盗版产品和新进入者展开竞争,从而捍卫自己在此领域的领先地位。如今,乐高公司与大型玩具企业及媒介公司展开激烈竞争,有些竞争对手的财力比乐高雄厚得多。不仅如此,乐高还必须面对诸如儿童服饰这类其几乎没有经验的商业领域。

乐高公司在 20 世纪 90 年代所采纳的这一全球扩张策略,带来的是其玩具产品的媒介化;但媒介化既不是公司深思熟虑后的战略,也非管理层或员工所接受的概念。媒介化仅仅是公司进入面向儿童和年轻人的生活、娱乐、媒介和信息技术这个全球市场的副产品,一种"无心插柳"的结果。乐高公司在不同阶段的多个子部门都涉及媒介相关产品的开发,而且时常出现内部分歧,多个方向的发展缺乏全局协调(Karmark,2002)。为了综述这一情形,我们将分析不同阶段乐高产品媒介化的差异。在最初阶段,媒介主要被认为是**信息渠道**。除了从早期阶段便开始使用的广告,媒介还包括玩具使用说明书和产品目录。1997 年,乐高潜艇玩具附上一张内含多种说明的光盘替代纸质版本,与此同时,乐高机械系列(LEGO Technic)的交互式电子目录也于 1997 年发布。之后,媒介被视作一种**补充性和支持性**的活动。尽管乐高公司发展了媒介产品,但在总产品系列中它们的角色仍然有限,更多是一种附属。如《乐高:棋国风云》(LEGO Chess)这类的早期计算机游戏与其他产品系列并没有明确的关联。按下来则是将媒介整合为主要产品线的组成部分。2000 年左右,媒介产品获得与其他实体产品同等的重视(如涉及多种主题宇宙的计算机游戏)。不仅如此,乐高公司还开发了智能积木,其允许用户自主决定最终的结构,如乐高数码大师系列(Cyber Master)和头脑风暴系列(Mindstorms)中的机器人。

媒介产品——尤其是基于信息技术的媒介产品——建立了至关重要的**形象功能**。尽管数量上仍是少数,但媒介产品在乐高品牌和产品售卖中已占据了引人注目的地位，并且在传递公司形象转变上发挥着重要作用。如今，乐高被认为是高质量和高科技产品的提供者，其产品有趣、寓教于乐，并通过网络社区直达用户。在这一阶段，传统积木产品的角色不断弱化。2000 年，乐高的产品目录打出了"未来的玩具"这一标题，体现了上述这种趋势；与此同时，计算机游戏、智能积木及乐高网站已被视作乐高新形象的象征。通过与数字媒介的结合，乐高不再是家长时代的玩具，而是当前一代和未来几代人的玩具。

经历了 1998 年的惨重损失后，1999 年乐高的经营有所提升，但仍在 2000 年遭遇新的财政赤字。尽管如此，其销售额却在稳步增长。2001 年至 2002 年，公司实现了盈利，建立了对新型战略的信心。但是，这一积极的发展被 2003 年和 2004 年灾难性的赤字彻底打断，迫使公司重新考虑其全盘战略。为了避免再一次出现十亿美元级赤字，这一阶段成为儿童家庭中最强大品牌的雄心被完全放弃。扩张战略将公司带入其并不具备——或仅具备——有限专业知识的商业领域。为了解决财政困难，这些部分或被抛弃（比如乐高儿童服饰），或外包给专业知识更强或者财政状况更好的公司。因此，乐高乐园游乐场出售给外部合作伙伴，但仍旧使用乐高品牌。乐高公司重新将精力集中到积木产品上。然而，公司并未因此放弃其媒介活动。相反，它反省了公司的总体战略是过分宏大，对品牌而非产品本身的过分专注不够深思熟虑。因此，当乐高公司进行诸如《星球大战》《蝙蝠侠》《建筑师巴布》《夺宝奇兵》《哈利波特》和《指环王》这类媒介授权产品开发的同时，乐高公司也继续推行其计算机游戏的发展。2009 年，据乐高执行副总裁麦德斯·尼珀(Mads Nipper)估计，授权产品大约创造了乐高全球范围内总零售额的 25% 至 30%（Berman et al., 2009；亦参见 Annicelli and Peterson，2008）。越来越多的计算机游戏和媒介的相关产品被开发，虽然如此，乐高公司自身并不生产这些媒介产品，而是将计算机游戏、电影等的生产交由专业的媒介公司负责。

就乐高公司的案例展开分析，媒介化似乎包含了三个不同但又相互依存的方面：想象化、叙事化和虚拟化。想象化过程使得玩具的象征性内容意指一个想象的世界，而现有的现实世界（当前或历史性的），实体积木仍然是游戏的主角，但玩家用它来创造非现实的想象空间。叙事化过程中，凭借其实体设计、市场营销或附带的文本，积木鼓励带有叙事性质量的游戏。一个叙事即指一连串的事件（如战斗、追逐等），这些事件围绕着行动集合得以组织，而此间的行动被赋予了人情味，并以与人类有关的计划样貌出现（Bremond，1973）。由此，这一块至关重要的始终是有着人类性格特征的乐高人物的发展。虚拟化则被理解为乐高积木不再具有其物理和触摸感知形式，而呈现于虚拟世界的过程。从积木实体到屏幕上的图案表征,这一变化削弱了操作物理实体的触觉体验;但与此同时,积木的视觉特性则可通过视觉操控的可能(如尺寸放大、颜色改变等)得以凸显。

必须强调的是,游戏作为一种社会心理活动,其始终多多少少涉及想象角色或叙述形式的元素。同时,游戏本身可以构成一种虚拟的交互空间。因此,媒介化过程并不意味着从物理世界中现实的、非叙事性游戏到虚拟环境中想象的、叙事性游戏的绝对转变。早期的游戏形式同样可利用奇妙的故事,这诚如当代媒介化的游戏形态可能涉及对现实世界的模仿,并缺乏叙事形式。然而,媒介在儿童日常生活整体的大量出现,特别是媒介和玩具产业与日俱增的交流互动,强化了儿童游戏想象、叙事和虚拟特征。借助其机构资源、技术的可能性以及丰富的故事节目,媒介使得儿童游戏中的上述特征变得比以往更加突出。

1. 想象化

在其建立伊始,乐高积木只是简简单单的建造房子的木块。以此为基础,许多年以来,乐高积木最为主要的用途就是建造现代世界中实物的模型,如房子、公路、汽车、火车等。正如 1960 年乐高宣传册中图片所描述的(图 5.1),游戏在这里被理解为建造,其目的是建造栩栩如生的模型,再现彼时丹麦、德国和其他

图 5.1　1960 年乐高的宣传册

欧洲市场正在开展的城市环境建设。随着时间的推移，玩具积木逐渐开始有所划分，更多特定的、可以详尽体现现实世界物体细节的积木被开发出来。同样，根据年龄区分不同的积木，尺寸较大的得宝积木（DUPLO）专为年幼儿童设计（始于1967年），而乐高机械组则适用于年龄稍大的儿童（始于1977年，但1970年一开始提供其所附带的齿轮套件），从而允许实现更大程度上的技术优化。逐渐地，模型也根据主题世界区分开来，如城镇、铁路、外太空等。

不同类型的乐高积木和模型反映出将儿童视为小工程师的一种普遍观点：在技术指导手册的帮助下，儿童可以将系统规划与建造才华结合起来。游戏活动关注物件的创造，并受到对外部物理世界的模仿的驱动。对年龄的区分并非基于儿童在各个年龄段不同兴趣的考虑，亦非由于儿童和年轻人文化的差异。乐高模型的年龄分类反映的是儿童如何逐渐成长为成年人的发展理念。随着儿童的不断长大，他/她逐渐获得更专业的工程技术，因此能够处理更加复杂、要求更高的建造任务。

与其他玩具产品一样，乐高积木于20世纪70年代逐步转型。积木模型的主题世界吸收了越来越多的想象与虚构特性。积木模型复制真实世界的程度逐渐降低，与此相反，其开始呈现想象空间中的事物：太空（始于1979年）、骑兵（始于1984年）、海盗（始于1989年）、海岛居民（始于1994年）、荒蛮的西部（始于1996年）及其他。这些想象空间一方面利用了主流媒介文化中已流行的类型，另一方面则将这些类型重新加工，形成特定的乐高版本。太空系列的发展恰恰体现着想象化过程。70年代初期，乐高发布了美国太空项目的火箭发射器和登月车。随着1979年太空系列的发布，太空探索的主题逐渐成为一个纯粹虚构的题材，其建立在科幻体裁对高科技文明、星际战争及人类与机器人和外星人冲突的神话般描述之上。自1999年始，太空兽人Slizer、乐高奇袭队和《星球大战》系列反映了这一发展的阶段性高峰。

在进入上述想象世界之后，乐高远离了对已有现代世界的复制；与此同时，想象世界的潜在戏剧冲突则不断加剧。旧时的乐高城镇所展现的是一个积极且无冲突的社会，而新的想象空间描绘出一番更为危险的景象。1988年，乐高产品目录鼓励儿童参与游戏，如"成为这座城市的市长如何？"相比之下，2000年，乐高网站关于Slizer战斗机器人的构想听起来则多少更具侵略性：

> 在一个遥远的星系，一种新的、奇怪的生命形式被发现。八个强大的人物分别控制着各自的世界。他们对抗自然、怪兽……相互斗争。穿过这个星系，一起看看这块争斗和游戏即将上演的战场。（www.lego.com，2000）

想象世界如今已然蔓延开来,但并未代替描绘现实的乐高模型。相反,我们见证了不同主题所描绘的现实世界变化。根本上而言,现实的世界日趋戏剧化,受到源自媒介虚构作品中想象的影响。乐高对现代城市环境变化的表述正是一个围绕发展的有趣体现。图 5.2 和图 5.3 分别是 1984 年和 1996 年乐高产品目录中的卡车形象。1984 年,卡车驶过一个小城市的车库,附近虽然有许多警察,但在这个和谐世界中,人人看起来都十分友善、互助和快乐。而 1996 年的产品手册中,情况则有所变化。卡车被置于一个美国大城市的壮观景象中。根据相应的动画片说明,卡车已成为一辆"失控卡车",将会"撞毁一切",所以每个人都必须"逃命"。警察局似乎位于种着棕榈树的加利福尼亚海湾,且卡车被描绘为两度飞过天空:为了体现速度,第一辆车作为特写位于前面,第二辆车则在远处,飞过以曼哈顿为背景的一座损毁的公路大桥。城镇中的田园生活被美国的动作世界取代,后者不再关注车辆的功用,而是着迷于速度和失控车辆的破坏力。失控卡车飞跃损毁大桥的画面与美国动作电影中的经典画面极其相似,如《逃亡列车》(1985)、《终结者 2》(1991)和《生死时速》(1994)。乐高的想象化不仅将对城镇的描绘从丹麦城市转移到美国大都市,而且赋予它流行的美国文化意象。最近,2012 年,一款游戏性与《侠盗飞车》相差无几的计算机游戏《乐高小城:卧底密探》已将乐高小城的积木环境变成一个侦探麦凯恩追逐坏人的犯罪世界。

图 5.2　1984 年乐高产品目录：城市中卡车的形象

图 5.3　1996 年乐高产品目录：美国大城市中卡车的呈现

作为不同于男孩子气的想象世界的补充，乐高同样开发了专门面向女孩的积木。一开始是极其简单的玩偶屋（始于 1971 年），其关注家庭生活、培养和看护儿童等具有现实性的游戏。随后，更多想象的世界出现了，如童话天地（Fabuland，始于 1979 年）、天堂（Paradisa，始于 1992 年）、美丽城（Belville，始于 1994 年）和珠宝组合（Scala，始于 1997 年）。这些产品较少地关注于建造工作和现实描绘，而更多地着眼于想象世界中的情感关系。童话天地为较低龄的女孩带来一个遍地传说的动物世界，天堂系列、美丽城系列和珠宝组合则同时适合较低龄和年长的女孩，关注豪华的休闲生活（滑雪、骑马、冲浪、时装等），追随芭比娃娃、《海滩游侠》或有着城堡、精灵和女巫的童话世界般的生活方式。

随着想象化发展，乐高系列依据熟知的媒介虚构作品中的同一类型和次类型而得以发展，尤其是受到乐高的主要目标群体 5—16 岁男孩喜欢的类型：冒险型（关于骑士、海盗、印第安人和探险家）以及动作类型（关于竞速、警察、消防队、太空等）。在 20 世纪 80 年代末期，流行的媒介类型已成为乐高积木相当重要的主题来源，而这一发展在 90 年代进一步深化（类型元素的变化和区别），并与媒介中所传播的特定想象世界日益接近。一些 90 年代的乐高主题世界与知名的虚构电影相似。乐高探险家约翰尼·雷（Johnny Thunder）——一位在两次世界大战期间探索金字塔、乘热气球飞行的人——这一角色反映的是来自史蒂文·斯皮尔伯格执导的《印第安纳·琼斯》系列电影。与此类似，面向低龄小孩子的"小森林的朋友"得宝积木系列与《蓝精灵》中的虚构世界有许多相似性。

上述这一趋势在约翰尼·雷系列中尤为明显,该系列以在热带岛屿搜寻恐龙为主线,这与《侏罗纪公园》中所讲述的内容相似性显而易见。尽管这些主题世界未得到授权,而且在名字和细节方面与媒介电影有所不同,但它们可以被看作是之后的众多媒介故事和人物形象授权许可的先行者。

乐高始于 90 年代末期的全球扩张战略促使其购买媒介中的角色。1998年,乐高与迪士尼达成协议,获权使用《米老鼠》和《小熊维尼》中的人物角色。同年,乐高就《星球大战》系列与卢卡斯娱乐公司签署协议。这与《星球大战》的复苏以及新的"第一部"《星球大战》电影首映有关。2000 年,乐高推出足球系列,与 2000 年欧洲足球锦标赛联系起来,并使用法国足球运动员齐达内作为特许角色。同年,乐高也与华纳兄弟娱乐公司就《哈利·波特》电影达成协议,获权开发《哈利·波特》积木世界。对于低龄儿童,2000 年由乐高公司与 HIT 娱乐公司达成协议使得依据《建筑师巴布》开发的乐高得宝系列成为可能。这种对流行媒介故事和人物形象的使用一直持续到今天,如 2003 年的《乐高蜘蛛侠》、2006 年《乐高蝙蝠侠》、2008 年《乐高印第安纳·琼斯》、2010 年《乐高波斯王子》,以及 2012 年的《乐高超级英雄》和《乐高指环王》。

最后,乐高积木不仅按照主题,根据不同的小说类型和幻想世界设计包装,而且它们逐渐成为其他媒介产业已经推广和拥有的**特定想象世界的表征**。一方面,授权协议是一种品牌合作双赢的惯例,两个品牌(如《星球大战》和乐高)合力可以获得更为广泛的受众,超越他们独自所能抵达的受众。然而,正如上述所显而易见的,相较于产品与其他品牌的联合,这种类型的授权协议对产品有着更大的影响。媒介品牌成为玩具相当重要的一个组成部分,改变着积木的想象与游戏的特性。

2. 叙事化

尽管早在 20 世纪七八十年代,乐高套件就按照主题组织分类,但它们并不具备太多的叙事元素。在叙事性方面,主题世界十分开放,在玩积木的过程中,儿童可以自行创造相关的故事。此外,建造工作划分为一条条详细说明的步骤,这诚与随带产品说明书中所介绍的一致。因此,照本宣科式的搭建工作与随后自由玩耍积木模型两者间存在相当大的差别。建造说明书就如何及何时使用每个积木有详细的参考说明,但其后对实际中的游戏却几乎没有任何意见或建议。

自 80 年代中期始,不同主题世界的初步叙事化开始产生,如在骑士和太空世界中引入不同的部落(始于 1985 年的狮子和黑骑士,1987 年的布莱克情报局[Blacktron],1989 年的太空警察以及 1990 年的[M-tron])。这期间,积木世界体现着简单的叙事性,通常是不同种族间的争斗或战争。由于乐高坚持积极的社会价值观,积木和广告中的暴力行为与战争或不存在,或轻描淡写,且在任何情况下都将其描绘为遥远的过去(骑士)或者未来(太空),从而让暴力行为看似不那么现实。对于意指当代世界中可辨识内容的积木,最初都集中于科学发现,而非个人攻击或者战争。90 年代,乐高系列提出关于太空探索(始于 1993 年的《冰雪星球》)、深海(始于 1995 年的《海底世界》,以及 1997 年的《潜水员》)和极地地区(始于 2000 年的《北极地区》)的故事。这些都是关于人类在恶劣的环境下生存的描述,并不怎么涉及与其他人类的斗争。类似的非暴力描述还有始于 1996 年关于时间之旅的《时间穿梭》,以及始于 1998 年的关于危机营救操作的 Res-Q。

　　20 世纪 90 年代末,乐高实际上已放弃了其严格的非暴力政策,发布了许多明显带有侵略性和打斗色彩的积木系列。如,始于 1998 年的模型间可相互射击的争霸系列,始于 1999 年受到香港武术启发的忍者系列,以及同一时期关于战斗机器人的 Slizer 系列。像 Speed Slammers 和 Robo-Riders 这类的赛车系列热衷于对抗和摧毁,如 Speed Slammers 系列中的战车插上了"建造它们,摧毁它们"(build'em and bash'em)的口号。尽管如此,实质上而言,这类叙述仍旧相当初级。

　　在乐高玩具中引入叙事的最大阻碍之一便是乐高人物的形象缺乏性格特征。1974 年,乐高引入一些家庭人物形象,并从 1978 年开始给他们配备能够活动的四肢,但多年来,这些形象却并不被视为是可承载叙事性的主体。这些人物体型很小,而且缺乏人物特征,基本上只具备装饰的作用,这些人物只是让积木结构看起来更加有生气。创造一个故事需要特定的角色(好人、坏人、帮手等),以及一整套的人物特征(力量、智慧、勇气等),来推动可能的一系列事件及冲突的解决(Greimas,1974)。换而言之,叙事主体的角色和人物特征设定了可能的动作模式,儿童便可以在游戏的虚拟故事构建中采用这些模式。然而,由于尺寸较小的乐高人物的特征描绘和个性化程度有限,因此不适于叙事性游戏。

　　为了克服这一障碍,乐高公司试图采用多种方法区分人物形象。如,通过引入知名人物形象作为特定主题世界的主角。随附的媒介有助于积木的叙事化:从 90 年代始,销售产品目录、广告、杂志、电影、计算机游戏、电视节目和主题公园越来越多地被用于人物描绘及勾勒主要故事情节。例如,在乐高产品目录中,动画短片用于以关键的叙事顺序描绘知名形象。1998 年,乐高联手艾格蒙特传媒公司(Egmont)英国媒介部,开始为儿童开发《乐高冒险》杂志。1999 年,杂志首先在英国发行,随后在波兰、捷克和西班牙出版。杂志的形式可承载篇幅更长的、关于不同主题世界的卡通故事,以及更鲜明的人物性格特征的发展。如今,乐高网站已成为乐高公司与其客户交流的主要平台,更为重要的是,网站包括了视频和在线游戏,这些视频和在线游戏则几乎是以所有与积木产品相关的关键人物为主角。

与各类传媒公司的许可协议授权乐高公司使用许多的虚拟主角人物,如哈利·波特、蝙蝠侠等,这一点显著地提高了虚拟乐高人物形象的差异化以及个体人物塑造的水平。媒介所呈现的虚构故事不仅为游戏提供了叙事情境,也提供了高度完善的人物角色和特征供其采用。如,乐高《蝙蝠侠》系列中,乐高人物形象变身蝙蝠侠、猫女、小丑、企鹅人及许多其他人物,且这些人物的特征得以进一步发展并呈现在乐高网站以及生动活泼的乐高电影、卡通、海报等中。授权协议并非仅限于虚拟人物。在乐高的运动系列中,真实人物被转化成乐高形象,比如将每位知名美国国家篮球协会(NBA)运动员描绘成乐高形象的乐高 NBA 收藏系列。乐高计算机游戏同样通过多种动作场景中展示相关形象来实现积木的叙事化,儿童可以在与实体积木玩耍的过程中重现这些情境。此外,计算机游戏赋予这些形象更加连贯的动作、切合实际的肤色以及多种面部表情等,促进它们的角色朝着更加饱满、更为现实的方向发展。

除了将小小的装饰性形象发展成为叙事性角色,乐高还寻求创造新的、更加适于以故事为基础的游戏的形象。特别值得一提的是,在将可活动的人偶和玩具结合形成新产品这方面,乐高生化战士(LEGO Bionicle)是一次相当成功的尝试。生化战士系列于 2001 年发布,由一系列比常规乐高形象更高大的人物构成。尽管这些人物必须先建造才能使用,但是建造工作量非常有限,更多的重点通常放在生化战士的神话故事情节,特别是在刻画单个生化战士动作形象的叙事上。为了推动生化战士人物的叙事性发展,乐高公司创造了不同的媒介产品,包括计算机游戏和故事片。2001 年,生化战士电影《光之面罩》上映,2004 年的《麦彻纽传奇》,2005 年的《黑暗之网》和 2009 年的《再生传奇》,四部电影时长均为 75 分钟。除了乐高网站上常规的生化战士部分,还有一个专用于故事叙事的生化战士系列网站:www.bioniclestory.com(见图 5.4)。作为可活动人偶,乐高生化战士与其他积木玩具有所不同,而且生化战士与乐高的关系并非那么显而易见。生化战士并不与乐高共用一个网址,同时,产品品牌与公司品牌处于同等重要的地位。此外,生化战士的故事有更多可以吸引青少年的元素。在生化战士网站中,用户可以下载特别的生化战士音乐,且其中关于生化战士的故事总体上比乐高的故事更为黑暗、暴力、反乌托邦。2010 年开始,也就是生化战士成功十年后,这一概念转而被注入另一相似的产品系列,名为《英雄工厂》。目前,

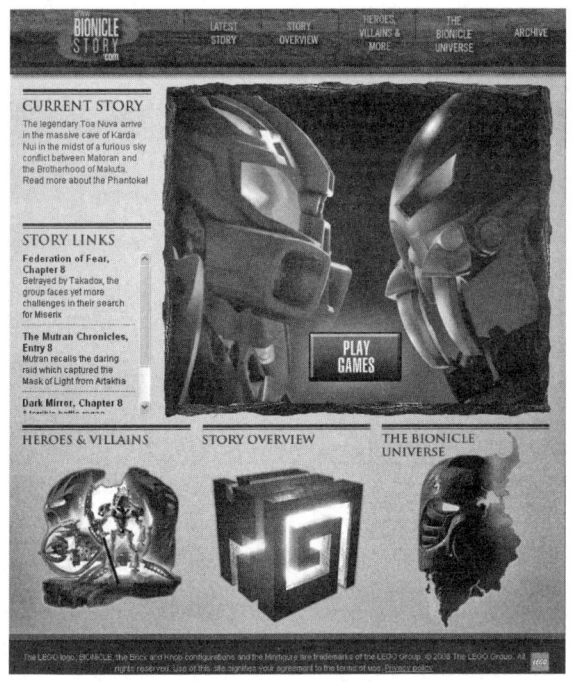

图 5.4　网站推动乐高生化战士系列中可活动人偶的叙事化

随着这一新的可活动人偶系列的发布，新的故事情节得以引入，随后并伴以
DVD 形式出售的动画片支撑。

3. 虚拟化

　　想象化使得乐高积木在虚构媒介类型的启发下，不断致力于建造想象的世
界；而通过叙事化，游戏成为讲述故事的活动，其借鉴已存在的媒介故事，促进其
再传播和发展。媒介化由此孕育了虚拟化。在虚拟化过程中，积木和建造工作
失去部分的物理特征，以利于符号表征和互动。这在乐高计算机游戏中尤其明
显，物理实体的积木被视觉表征所代替，而用户则通过对手柄、鼠标和键盘的操
纵开展游戏。

　　计算机游戏的虚拟世界和积木世界间的关系并非一目了然。一方面，游戏
世界由乐高积木组成，而且游戏中的人物亦为乐高形象，游戏和积木在图像表征
上存在明确的相似之处。此外，部分游戏和积木世界间也存在主题上的关联，因
为大多数游戏都被设定为一个特定主题的积木世界，如《乐高奇袭队》。另一方

面,不同的乐高游戏利用已有的游戏类型和游戏方式等。因此,有些游戏看起来更像是已有的冒险活动或者棋牌游戏的乐高版本,而非特定主题积木世界的虚拟化改编。游戏与实体积木中的积木图像是相同的,但尤其在较新的游戏中,游戏和表征较少地被积木的实体形象特征所局限。在早期的游戏中,如《乐高岛上的恐慌》,人物形象以僵硬的动作行动为特征,这与实体的乐高形象一致。然而,在随后的游戏中,如《行动组》,肢体动作变得更加柔和自然。最初,乐高的计算机游戏并不太成功,但是,2006 年的《乐高:星球大战 2》游戏引起极大的轰动,随之而来的是 2008 年的《乐高:印第安纳琼斯》和《乐高:蝙蝠侠》。2007年,乐高与网魔公司(NetDevil)合作,着手开发自己的大型多人线上游戏(massive multiplayer online game,简称 MMOG),其被命名为乐高世界(LEGO Universe)。虽然乐高世界没有吸引到足够多的用户,并于 2012 年关闭,但为了替代这个大型线上游戏世界,乐高继续开发与单个产品线(例如乐高城市和乐高恐龙)相关的在线游戏。

虚拟化不仅将积木引至媒介中,同样也意味着媒介被植入积木。对积木模型开展智能控制的兴趣在乐高公司出现得很早。1989 年,乐高与麻省理工学院(MIT)的合作使得这一兴趣得以正式化。麻省理工学院的西摩·帕尔特(Seymour Papert)被晋升为第一位"乐高学习研究教授"。帕尔特促进了 Logo 编程语言①的开发,Logo 语言随后被用于乐高教学积木的指挥和控制语言,称为乐高 TC Logo。1998 年,随着乐高可编程机器人玩具头脑风暴的出现,乐高创造了一个教学的机器人系统,而这随之吸引了更大的消费市场。同年,另一个名为数码大师的机器人系统投入市场。数码大师主要涉及对机器人的远程操控以及操控性动作而非学习。在这两个竞争系列中,乐高决定优先发展头脑风暴产品。之后,这一发展将编程变得更加直观,并扩展了机器人做出反应的刺激范围(例如压力、温度、光等)。头脑风暴系列构成了智能玩具类型的一种。在此类型中,玩家通过在计算机上编写及载入机器人的逻辑交互序列,而游戏重点关注不同的物理交互控制。这意味着并非积木变得虚拟化,因为游戏很大程度上仍是由积木建构的机器人与实际物理环境间的互动。相反,由于交互行为序列受支配于形式化和抽象化的编程步骤,物理行为本身得以虚拟化。机器人模型对环境的行为和交互是抽象的逻辑序列预先编程的结果,而非通过手所实现的移动。因此,为了实现基于更为抽象的因果关系的实验性游戏,游戏经历了去叙事

---

① Logo 语言是一种早期的编程语言,通过"绘图"的方式来学习编程,对初学者特别是儿童进行寓教于乐的教学方式。——译者注。

化（de-narrativized）过程。

虚拟化同样可见于那些目的在于建立媒介表征的产品中。这种虚拟化类型的最好例子便是始于 2000 年的"乐高斯皮尔伯格电影制作套装"。这一套装内含小型网络摄像机和视频剪辑软件。有了它，儿童可以制作自己的乐高电影。不仅如此，由于乐高公司与斯皮尔伯格的协议，这个套装投入市场时，附赠多种基于电影《侏罗纪公园》的建议以及对电影部分桥段的有趣模仿作品。除了摄像机和视频剪辑软件外，许多具有电影场景的乐高套装被引入市场，这使得儿童可以导演和记录来自斯皮尔伯格电影中的关键场景。另一个以媒介生产为目的的玩具案例则始于 1999 年的计算机游戏《乐高好朋友》。它专门针对女孩群体，游戏的目的是建立一支女性乐队，创造一首流行曲目。通过上述举措，乐高不仅创造了重现虚拟媒介世界的产品，而且这些玩具产品本身扮演着生产娱乐媒介产品的角色。

互联网络进而使乐高公司和其粉丝建立起沟通和互动的虚拟世界成为可能。正如前文所述，互联网络在乐高公司与其消费者和更广大的公众的沟通方面已经变得越来越重要。但除了市场营销和公共关系，互联网络同样在公司与用户之间创造更多的相互接触。布林科（Brincker，2003）阐释了生化战士的开发者是如何创造一个"有深度的故事"的。不仅如此，互联网络所提供的论坛使得用户可跟随游戏的发展而逐渐置身故事之中。现今，所有主要的乐高产品均包含这类互联网络活动。因此，用户不仅能从乐高公司获得启发，也能从其他用户处得到启发。面向乐高爱好者的在线俱乐部——我的乐高网络（My LEGO Network）的建立，一个与维基百科类似的"积木百科"（Brickipedia）的创建，以及同样面向乐高爱好者的诸多非官方网站始终在开发之中。与其他公司一样，乐高也不断寻求将用户纳入产品开发过程中的方法，而互联网络对此作出了巨大的贡献（Lauwaert，2007）。

我们将讨论虚拟化过程的最后一个方面，即公司发展中乐高品牌自身不断强化的角色。当乐高创建者克里斯第森在 20 世纪 30 年代开始制造玩具时，广告和市场营销的发展还相当微弱，有报道甚至称克里斯第森反对广告。在对乐高公司的描述中，延·克特森（Jan Cortzen）引述克里斯第森的话，"广告并非我们要强调的东西……我们将把功夫放在品质上，只有这样，其他才会随之而来。把产品做得更好，随后人们才会想要这些产品"（Cortzen，1996：135）。根据这一理念，决定公司成功的是产品和它内在的品质。相比之下，2004 年，乐高的文件"关于我们——来自乐高的企业信息"体现了全然不同的企业理念：

将公司与我们的品牌分离开是不可能的，这两者有着共同的基础和价值观。在追求使命的过程中，我们将集中精力打造我们的品牌。这个品牌超越了我们的徽标和商标，并且包括了通过产品和服务与我们的公司所建立起来的关系。（www.lego.com，2004）

如乔勒斯-安德森（Gjols-Andersen，2001）和其他学者所记，乐高20世纪90年代的全球战略由品牌主导的战略引导。由此，公司的核心价值不再由产品所体现，而是由一系列品牌所表达的价值观决定。换句话而言，乐高公司本身变得虚拟化，因为它的活动不再主要集中于实体产品上，而是一系列与游戏和学习相关的想法上。如前文所述，鉴于2003和2004年的巨大亏损，乐高公司不得不修改扩张策略。在一定程度而言，公司放弃了对品牌的情有独钟，回到对产品本身的重视。然而，乐高品牌仍继续扮演着重要的角色，公司也不可能再回到工业化时代创始人克里斯第森的市场理念之中。21世纪的头十年间，建造类玩具仍有市场份额，尤其是如果能够理解如何将建造部分与媒介世界的新元素、新想法结合起来。根据一位来自乐高的竞争对手智美高玩具公司（Geomag）的代表所言，未来建造玩具的创新性挑战是将既有的和新的类型价值相互结合，"建造理念在于利用基本的建造单元，在儿童成为科技能手的环境下引进新的事物，同时满足上述要求"（Bohen，2006：17）。

七、游戏的转变

通过上述案例的讨论，本章分析了乐高建造玩具的历史以及公司的发展。在最初的几十年，游戏的内在价值来源于工程世界。早期乐高积木的主人公扮演着建造现代世界中建筑和机器的工程师的角色。通过乐高积木，孩子可以变成小工程师，创造工业社会中物质奇迹的复制品。随着媒介化的发展，来自媒介产业冒险英雄节目的主人公和价值观逐渐取代了工程师的角色。乐高的新主人公并非像从前一样忙碌于缓慢而又费劲的建造工作，而是更多地致力于在异国某地和想象世界中开展其行为，某种程度上他/她也参与到了不同类型的、暴力——但道德上合法——的毁灭活动中。

工程范式由此而被取代的背景下，来自虚拟媒介世界的影响不断增长，这在许多方面都与洛文塔尔（Leo Lowenthal）对20世纪上半叶杂志中名人传记的研究所观察到的变化相似（Lowenthal，1961）。在20世纪最初的几年里，杂志描绘商业人物、政治领袖及知名科学家，传记专注于他们在其社会领域中所取得的成就。洛文塔尔把这称作"生产偶像"（idols of production）。而半个世纪之后，这些"生产偶像"已经被一类新的主人公取代，即"消费偶像"（idols of consumption）。这些新的偶像并没有通过辛勤工作、聪明才智或政治领导地位获得名声，而是通过在媒介上的曝光得以出名。而吸引媒介的并非好莱坞明星的教育、知识或工作，而是他/她喜爱冒险的生活方式和休闲活动。亦即这些明星因为其在消费领域的经历而成为引人注目的人物。而这一改变同样成为不同历史阶段中玩具文化价值的一般概念性区别。

诚如案例所呈现，想象化、叙事化和虚拟化主导着乐高积木。然而，需要注意的是，我们无法直接从儿童玩具的变化中推断出儿童游戏的改变。儿童可能以玩具制造商不曾料想的方式玩耍玩具，因此，针对儿童游戏变化的考察必须置于"社会的、制度的和历史的变化"这一更为广泛的背景下（Buckingham，2000：105-106）。但当我们将乐高的历史视为与玩具产业的总体发展起头并行，且深受儿童和年轻人休闲娱乐活动的宏观变化影响时，我们的结论是，这一特定的建造玩具的历程可用于描述总体的游戏媒介化。此外，为理解儿童和媒介间不断变化的关系，帕金翰（2000）呼吁一个更为宽泛的框架，而本书的媒介化理论即可被认作对此的一大贡献。

尽管儿童可能依据自己的想法和目的使用玩具，然而，我们仍有理由相信，玩具的特性影响着玩耍的方式。例如，克莱恩（Kline，1990）就曾描述过，营销和广告中所描绘和呈现玩具的方式的确将影响此后儿童与玩具的玩耍。利用吉布森（Gibson，1979）的**功能可见性**理论，第二章中讨论了，鉴于媒介的技术、美学和组织特征，特定的媒介将影响其被用于交流和互动的方式。同样，玩具拥有一系列功能可见性，而它们在激励某些形式的游玩同时，也限制了其他形式，并对儿童与玩具的互动模式产生结构化的影响。这些功能可见性或是材料性或是技术性（例如互动娃娃中的芯片或软件），或是象征性（例如广告和其他媒介中的话语和叙事），或是制度性（如针对儿童广告的价格和政策）。如何具体阐释玩具、媒介和游戏间的相互作用，这首先是个实证性问题，而囿于篇幅，本章无法给出回答。

最后，我们将审视游戏媒介化的两个重要结果：儿童的游戏活动如何与全球消费文化相结合，玩具制造商如何依赖于媒介产业的起伏波动。研究游戏和玩具的学者，诸如萨顿·史密斯（Sutton-Smith，1986）和克莱恩（Kline，1993）已指出，从历史的角度而言，儿童游戏过度依赖玩具是一个新近现象。如史密斯所言（1986：26），"游玩的历史很大程度上是一段没有儿童玩具的历史"。在前现代社会，儿童经常成群结队地一起玩耍而不使用任何玩具。而为游戏设计的产品则通常可见于成年人的世界中。18、19世纪中，儿童玩具出现在上层阶级和中产阶级，随着20世纪生活条件的普遍提高，儿童玩具逐渐普及到其他社会阶层。游戏渐渐成为一个更为个体化的活动,其地点是家里或者家附近。同时,游戏的意义变窄,即单指儿童与玩具的活动。从某种程度上而言,玩具开始将儿童个体孤立化,并将他/她的活动置于父母的监管之下;与此同时,作为象征核心家庭中父母与儿童情感纽带的礼物,玩具的角色变得十分重要。

相较于这一早期现代发展,媒介化过程则意味着另一个方向:即儿童通过媒介与家庭之外更广阔的世界联系起来。这让他/她们接触到想象世界、故事和虚拟互动空间的全球媒介文化的海洋。这也意味着,儿童的游戏脱离了父母的世界。由此,成年人对儿童游戏的控制变得更加困难。儿童的游戏互动受到新主题、新传播行为方式和新规范价值所主导的主流媒介文化逻辑影响。通过游戏的媒介化,儿童与由市场所驱动、全球性的消费文化紧密联系,而这种文化尤其受制于对时尚的诉求,如对持续更新和不断消费的要求(Christensen,1986)。

游戏媒介化同样影响着玩具产业。从经济的视角来看,迈克尔·沃尔夫(Michael Wolf,1999)指出,媒介娱乐产业在社会中的影响越来越大。当娱乐元素渗透入其他类型的商品和服务时,娱乐产业本身也在扩张。若干年前可能被视作娱乐对立面的产品,正被装扮上一丝娱乐气息。飞机火车的行程、电话、服装和食物等,或被增加了部分娱乐(机上娱乐控制器、欢乐的铃声等),或象征性地与媒介的娱乐世界联系在一起。媒介明星和品牌演变成为普通消费物品提供额外满意度和关注度的工具。其结果是,娱乐媒介和其他商业交织在一起:

> 品牌和明星已经成为同样的事物。明星吸引我们购买娱乐产品,而品牌鼓励我们购买其他类的产品。在新兴的世界经济中,娱乐和娱乐商业法则侵入商业和文化世界愈来愈多的地方,成功的商业需要明星品牌将消费者领进门。(Wolf,1999:28)

作为娱乐业的核心元素,媒介产业成为其他公司新市场扩张的捷径。通过将知名媒介品牌和明星(哈利·波特、蝙蝠侠等)与自身的产品联系起来,诸如乐高的玩具公司扩展其商业领域,并提高其品牌的声誉。相较于利用公司自身资源建立品牌的花费,使用媒介明星尽管要付出极其昂贵的授权费用,但会是一种更为便宜与快速的方法。

尽管如此,这一策略并非免费。一旦公司与媒介产业建立联系,再要摆脱它绝非易事。公司通常不得不通过发布与媒介产品的最新剧集和人物相关产品,从而持续更新其媒介构成内容。一旦玩具与媒介叙事结合起来,消费者视玩具为依附于媒介叙事的产品。其结果是,越来越多的产业,包括玩具产业在内,变得依赖于媒介产品的成功推广以及媒介行业整体的跌宕起伏。2003年,作为时任乐高公司执行副总裁,保罗·普罗曼(Poul Plougmann)在乐高公司看似暗淡之时,解释道:"我们从一开始便知道,今年将是艰难的一年——部分原因是今年没有可以配合各大系列产品的电影首映,如《乐高:哈利波特》和《乐高:星际大战》。"(LEGO press release, 2003.8.29)游戏和玩具已然与媒介交织在一起。这不仅仅使得儿童和玩具制造商与媒介品牌的明星更为贴近,也使得二者更加依赖于媒介的科技、符号以及经济逻辑。

第六章

惯习媒介化：新个人主义的社会特征

一、导论

在此前的章节中,我们提出,媒介化是高度现代性的转型过程之一,其等同——同时交织于——(高度)现代性的其他过程之中,如全球化、世俗化和个体化。我希望媒介化和其他主要变迁过程的相互联系已在政治、宗教和游戏的个案研究中得到论证。而我们迄今为止的主要关注点围绕着媒介的角色,其他现代性过程更主要是作为分析的语境或次要因素。在本章中,围绕**个体化**的讨论,媒介化和其他现代性主要过程的彼此关系成为讨论的焦点。

更准确地说,本章目的在于讨论媒介化的过程如何影响个体和社会之间的关系,尤其是着眼于媒介如何推动、建构和改变社会个体获得规范性取向和彼此社会关系的过程。尽管媒介化在诸多方面给特定的社会机构带来变革,如政治、教育以及研究(Strömbäck, 2008;Friesen and Hug, 2009;Rödder and Schäfer, 2010),其同样具有更为广泛的影响力,能够跨越不同的社会机构,影响着社会凝聚的产生。总体上而言,我们认为,媒介化刺激了基于**弱社会联系**的**软性个人主义**(soft individualism)的发展。媒介化、高度现代化的社会中无所不在的社会性格(social character)既不是一种强烈的、独立的个人主义,也不是服从于强有力的组织形态或密切的家庭单位的强烈集体主义。恰恰与此相反,个人主义和对外部世界敏感性的矛盾组合得以建立,而家庭、学校和工作场所的强社会联系面临着来自媒介网络较弱的社会联系的日益挑战。而这些发展至少部分体现了个体的社会性格的形成——其惯习——已受到延伸和交互的媒介网络的影响。

个体与社会之间的关系是经典的社会学问题——关于"社会如何成为一种可能"——的一个必不可少的部分,亦即诸如机构或国家这类的"宏观"社会实体如何与"微观"社会单元相联:情境化互动中的社会个体。从自下而上的角度而言,问题是关于个人的行为与彼此间的相互关系如何构成更大的社会单元;而从自上而下的角度而言,问题则围绕着诸如政治、家庭、教育和产业的大社会机构如何(再)生产人与人之间的特定关系,并通过或鼓励或强迫的方式,使其遵循特定的方式采取行动、阐释世界,借此实现个人与社会整体的同步。对这一讨论的关键性社会学贡献为我们思考该问题提供了基础。马克斯·韦伯(1904)关于早期资本主义中新教伦理及其对勤勉与自律的社会个体发展的重要影响研究,为我们提供了一个经典案例,以解释心理特征如何部分地成为更广义的社会变迁的构成。如柯林·坎贝尔(Colin Campbell,1987)进一步发展了韦伯的理论,探究浪漫感性的发展与其对消费文化的影响。诺博特·伊里亚思(Norbert Elias,1939)关于欧洲宫廷中文明进程和精致礼仪的研究则帮助我们理解关于饮食、性、暴力和社会阶级的社会规范如何历史性地被内化为一种第二天性,亦即一种社会习得却有着一种强烈的心理倾向,以遵循可接受的社会行为规则。皮埃尔·布迪厄(1998a,1998c)通过使用惯习的概念,跨越了来自外部客观世界的需求和内部与主观倾向之间的矛盾,后者恰恰指导着社会行动者的行为与解读活动。与此类似,安东尼·吉登斯(1984)的结构化理论寻求超越宏观与微观社会学之间的传统二分法,解释社会结构如何通过个体社会行动者对制度资源的反省性使用而得以再生产与改变。

二、惯习和社会性格

通过使用"社会性格"这一概念及其对惯习概念的进一步发展,我们的目的在于对当前司空见惯的文化身份讨论提供一个有力的社会学转折。通过对高度或后现代性文化理论的新兴流派的继承,传统的终结和自我反省主观性的兴起推动个体构建其自身的身份(Beck,1992;Giddens,1991)。在全球化、城市化、灵活的生产模式等带来的巨大、迅速的变革中,文化身份的建构成为社会个体获取多重——某种程度上相互矛盾的——身份的终生过程。毫无疑问的是,从社会个体的角度来看,人们自身文化与社会身份的构建是一个更为至关重要的问题,因为,身份很少通过传统得以延续。尽管如此,对文化身份的讨论多倾向于依据表面价值判断个体的主观经验,并因此而低估了生活方式共同特点在特定社会分层之内的存在,忽视了社会个体生活的文化和社会语境影响着个体的文化与社会自我认知这一现实。重新思考社会性格和惯习能够避免决定论和唯意志论的陷阱,为我们提供思考媒介对文化与社会身份的影响。同样,社会性格或惯习并不等同于社会或文化身份,但是其意含了个体与其周边环境相互联系和互动的倾向。社会性格和惯习由此提供了身份形成和社会文化语境之间交接的概念化。因此,社会性格和惯习并不意图取代身份,而是一种允许我们阐释身份如何通过社会和文化环境——包括媒介——得以中介化的概念。

社会性格的概念几乎已从现代社会学的词汇中消逝。然而,其早先在社会理论与实证分析中扮演着一个重要角色。社会心理学家埃里希·弗罗姆（Erich Fromm，1941）来自批判理论的法兰克福学派。对弗罗姆而言，社会性格无疑是一个关键性概念。弗罗姆将其定义为**"一个团体中绝大多数成员性格结构的关键核心，其源自该团体中相同的基本经验和生活模式"**（1941：305）。弗罗姆将对主体的精神分析式的理解——受到无意识和生理性驱动的影响——与马克思主义社会学关于社会对知觉与行为的影响部分地结合起来。而西格蒙德·弗洛伊德（Sigmund Freud）的精神分析早已呈现了一套关于性冲动（sexual drives）如何被家长权威规范抑制和内化，演变成为社会可接受的意向和行动。尽管弗洛伊德的理论主要涉及意识和潜意识的心理学方面，弗罗姆则发展了社会心理学，其间社会方面扮演着更加突出的角色。其他沿着该方向研究的学者包括威廉·赖希（Wilhelm Reich，1933），其关于法西斯主义的大众心理研究也将批判社会理论与精神分析结合起来。

此后的研究试图探究国家社会性格的特点。例如，贝拉（Bellah et al.，1985）等人尝试描绘美国的性格和精神，森尼特（Sennett，1998）则提供了弹性劳动力的新兴形式对个人性格的健康发展产生负面影响的批判分析。与许多前辈和同辈形成鲜明的对照，大卫·理斯曼（David Riesman，1950）的研究不采纳精神分析方法的主导，其考察了变化中的美国社会性格，我们随后将讨论到该研究。我们可以将理斯曼的作品视为社会和文化分析的结合，因为他研究个人和团体如何体验结构和物质发展（人口增长、阶级构成等）的重要性。正是家庭、工作场所、城市和大众媒介中不断变化的社会经验引导理斯曼发展了他人导向性格的理论。

社会性格从社会学议程中消失有下述几个原因。过去几十年间，社会学中的"文化转向"以及社会建构主义的兴起将文化身份置入议程中，以至于这一概念几乎垄断了当前针对现代社会中个人角色，包括媒介研究领域的思考。因此，媒介、文化以及个体社会行动者之间的关系几乎与媒介、文化与身份之间的相互作用同义。然而，社会性格的消失不仅因为社会学或其他研究分支中的新近学术趋势，也由于其自身的内在不足。社会性格的概念具有一丝本质主义色彩。由此，社会性格被视为民族、专制国家或原始社会的固有内涵。由此，这一概念就无法把握个人与社会之间关系性和动态化的发展，此外，变化与差异在分析中无法得到足够重视。而来自精神分析的早期影响同样促进了上述的本质主义。因为，一些关于性和精神倾向的精神分析概念（俄狄浦斯情结、潜意识欲望等）占据对生物、社会以及性格形成之间如何联系的诠释。由此，精神分析理论衰落的同时，社会性格的概念随之丧失了其部分理论基础。

诚如迈森黑尔德(Meisenhelder, 2006)所提出的,我们可以将皮埃尔·布迪厄的惯习概念视为社会性格概念的社会学继任者。通过惯习这一概念,布迪厄希望了解个体行动者的行动及对其在社会中地位的理解的基本社会性格。社会个体经由惯习发展出一套特殊的生活方式和一系列实践与价值取向,它们解释了个体的阶级地位并赋予其意义。与此同时,惯习影响了社会个体在不同社会领域中合乎逻辑的思考与行动。正如布迪厄所述,"惯习是一种生成性和统一性原则,其将一个位置所固有及相关的特点转化为一种单一的生活方式,即对对象、商品、实践的单一的选择集合"(Bourdieu, 1998c: 8)。生活方式建立在一系列分类基础上,社会个体据此在诸如政治、食物、休闲活动等社会领域中形成区别(Bourdieu, 1998a)。惯习并不为任何特定情境下的行动提供完整的阐释或方向,但是它建构起指导阐释和行动的实践、认知、情感以及身体上的导向。

毫无疑问的是,相较于早期的社会性格概念,布迪厄的惯习概念更能描述个人与社会之间的联结。惯习允许我们思考,阐释和行动的图示(schemata)在一系列社会领域中如何渗透入个体、特定团体或社会阶级之中。因此,惯习将对社会权力和阶级的理解与特定个人、团体或社会阶级的特殊历史轨迹结合起来。布迪厄的理论框架中所缺少的是心理学维度,即允许我们理解社会发展与个人心理之间的相互作用,包括情感和认知的过程。此外,布迪厄对社会中现代媒介的角色,包括媒介对惯习和生活风格形成的影响均讨论甚微。可惜的是,其有关媒介的著作(Bourdieu, 1998b)鲜为人知。

尽管布迪厄的理论框架在许多方面比社会性格概念更胜一筹,但我仍将从理斯曼关于美国20世纪中期变化中的社会性格的研究出发。因为,理斯曼对他人导向的社会性格的综合判断包含了涉及惯习中媒介角色的一些出色见解。此外,理斯曼对寻求个人自治过程中的心理与社会矛盾以及这一独立性背后的集体背景极其敏感:

> 指导和认可"他者"的存在对于服从与自我认可的整个系统至关重要。剥夺一个人性格中渴望的社交性不会使他自主,而仅仅会导致其沉沦……如果他人导向的这个个体正在寻求自主,那么他无法独自实现,而是需要朋友。(Riesman, 1950: 327)

正如我们所见,相比特定社会阶层和群体的惯习所讨论的内容,在理斯曼的分析中,社会性格在更为普遍的层面上揭示出结构变化。在《孤独的人群》(*The Lonely Crowd*)中,理斯曼详尽阐述了特殊历史时期内扩大的中产阶级经验。尽管如此,他的主要论点仅涉及现代性的不同阶段中性格特征大规模——事实上是前所未有——的改变。由于社会日益增长的媒介化,上述性格特征已远远超越其出现的特定阶层和历史阶段。接下来,我将讨论性格特征、惯习以及媒介之间的联系。

三、从陀螺仪到雷达

理斯曼的社会性格概念在某种程度上与埃里希·弗罗姆的概念相似,因为前者认为,社会性格是一种机制,在此机制作用下,社会使其成员**想要**(want)以他们作为社会成员**必须**(have)行动的方式开展行动。在这一基础上,理斯曼认为,社会性格是一种"顺从的模式",即个体或群体的心理与社会导向与给定的社会和文化要求一致。尽管这一点听起来有着决定论的意味,但这种论点并不意味着所有社会个体均会自主地遵从社会需求。正如理斯曼所指出的,许多社会个体会选择一种性格,其较小程度上遵循社会压力,然而,这种性格越不适合社会语境,个人的心理和社会成本就越大。由于这种压力,社会性格将逐渐适应社会要求,但是由于性格特别形成于童年和青春期,许多人的社会性格经常落后于现代社会的挑战。此外,理斯曼(1969：6)强调,顺从不是社会性格的全部:"'创造性的模式'也是其中必不可少的一部分。"

理斯曼区别了社会性格的三种分类:传统导向、内在导向和他人导向。传统导向由羞辱支配,存在于大家庭和传统农业社会社群;内在导向的性格由罪疚感影响,个人在产业化、现代化社会中通过教养而内化;他人导向的性格既不受羞耻支配,也不受如不被同龄人所承认和喜爱的弥漫性焦虑影响。理斯曼关于从传统到内在导向的转变的论点遵循了马克斯·韦伯关于新教伦理培育自制性格与工作精神以适应早期资本主义的描述。而理斯曼的原创性贡献恰恰在于其生动翔实地分析了他人导向性格的出现。

20世纪中期,美国消费社会迅速发展,这相应地改变了个体构成社会的要求。不断扩张的消费机会和休闲时间为富裕心理学奠定了基础:扮演努力工作个体的重要性逐渐被成为优秀消费者的市场诱惑所挑战。尽管内在导向性格的培育强调了谦逊与礼貌的需求,但他人导向的性格却提倡享受消费并能为消费选择给出理由。早前时期,存在很大程度上由工作所定义,但是现在工厂和办公室之外生活的重要性增加了:社交活动、晚餐、运动和性不仅获得了更多时间和空间,也成了讨论和评价的话题。在这种新兴的文化环境中,内在导向性格的规范意义不大,个体因而不得不越来越多地寻求当代世界中的规范导向。正如理斯曼所述,内在导向性格所使用的社会导向工具,亦即**陀螺仪**(gyroscope),逐渐由他人导向性格的**雷达**(radar)所取代,指导个体不断寻找外部世界的认知与规范。而这一转变也可以被认为是从"良知"(conscience)到"意识"(consciousness)的转变(Wouters, 2011):他人导向的个体不由维多利亚时代绅士的"超我"所管控,而是由20世纪现代人的"自我"所控制。他/她更少倾向于"屈服于严格的良知规则——并对他人和其施加的压力(具有)更强的意识"(Wouters, 2011: 157)。他人导向的性格并不以特定生活方式和规则本身为特征,因为后者将随着时间而改变。他人导向性格的标志恰恰正是通过群体和媒介监控周围环境的导向:

> 所有他人导向的共同特点是同龄人成为个体导向的来源——所谓同龄人,是指通过朋友和大众媒介认识或间接认识的人。毋庸置疑,这一来源被早已植入的赖以指导生活的观念"内在化"。他人导向的人所努力的目标随着指导发生变化:仅仅只有努力本身的过程以及对来自他人的信号的密切关注是不变的。(Riesman, 1950: 22)

内在导向的性格存在于阶级分化的社会,并经常需要在面对来自其他阶级的人群(服务生、工人等)时维持其状态,但是他人导向的性格日渐被多多少少来自同样社会阶层的人所包围,即扩张中的中产阶级。与此同时,人们不再单一地由阶级所定义,也由生活方式所定义。这并不必然意味着社会分化变得次要,而是解读社会分化的能力更加复杂。其中例子之一是,理斯曼(1950: 74)认为,欧洲人到美国后倾向于认为,"与欧洲明确的地位差异相比,女售货员、社会名媛和女电影明星穿着都十分类似"。然而,这仅仅是表面的相似,为了观察微妙的地位差异,美国人"必须寻找能够揭示风格和地位的、细小但却本质的差异"(Ibid.)。

在新的城市环境中出现了成千上万的人口、庞大的办公室、巨大的公共机构,当代美国人必须与更多人打交道。整体而言,关于时尚、品位和规范的知识在这个新的、已知与未知不再清晰可见的环境下变得十分重要。如果你想要在现代商业中出人头地,社交和组织技能就变得十分必要;在某些领域,工作包含了社会性成分。引用保罗·拉扎斯菲尔德的话,理斯曼指出了注意力从银行账户到消费账户的转变:在一个现代组织中,你不能仅仅工作,也需要生活,建立社群感,并且在会议、商务晚餐和旅途等过程中扮演消费者的角色。工作关系与私人关系混杂在一起,因为他人导向的性格"在工作中融入个性化、成功处理问题以及性格所具有的所有资源,也恰恰因为在工作中投入了如此多的能量和精力,他/她获益于对这种重要性的认识"(Riesman, 1950: 310-311)。

时至今日,理斯曼的许多观察已然是老生常谈,例如,约书亚·梅罗维茨(1986)对兴起的被称为"中区"行为规范的研究支持了理斯曼的观察,即媒介尤其推动了混合个人与公共行为的表演模式。英格尔哈特（Inglehart，1990）关于后物质主义价值观在后现代社会传播的研究也与理斯曼的观点有共通之处。当理斯曼著述其论点时，其在相当程度上超越了他的时代，以至于被误解。正如理斯曼自己所言，他的著作经常被理解为一个衰落的故事，其中，内在导向的主人公屈从于虚弱的、他者导向的性格，因此变得过于依赖其同辈群体及大众媒介的承认和规范。而这类解读缺乏对待理斯曼论点的公正，《孤独的人群》的书名（并不是理斯曼的选择）需要对上述理解负一定责任。通常而言，理斯曼对新社会性格更加乐观而非悲观，这也正如他对诸如广播、电视、录制音乐等"新"媒介的增长所持的普遍乐观，因为相较于书籍和报纸将内在导向性格剥离出群体，上述新媒介为他人导向的性格培养建立了日益增加的社交性。

理斯曼的分析对于全面阐释美国社会文化变迁和跨学科研究社会迥异领域中的平行发展有其优势。但同时，这种优势也体现了其劣势。总体而言，理斯曼试图将许多不同文化和社会发展归因于社会性格的改变。由此，我们究竟能够在多大程度上细查新的社会性格变得模糊。一方面，理斯曼倾向认为，以获得承认和规范导向为目的的环境监督需求基本上构成了他人导向的性格（参见前文引用）。另一方面，他的大量案例和详尽洞见揭示了一个极其详细和明确的社会性格。为了将理斯曼的性格研究用于媒介化讨论，我们选择他人导向性格的狭义定义。因此，他人导向性格的核心特征是个体针对人群和媒介拓展网络的、高度发展的敏感性。换句话而言，我们视他人导向的性情倾向为性格形成的工具，而不是社会性格的结果或者其本身真正意义上的样貌。

理斯曼的方法因无法将由新社会性格所反映的文化变化多样性结合成更为基础的宏观社会现象而受到批判（Meisenhelder，2006）。这可以说在一定程度上是正确的：理斯曼本人仅提供了社会性格与诸如劳动分化、城市化等宏观社会解释之间的间接联系。但是这一显而易见的弱点也恰好可以被看作是其论点的一个优点。理斯曼寻求描述新兴现代世界如何以新的方式得以体验，扩大社会互动的可能性，以及内在导向的性格如何恰好由于现代体验的变化和新的互动模式而衰落。为了理解宏观与微观社会现象之间的联系，即机构和社会行动者之间的内在联系，我们必须同时考虑到人类体验和由机构（包括媒介）建构的互动领域的结构，因为它们扮演着宏观和微观现象的连接节点角色。

四、弱联系和社交性

除了社会性格的变迁，理斯曼也关注到社会关系和互动形式的改变。先前，功能性和形式化关系逐渐变得更加私人化,社交性作为一种重要的互动模式蔓延到许多社会领域。为了理解以关系和互动形式出现的这些改变,我们将考察马克·格兰诺维特(Mark Granovetter)关于弱社会联系和格奥尔格·齐美尔的社交性概念。社会学中对强弱社会联系之间的区别并没有明确的定义。一般而言,人际之间互动频率、互惠性、亲密度和交流时长被视为是联系强或弱的指标。因此,已婚夫妇通常是强联系的例子,而超市柜台同时排队的两个人之间则仅有弱社会联系或者并不存在社会联系。通常情况下,强社会联系对社会的整体凝聚力十分重要,但是格兰诺维特(1973)认为在某些方面,弱社会联系超越强社会联系,由此,我们得以讨论"弱联系的力量"。

格兰诺维特的最初分析关注于求职人群之间的关系和信息流动。通常认为,在寻找信息的过程中,有着紧密关系的人群将是最好的出发点,但弱社会联系却提供了更好的信息流。具有强社会联系的人们相互之间有着强烈的互惠承诺,但是对于信息流而言,这种关系倾向于促进已知信息的流动。弱社会联系意味着更少的责任,但其通常为社会个体提供了更丰富和及时的关于外部世界的信息——亦即格兰诺维特所举案例中的工作信息。论及信息在社交网络中的传播,格兰诺维特(1973:1366)总结道:"当通过弱联系而不是强联系时,无论扩散的内容是什么,它均能抵达更大数量的人群,并穿越更长的社会距离(如路径长度)。"

格兰诺维特同时也提出,弱社会联系能够促进社会凝聚力。小群体中的强联系维系着统一性(如家人或朋友之间),但是,群体之间的弱社会联系对更大范围的社会单元的整合十分重要。如果仅存在强社会联系的支配性地位,那么将存在社会分裂的风险,这是因为,在上述群体中流通的信息主要倾向于确认已经存在的知识和关于外部世界的意见。这即是贫民窟和小乡村社群的问题:尽管其间的内部联系强,但却面临着衰败,除非与周边的社会发展联系。当然,仅由弱社会联系构成的社会结构也毋庸置疑有着其内在问题,因为无论社会还是个体都需要长久性和约束性的承诺。因此,社会凝聚力的问题并非强、弱社会联系之间的一个简单选择,而是不同力量和不同类型的社会关系之间的整体构成和平衡。

媒介化过程所影响的正是上述不同社会关系之间的构成与平衡。正如舒尔茨(Schulz,2004)所指出的,媒介化包含了面对面与媒介化情境的延伸、替代、融合和调节。不仅如此,上述过程中,弱社会联系和强社会联系均被媒介的功能可见性所影响。通常情况下,大众媒介和交互性媒介均推动个人审视外部世界,规范他/她与真实或虚幻的他者互动的机会。由此,个体不需要为获得远近环境的信息而付出以往那样的努力,他/她不仅可以增加与提升疏远的——先前属于弱的——关系,而且来自强社会关系中的信息流也将随之增强,并使得紧密的关系与外部世界处于更为直接和持续的联系之中。同时,个人媒介以不同的方式影响个体对社会环境的关注。总体上而言,大众媒介和网络媒介使得个人超越强联系的领域得以延伸,而移动媒介则主要倾向于加强家人与朋友之间的社会联系(Ling,2008)。

为了把握日益增加的弱社会联系,媒介鼓励更加随意且较少约束的互动形式。在围绕广播的历史分析中,斯卡内尔(1996)认为,广播与电视所推动的关键互动模式之一是**社交性**。为了抵达居家的大众受众,广播及其后的电视需要发展适于这一特殊语境下的传播形式,社会性则被证明是一种成功的传播模式。尽管如此,社会性并非广播媒介的特殊特征之一,而是一种由媒介所推动建立的、极为普遍的交流与沟通形式特点(Hjarvard,2005)。很大程度上而言,如Messenger,Facebook和领英这类社交网络媒介同样以社交性作为其首选的互动模式。

乔治·齐美尔(1971)强调了社交性的游戏特征,即社交性是不具备除了交流本身之外的其他目的的交流,因此,它可以被视为是一种社会暂停(time-out),在这一情境下,许多约束性社会角色暂时性地停滞。从功利主义的观点而言,社会性并无目的,然而,其服务于愉悦他人的社会陪伴的目的。我们也许不认可齐美尔夸大社交性游戏性(playfulness of sociability)的解读。如同互动的其他模式,社交性依附于根据文化和社会阶层而区分的社会规范与期待。在不同的圈子中,社交性也蕴含着自律的功能:如果你的言谈举止并未遵循特定社交性礼节,你就有可能失去侪辈的认可。相应而言,商务晚餐、低收入社群的生日聚会以及大学校长年的接待活动中的社交性有着天壤之别。约书亚·梅罗维茨(1986)对“中区”行为规范通过电子媒介,尤其是电视传播的分析,与斯卡内尔社交性的观点有许多共同之处。与社交性一样,中区行为介于私人与公共、前台与后台之间的平衡性行为。随着社交性对私人与公共的平衡,并至少部分延缓强联系的约束性社会角色,媒介既推动了通过弱社会联系对广泛社会环境展开的控制,也使得这一活动成为可能。

五、惯习的媒介化

理斯曼关于他人导向性格的观察似乎与媒介化社会中的惯习构建有着一定关系。首先,惯习的形成在很大程度上是通过与当代社会的互动得以塑造的。

其次,惯习通过对**拓展**的社会环境的**强化控制**得以再生产,第三,**认可**成为自尊和行为发展的重要调节机制。自理斯曼提出的他人导向性格的兴起之后,媒介化过程使得大众媒介和交互式媒介成为社会几乎全部领域中人类互动的无所不在的工具。由此,媒介渗透进了上述三个惯习形成的领域。

媒介建构了我们当代社会的持续表征,使得几乎所有社会机构中的每一个人都可以接触到这些表征。今天的政治现实、明天的消费供给以及个人生活的当代问题,均得以持续更新,并允许现代个体接触与了解。媒介同样能够成为先前规范与行为的历史知识的来源,但这通常会被置于当代框架下得以解读。从某种意义上而言,人类毋庸置疑地始终生活在自身的当代世界中。但是早前时期的世界未与更为宽广的社会相联结。因此,在先前的和媒介并未饱和的社会中,本地世界与社会其他方面的发展不同步的可能性更加普遍。大众媒介和互动媒介得以普及的同时,个体将日益生活在与更为广阔的社会更加紧密与即时的联系之中,并由此增强了社会和个人惯习形成之间的新陈代谢。

对拓展的社会环境的加剧控制不仅源自总体需求的考虑,而且也受到高度现代性中从政治到性的所有社会空间中加剧的问题的驱动。日益增多的选择和风险使得个体决定成为势在必行的事情,而且为了促进与解释这些决定,掌握当前的规则和趋势的知识变得至关重要。正如埃德和奈特(Eide and Knight,1999:526)所观察到的,媒介不仅对日常生活的安排设置了不同问题,而且也提供了解决方案:

> 与消除日常生活中麻烦与困难相去甚远,传播信息和帮助的知识、专业与渠道的增长已然扩展了问题化范围,由此,现代性促进了生活世界的不稳定趋势。自身和日常生活管理的帮助、建议、指导与信息的新的形式与媒介的丰富以及混杂程度将继续发展。

现代新闻业对于这种新社会功能作出回应,并发展了新的主题和类型,从而为现代个体提供包括政治、消费选择、健康、儿童养育等建议。由此,新闻界不仅是第四等级、政治权力的看门狗,也成为"第四服务等级":致力于服务现代个体的供应者(Eide,1992)。除开新闻媒介,多种多样的商业和公民服务使用电子媒介(互联网络和移动应用)提供从医疗建言到养育辅助的一切内容。通过这类信息和指导,媒介为个体规范与实践——如个体的生活方式——的理性化提供了信息。

需要强调的是,不仅仅是社会个体寻求媒介,媒介同样也在寻求社会个体。在一个越发商业化的媒介环境下,受众已经最大化地成为媒介的重要逻辑之一,媒介也由此不遗余力满足受众对形式的需求,这些形式符合特定受众的生活方式。受众和消费者研究的增长已经极大提升了关于受众及其在性别、年龄、收入、教育、生活方式和消费选择等方面的知识。与此相应，媒介致力于从事针对有吸引力的人口群体相一致的内容生产。先前，媒介或服务于其他机构，根据如政治利益（如政党报业）面向社会界定的群体传播，或扮演文化机构的角色，通过面向大众的传播促进共同的国家文化。而如今，媒介越来越少地遵循这类社会利益或共同文化价值观，而是更倾向于按照不同人口群体的生活方式选择从事内容生产和流通。生活杂志、类型化电台和有线电视即为以更加个人化、基于生活方式的消费方式出现的典型例子，而电子媒介和交互性媒介的普及进一步增加了媒介和用户围绕共享生活方式的整合能力。这里的共享生活方式，亦即共享价值取向的实践和表征，而所谓共享价值取向，则意味着相对于其他社会群体的其他媒介消费定位。

相较于从前而言，通过对其产品的分层，媒介对受众生活方式中的区别更为敏感，但在反映现有的生活方式的程度这个问题上，媒介同样存在着局限。媒介是否服务于一个特定的人口群体——并通过杂志、网站或电视节目呈现生活方式——依赖于这一特定群体的经济吸引力，也依赖于其他因素，如特定媒介市场的规模、竞争压力、惯例和趋势等。较为典型的情况是，媒介试图通过将若干生活方式的成分整合成同样的产品，从而实现通过一个产品满足多个受众群体的需求，例如，媒介组织经常通过焦点小组研究以确保新产品能够满足其关键目标群体。

媒介同样也受到时尚的影响，亦即对品味持续创新的需求。为了让受众耳闻目睹，无论是今天还是未来，媒介产品都需要持续更新其形式与内容，由此才可以在倡导生活方式上始终领先于其受众。为现代个体提供指导和建议的角色也强调了媒介内容针对发展和趋势的讨论，而不是对现有知识的重复利用。当然，更新的强度和方向也需要依据特定生活方式的群体有所不同。同时，出于市场考虑的结果和时尚的要求，媒介不仅反映，同时也构建生活形态。由此，其影响着不同社会群体作为现代生活导向的规范和实践。

总而言之，我们可以认为媒介将**品味社会化**（socialize taste）。因为，媒介产品不仅（像所有文化制品那样）定位于文化差异和文化资本的层级结构之中，而且也刻意发展并尝试以在受众之中培养其特殊的生活方式，并通过这一过程实现对生活方式的重组。毋庸置疑的是，媒介的使用方式是对现存生活方式差异的反映。但是，作为社会实践的媒介消费也呈现了生活方式的更替以及文化价值之间的不同，这是由于媒介通过形塑新的文化客体和实践将人们整合在一起。例如，在过去十年中，关注于室内装修的生活电视通常由中下层阶级的价值观所主导，而这种价值观也通过此类节目面向更广大的人群传播（Christensen，

2008)。不同于后现代主义关于诸如阶层、年龄、性别、社会行为教育、消费选择和媒介使用等(e.g., Maffesoli, 1996)传统人口类别消失的重要性的假设,我们仍可见充分的证据体现上述人口类别仍然重要。媒介使用也根据诸如年龄、性别、社会阶层、教育、种族之类的参数而有着系统性变化(Bennett, et al., 2006; Hjarvard 2002b; Roux et al., 2007)。然而,正如布迪厄所指出的,诸如阶层或年龄等分类区别也许不会直接影响惯习,而是通过特定个体和群体的生活方式得以媒介化。在一个高度现代化的社会中,组织化利益(党派、工会、教堂等)不再具有显著的地位,而作为文化和社会等级的载体,生活方式逐渐扮演一个更为重要的角色。随着媒介将受网络与媒介影响的不同受众的生活方式积极联系在一起,其也成为人群中文化和社会区隔再生产和更新的一部分。

六、媒介的承认①

　　媒介建构了一个社会个体表现、传播、行动和由此获得承认的舞台。理斯曼(1950)并没有展开他论及的"承认"的概念。但他的基本观点是,相对于早期的社会性格类型,寻求承认对于他人导向性格的社会整合有着更为重要的作用。社会理论家阿克塞尔·霍耐特(Axel Honneth)进一步发展了现代社会中的三种承认形式之间的区分,而这对我们接下来的讨论很有裨益。承认的第一种类型,**爱**,围绕着亲密的感情纽带,如家长与孩子、丈夫与妻子以及挚友之间。个体从这一首要承认中,获得了基本的**自信**。第二种类型的承认是**自尊**(respect),其涵盖了对个人道德责任的、广义范围的社会认同,基于此,我们扮演着社会中一名负责任的、合法的个体,从而享有一系列普遍权利。这一承认类型以理智为基础,并使得个体具有投票的权利、被保护不受他人暴力等。个体通过这一类型的承认,获得与其他公民平等的人的**自重**。第三种类型的承认是**尊重**(esteem),其构成部分分为感性和理性。与前两者不同的是,尊重并非无条件的,而是基于作为社会群体的一部分他者对个体成就的认可,如,工作中解决问题、扮演好邻居等的能力。通过这一体现合作努力和群体的价值构成的承认,个体获得自尊。这三种类型承认中,每一种都存在于社会的某个特殊领域:爱的承认发生于私人和亲密领域;尊重的承认在公共领域;而尊重所获的承认则在社会领域中。尽管承认的第一种类型被认为是最主要的,因为它是人类与他人发展双方关系的

---

　　① 此处将"recognition"译为"承认",以同之后阿克塞尔·霍耐特对承认的讨论相一致。——译者注。

前提,但这三种承认类型并不是按重要性排序的。获得自信、自尊和尊重对于个体的自主至关重要。从负面的角度出发,霍耐特同样区分了三种对承认的违背,亦即对身体、权利和生活方式的违背。

霍耐特本人并没有考察媒介在承认过程中的角色。但从媒介化的观点来看,媒介创造了一系列新的互动空间和形式,承认在其间得以发挥作用,同时,三种类型之间的界限越来越模糊。在媒介化的社会中,个体或群体的表征和可见性恰恰是一种价值承认,其作为私人个体,同时也是公共的、社会的个体。如Facebook、领英和MySpace等社交网络媒介不仅是传播和交流的论坛,也是致力于私人、社会、公共成就承认的媒介。正如克林特和伦德比(Kaare and Lundby, 2008)所指出的,随着电子媒介的诞生,自我表征的新形式越来越普遍,通过自我表征,个体得以获证其自身的故事,并获得对其身份的集体承认。与此相似,虚构性和事实性的大众媒介产品使得受众可以了解不同个体、社会群体和公共任务的承认,真人秀和生活秀的新形式通过构建从而将群体对个体的包容和排斥戏剧化。诸如《幸存者》(*Survivor*)和《英国偶像》(*X Factor*)这类娱乐节目探究自我承认和违背两者之间的社会性游戏,这其间的自我扮演着私人个体、公众形象以及隶属于社会群体的个人角色。

由于在许多制度化语境下,媒介将社交性呈现为互动的主要模式之一,媒介逐渐影响了承认如何影响爱、尊重和敬重。鉴于社交性部分私人、部分公共的本质,经由媒介的承认常常兼备情绪和理智的形式。当私人个体或家庭通过网络发布自我简介、与他人结交为朋友时,这一私人性和情绪性的承认将让位于宏观的、公共的、关于什么应被认可为积极和重要的个人品质的理解。当一个政治家需要认可(或违背)某一特定群体的政治或社会事务时(如住房拥有者的抵押问题,同性恋者领养孩子的许可等),其不仅通过理性审议和恰当的立法得以实现,也经常伴随着媒介表现;其间,政治家表现出同情以及与特定类型的人群交流的能力(或相反)。因此,理性讨论需要情感表现从而使公共承认的真实性得以证明。而论及承认的第三种类型,即社会尊重时,我们认为,媒介已经从整体上拓展了获得该类承认的机会。随着通过媒介介入更弱与更强的社会关系的互动渠道日益增加,不仅可以通过媒介获取上述这类承认,而且维系这类承认也需要更多的努力。

七、软性个人主义

理斯曼的上述激进观点的目的在于将个体自主性和社会归属之间的关系彻

底转换。内在导向性格通过与其当前世界脱离或与之保持距离而获得其自主权,因为内在导向性格绝大多数情况下依赖于自身,或者更准确地说,依赖于生命早期阶段由父母或其他权威所设定的规范框架。对于他人导向的性格而言,这种自主权并不存在,这并非因为社会个体的脆弱,而是由于对陈旧规范框架的依赖不再像先前那样有效。如果社会个体继续遵循先前的轨迹,他/她非但不会获得自主,反而会进一步从社会中分离。与此相反,他人导向的性格通过与当代更庞大的社会网络联结的能力获得自主权。理斯曼清楚地意识到,媒介在这个过程中扮演着十分重要的角色,而自他对 20 世纪中期的美国进行研究之后,社会的媒介化毋庸置疑地进一步加速了。由此,科技、组织、美学领域的媒介逻辑——简而言之,媒介的功能可见性——已然塑造了人们交流、行动和维持彼此关系的方式。

目前,媒介化社会中他人导向的性格带有一种软性个人主义的特征。现代个体越来越多地需要自己创造其在社会中的样貌,而后者是对每个人作为社会个体的权利的肯定。尽管如此,这可以被视为是个人主义的一种软性形式,因为这种个人主义不同于早先形式的个人主义对外部世界的深层依赖和敏感。与内在导向性格相比,它代表了一种自我约束的、更强调反身与灵活的形式(Wouters,2011)。然而,这种"软性"并不意味着相较于先前,个体缺乏对社会的融入。贝克(Beck,1992)阐释了个体样貌的制度化,从而描述当诸如阶级、教堂或家庭对于个体而言越发不重要的环境下,个人与社会之间的新的从属形式。与之相应,我们可以说,媒介在社会的所有领域中都为个体样貌的制度化提供了一个至关重要的框架。由于媒介成为生活方式和道德导向发展以及维持社会关系的资源,它们致力于再生产和发展个体的惯习。而无论我们认为上述个体样貌的制度化是积极或是消极,是"一致的模式"还是"创造性模式",则完全是另一个难题:这里,我们的讨论仅仅着眼于媒介的整合功能。诚如理斯曼所指出的,为了获得自主性,他人导向的性格需要朋友。我们可以补充的是,他/她也越来越需要媒介。

第七章

后记：媒介化的结果和政策

一、多样化结果

在本书中，我们通过若干层面对媒介化过程进行了理论梳理和实证研究。在第一、二章的理论讨论中，我们将媒介化描绘为与城市化、全球化和个体化等同的、高度现代性的一个主要变迁过程。媒介化被定义为文化和社会越来越多地依赖于媒介及其逻辑的过程，这一过程进而体现着二元性，亦即媒介在社会中获得半独立机构地位的同时，也被整合进其他社会机构和文化领域的社会生活中。在三至五章中，我们探索了特定机构语境下的媒介影响，而在第六章中，我们跨越单一的机构语境，考察了高度现代性中个人主义的发展。准确地说，恰恰因为媒介已然整合进社会，其影响也依赖于媒介使用的具体语境。诚如此前章节所示，媒介化可能产生无法忽视的影响，也可能带来大相径庭的结果，而这均取决于具体的社会机构或现象——如政治、宗教、游戏或惯习。表 7.1 概括了不同机构和现象中媒介化关键性的结果。

表 7.1 不同社会和文化机构与现象下媒介化的关键特点与结果

政治媒介化	媒介成为舆论产业以及公开认可的政治观点与行动的仲裁者 媒介影响政治日程设置进程 政治传播的延伸网络 政治的对话化和个人化 基于媒介的政治评论员新阶层
宗教媒介化	媒介成为有关宗教信息和经验的主要来源 三种形式的媒介化宗教： • 宗教媒介 • 宗教新闻业 • 世俗宗教 媒介的功能包含迄今为止的教堂综合社会功能，如社群、仪式、道德建议等。

（续表）

游戏媒介化	媒介产业、玩具产业和广告产业之间日益增加的彼此依赖 游戏的想象化 游戏的叙事化 游戏的虚拟化
惯习媒介化	惯习在当代世界中无处不在的监控下得以再生产 媒介网络对于个体的认可，从而实现社会整合 软性个人主义和弱社会联系日益增长的重要性

我们在本书中采取了媒介化的制度性视角，以期在中观层面分析社会和文化的转型。这一目的在于理解文化和社会的长期变迁，并同时辨识其在不同社会领域中发展的复杂性。通过将媒介化理论确立为一种中层理论，我们试图避免下述两种缺陷：以宏观理论为典型的宏大叙事和以微观分析为典型的异质化分析。

中观层面的制度化视角允许我们概括微观社会交往的场景语境，却无法就总体上媒介如何在时间、空间、语境的宏观层面对媒介的文化和社会影响进行总结。对于最终的分析而言，抽象的意义并不在于解决理论化问题，而是实证性问题的探讨，因为，任何概括性表述都必须在实证中得到验证。在现实中，我们所强调的理论的"中观层面"的发展介于微观、中观和宏观之间的不同范围，并依赖于所考察的特定问题和情境。不仅如此，一个以理论为出发点的中观层面路径同时有着诠释的功能，因为其目的在于立足于特定的制度框架，从而探讨时空变迁的系统模式。与此同时，这种路径也对过度抽象化持怀疑的立场，后者忽视了社会和文化的区别以及媒介与其他社会因素的相互作用。

在上述讨论的基础上，媒介化理论**不**应被理解为由媒介独自创造或决定的"媒介社会"理论。相反，媒介化理论反映了一个社会学的框架，其间考察媒介如何在高度现代性的具体历史阶段中发展成为社会中的半独立机构，与此同时融入其他种种社会和文化机构之中；审视媒介如何通过差异化、整合化及与其他社会文化制度互动的过程，以多种方式影响社会。这是因为，媒介化总是与某一特殊历史时期有关，并与其他社会文化发展互为条件，这种发展并不"天生"或必然。同样，我们也可以想象特殊社会机构的**去**媒介化可能，即其较少受到媒介影响，而是更多受到其他类型控制逻辑的左右。例如，"全球反恐战争"在某些情况下已经削弱了新闻媒介的独立性，而使得政治、宗教和军事特权在对恐怖主义、战争和冲突的影响中占主导地位。

二、媒介政治：宏观与微观

今天，随着媒介在社会中获得更大的独立性，它进一步受到专业和商业因素操控，而非被其他社会、文化机构的利益所左右。媒介建构了社会经验的共同世界，且不断地促进机构、群体和个人之间的传播与互动。尽管如此，将媒介视为如同服装或鞋类生产之类的商业活动还为时尚早。这是因为，媒介有着至关重要的社会和文化功能，其使得社会得以理解自身，并以集体的方式开展活动——无论是在宏观的政治层面还是在家庭和朋友的微观层面。媒介化的过程使得文化和社会更依赖于媒介。与此同时，媒介则变得更加独立和商业化。媒介系统如何组织，以及不同媒介如何运作，均对其他机构服务于社会与文化的能力更为重要。媒介政策的问题，如哪种媒介公司主导特定的媒介部分、何种资源对多样化和媒介内的内容生产和分配有效，以及谁能接触到这些资源等，上述这些问题不仅对媒介自身，也对社会其他机构日益重要。正如柯兰等（Curran et al.，2009）在比较研究中所呈现的，新闻媒介的政治经济结构（即商业、公共服务或两者的组合）着实对提供给大众的信息种类和数量带来不同。从传统意义上而言，媒介政策主要关注两个问题：对充分知情的政治审议的推动和对民众中的"弱势"群体，尤其是儿童和年轻人的保护。在当前媒介融合的媒介化环境下，媒介政策必须扩展其范围，并考虑国内和国际媒介结构与资源如何促进——或消解——种种社会文化机制中的核心集体功能。

与此同时，随着媒介成为诸如家庭或教育的其他社会机构运作的内在部分，传统的媒介政策已经不再适用于现实情形。作为对"宏观"社会媒介政策——如媒介市场管理、机构公共服务等——的补充，对公民社会的"微观"媒介政策的需求正不断增长。公民社会的媒介政策关系到媒介在微观社会单元中的使用，例如学校、工作场合、家庭等。由于媒介在社会和文化环境中无处不在，在日常生活语境中，我们需要考虑媒介应在何时可及、如何保持其对公众的开放性，这些问题均变得日益重要。尤为重要的是，上述都并非抽象问题，而是切中当前社会发展的核心。例如，旅途中我们需要拥有多少种不同媒介，从而保证家庭成员享受同行的愉快时光？工作时间内雇员应在何种程度上被允许使用私人媒介，管理人员应否监视员工的邮件或 Facebook 账号？

媒介是社会互动的庞大资源。但是，诚如第二章所述，其也使个体社会成员变得脆弱，尤其是交流的局内或局外人都能轻松进入或离开诸如家庭、工作场所、学校之内的对话与互动。继交流互动的虚拟化之后，社会活动的参与更少意味着物理实体的在场,而是成为各种可及的选项之一。为了以集体形式从事活动,家庭成员、同事或者教师、学生需要对当前情境达成共识。而为了实现这一共识,我们越来越多地应当考虑如何在特定情景下运用媒介。家庭、学校和工作场合正在试图对媒介使用施以多种规则,例如,禁止在教室使用移动电话,或限制在办公室使用 Facebook 等,这体现了公民社会中媒介政策形成与完善的过程。然而,这类的媒介政策通常基于临时性基础之上,且经常只包括"不允许使用媒介从事什么"的负面与限制性关注。公民社会的媒介政策更主要需要考虑媒介的授权、界定和结构影响,以及如何平衡个体需求和集体规范。这种针对生活"微观"领域的媒介政策不仅涉及明确规则的制定,也关系到在社会成员之间就如何以一种负责和开放的对话方式,以一种文明——社会建构——的方式最大限度地利用媒介。这显而易见地涉及规范及政策问题,诸如学校或工作场所的个体社会单元必然需要考虑其自身在社会其他机构中的规则、规范及实践的媒介政策。媒介的独特方式通过媒介化已逐渐影响到社会的宏观层面,但这并不意味着媒介是无法管控的。通过社会范围的宏观媒介政策与公民社会中微观单元的媒介政策,我们可以使媒介服务于文化及社会这一命题成为可能,而非相反。

参 考 文 献

Agger, G. (2005) *Dansk tv-drama* (*Danish Television Drama*), Frederiksberg: Samfundslitteratur.

Alexander, J. C. (1981) "The Mass News Media in Systemic, Historical, and Comparative Perspective", in Katz, E. and Szecskö, T. (eds) *Mass Media and Social Change*, Sage Studies in International Sociology; 22, London: Sage, pp.17–51.

Allern, S. (2007) "From Party Press to Independent Observers? An Analysis of Election Campaign Coverage Prior to the General Elections of 1981 and 2005 in Two Norwegian Newspapers", *Nordicom Review* 29(2): 63–79.

Allern, S. and Pollack, E. (eds) (2012) *Scandalous! The Mediated Construction of Political Scandals in Four Nordic Countries*, Gothenburg: Nordicom.

Allern, S. and Ørsten, M. (2011) "The News Media as a Political Institution", *Journalism Studies* 12(1): 92–105.

Allison, J., Jenks, C. and Prout, A. (1998) *Theorizing Childhood*, Cambridge: Polity Press.

Altheide, D.L. and Snow, R. P. (1979) *Media Logic*, Beverly Hills, CA: Sage.

—— (1988) "Toward a Theory of Mediation", in Anderson, J.A. (ed.) *Communication Yearbook*, 11: 194–223.

Anderson, B. (1991) *Imagined Communities: Reflections on the Origin and Spread of Nationalism*, London: Verso.

Annicelli, C. and Peterson, K. M. (2008) "Properties, Properly. A Decade Later, LEGO's Licensed Lines Still Growing", *Playthings* 4(12): 11.

Ariès, P. (1962) *Centuries of Childhood, A Social History of Family Life*, New York: Vintage Books.

Asp, K. (1986) *Mäktiga massmedier: Studier i politisk opinionsbildning* (*Powerful Mass Media: Studies in Political Opinion Formation*), Stockholm: Akademilitteratur.

—— (1990) "Medialization, Media Logic and Mediarchy", *Nordicom Review* 11(2): 47–50.

Aubert, V. (1975) *Sosiologi* (*Sociology*), Oslo: Universitetsforlaget.

Auslander, P. (1999) *Liveness: Performance in a Mediatized Culture*, London: Routledge.

Austin, J.L. (1962) *How to Do Things with Words*, Oxford: Clarendon.

Barrett, J. L. (2004) *Why Would Anyone Believe in God?*, Walnut Creek: AltaMira.

Baudrillard, J. (1981) *For a Critique of the Political Economy of the Sign*, St. Louis, Mount: Telos Press.

—— (1994) *Simulacra and Simulations*, Ann Arbor: University of Michigan Press.

—— (1995) *The Gulf War Did Not Take Place*, Bloomington: Indiana University Press.

Beck, U. (1992) *Risk society: Towards a New Modernity*, London: Sage.

Bellah, R. N., Madsen, R., Sullivan, W. M., Swidler, A., and Tipton, S. M. (1985) *Habits of the Heart: Individualism and Commitment in American Life*, Berkeley: University of California Press.

Bennett, T., Savage, M., Silva, E., Warde, A., Gayo-Cal, M., and Wright, D. (2006) *Media*

Culture. The Social Organisation of Media Practices in Contemporary Britain, British Film Institute. Online. Available HTTP: <http://www.bfi.org.uk/about/pdf/social-org-media-practices.pdf.> (accessed 26 May 2012)

Berger, P., Sacks, J., Martin, D., Weiming, T., Weigel, G., Davie, G. and An-Naim, A. (eds) (1999) *The Desecularization of the World: Resurgent Religion and World Politics*, Washington DC: Ethics and Public Policy Center.

Bergmann, J.R. (1993) *Discreet Indiscretions: The Social Organisation of Gossip*, New York: Aldine de Gruyter.

Billig, M. (1995) *Banal Nationalism*, London: Sage.

—— (2005) *Laughter and Ridicule*, London: Sage.

Blumer, H. (1954) "What is Wrong with Social Theory?'", *American Sociological Review*, 19(1): 3–10.

Blumler, J. G. and Gurevitch, M. (1981) "Politicians and the Press: An Essay on Role Relationships", in Nimmo, D. D. and Sanders, K. R. (eds) *Handbook of Political Communication*, Beverly Hills, CA: Sage, pp.467–497.

Blumler, J. G. and Katz, E. (eds) (1974) *The Uses of Mass Communications, Current Perspectives on Gratifications Research*, Beverly Hills, CA: Sage.

Bogason, P. (2001) *Fragmenteret forvaltning: demokrati og netværksstyring i decentraliseret lokalstyre* (*Fragmented Government: Democracy and Network Governance in Decentralized Local Government*), Århus: Systime.

Bohen, C. (2006) "Building Blocks. Construction Toys Hold Their Own in Today's Tech-Cracy Toy Market", *Playthings* 5(12): 16–17.

Bomholt, J. (1964) *Stil Ind: DR Årbogen 1963–64* (*Tune in: Denmark's Radio's Yearbook 1963–64*), Copenhagen: DR.

Bondebjerg, I. (2007) "Power and Personality: Politicians on the World Wide Web", *Northern Lights* 5(1): 119–140.

Boudon, R. (1991) "Review: What Middle-Range Theories are", *Contemporary Sociology* 20(4): 519–522.

Bourdieu, P. (1993) *The Field of Cultural Production: Essays on Art and Literature*, Cambridge: Polity Press.

—— (1998a) *Distinction: a Social Critique of the Judgement of Taste*, London: Routledge.

—— (1998b) *On Television*, London: Pluto Press.

—— (1998c) *Practical Reason. On the Theory of Action*, Cambridge: Polity.

—— (2005) "The Political Field, The Social Science Field, and Journalistic Field", in Benson, R. and Neveu, E. (eds) *Bourdieu and the Journalistic Field*. Cambridge: Polity Press, pp.29–47.

Bovill, M. and Livingstone, S. (2001) "Bedroom Culture and the Privatization of Media Use", in Livingstone, S. and Bovill, M. (eds) *Children and their Changing Media Environment: A European Comparative Study*. Mahwah, N.J.: Lawrence Erlbaum Associates, pp.179–200.

Boyer, P. (2001) *Religion Explained: The Human Instincts that Fashion Gods, Spirits and Ancestors*, London: William Heinemann.

Bremond, C. (1973) *Logique du récit* (*Logic of the Narrative*), Paris: Éditions du Seuil.

Brincker, B. (2003) "Clash of Communities: A Study of the LEGO product Bionicle", paper presented at the conference New Media, Technology and Everyday Life in Europe, London, April 2003.

Brown, S. (2003) *Crime and Law in Media Culture*, Buckingham: Open University Press.

Bruce, S. (2002) *God is Dead: Secularization in the West*, Oxford: Blackwell.

Bruns, A. (2005) *Gatewatching: Collaborative Online News Production*, New York: Peter Lang.

—— (2008) "The Active Audience: Transforming Journalism", in Paterson, C. and Domingo, D. (eds) *Making Online News. The Ethnography of New Media Production*, New York: Peter Lang.

Buckingham, D. (2000) *After the Death of Childhood. Growing Up in the Age of Electronic Media*, Cambridge: Polity Press.

Byskov, S. (1997) *Tro, håb og legetøj: landsbyfolk og industrieventyr i Billund 1920－1980* (*Faith, Hope, and Toys: Village People and Industrial Adventure in Billund 1920－1980*), Grindsted: Overgaard Bøger.

Campbell, C. (1987) *The Romantic Ethic and the Spirit of Modern Consumerism*, Oxford: Basil Blackwell.

Campbell, H. A. (2010) *When Religion Meets New Media*, New York: Routledge.

Carey, J. (1989) *Communication as Culture: Essays on Media and Society*, Winchester, MA: Unwin Hyman.

Castells, M. (1996) *The Information Age: Economy, Society and Culture*, vol. 1－3, Oxford: Blackwell.

—— (2001) *The Internet Galaxy, Reflections on Internet, Business, and Society*, Oxford: Oxford University Press.

—— (2009) *Communication Power*, New York: Oxford University Press.

Christensen, C. L. (1986) "Krop og form — et spørgsmål om stil" ("Body and Form — A Question of Style"], in *Slidser. En bog om mode* (*Slits — A Book about Fashion*). Aarhus: Modtryk, pp.55-72.

—— (2006) "Børne-og ungdoms-tv" (*Television for Children and Youth*), in Hjarvard, S. (ed.) *Dansk tv's historie* (*The History of Danish Television*) Frederiksberg: Samfundslitteratur, pp.65-104.

—— (2008) "Livsstil som tv-underholdning" ("Lifestyle as TV entertainment"), *MedieKultur* 24 (45): 23-36.

Christensen, H. R. (2010) *Religion and Authority in the Public Sphere, Representations of Religion in Scandinavian Parliaments and Media*, Ph.D. dissertation, Aarhus: Dept. of Theology.

—— (2012) "Mediatization, Deprivatization, and Vicarious Religion: Coverage of Religion and Homosexuality in the Scandinavian Mainstream Press", in Hjarvard, S. and Lövheim, M. (eds) *Mediatization and Religion: Nordic Perspectives*, Gothenburg: Nordicom, pp.63-78.

Clark, L. S. (2005) *From Angels to Aliens: Teenagers, the Media, and the Supernatural*, Oxford: Oxford University Press.

Cohen, B. C. (1963) *The Press and Foreign Policy*, Princeton: Princeton University Press.

Cohen, J., Tsfati, Y. and Sheafer, T. (2008) "The Influence of Presumed Media Influence in Politics. Do Politicians' Perception of Media Power Matter?", *Public Opinion Quarterly* 72(2): 331-344.

Cook, D. T. and Kaiser, S. B. (2004) "Betwixt and be Tween: Age Ambiguity and the Sexualization of the Female Consuming Subject", *Journal of Consumer Culture* 4(2): 203-227.

Cook, T. C. (1998) *Governing with the News. The News Media as a Political Institution*, Chicago: University of Chicago Press.

Coontz, S. (2000) *The Way We Never Were. American Families and the Nostalgia Trap*, New York: Basic Books.

Corner, J. (2003) "Mediated Persona and Political Culture", in Corner, J. and Pels, D. (eds) *Media and the Restyling of Politics*. London: Sage, pp.67–84.

—— (1996) *LEGO manden — historien om Godtfred Kirk Christiansen* (*The LEGO Figure — The History of Godtfred Kirk Christiansen*), Copenhagen: Børsen.

Cottle, S. (1999) "From BBC Newsroom to BBC News Centre: On Changing Technology and Journalist Practices", *Convergence: Journal of New Information and Communication Technologies*, 5 (3): 22–43.

—— (2006a) *Mediatized Conflict*, Maidenhead: Open University Press.

—— (2006b) "Mediatized Rituals: Beyond Manufacturing Consent", *Media, Culture & Society* 28 (3): 411–432.

Couldry, N. (2003a) "Media Meta-Capital: Extending the Range of Bourdieu's Field Theory", *Theory and Society* 32(5/6): 653–677.

—— (2003b) *Media Rituals: A Critical Approach*, London: Routledge.

—— (2008) "Mediatization or Mediation? Alternative Understandings of the Emergent Space of Digital Storytelling", *New Media & Society* 10(3): 439–457.

—— (2012) *Media, Society, World. Social Theory and Digital Media Practice*, Cambridge: Polity.

Cross, G. (1997) *Kids' Stuff. Toys and the Changing World of American Childhood*, Cambridge, MA: Harvard University Press.

Crystal, D. (2011) *Internet Linguistics, a Student Guide*, London: Routledge.

Curran, J., Lyengar, S., Lund, A. B. and Salovaara-Moring, I. (2009) 'Media System, Public Knowledge and Democracy: A Comparative Study', *European Journal of Communication* 24(1): 5–26.

Dahlgren, P. (2006) "Doing Citizenship. The Cultural Origins of Civic Agency in the Public Sphere", *Cultural Studies* 9(3): 267–286.

Dansk Folkeparti (2001) *Valgkampsvideo* (*Danish People's Party: Election Campaign Video*).

Dayan, D. and Katz, E. (1992) *Media Events: The Live Broadcasting of History*, Cambridge: Harvard University Press.

De Mesa, A. (2008) "Toy Brands Don't Play Around in Virtual Worlds". Online. Available HTTP: <www.brandchannel.com/features_effect.asp? pf_id=430> (accessed 18 June 2012).

Demerath III, N. J. (2003) "Secularization Extended: From Religious 'Myth' to Cultural Commonplace", in Fenn, R.K. (ed.) *Sociology of Religion*, Oxford: Blackwell, pp.211–228.

Deuze, M. (2007) *Media Work*, Cambridge: Polity Press.

Dewey, J. (1927) *The Public and its Problems*, New York: Henry Holt.

Djerf-Pierre, M. and Weibull, L. (2001) *Spegla, granska, tolka* (*Mirroring, Investigating, Interpreting*), Stockholm: Prisma.

Dobbelaere, K. (2002) *Secularization: An Analysis at Three Levels*, Bruxelles: P.I.E.-Peter Lang.

Eide, M. (1992) *Den fjerde servicemakt* (*The Fourth Service Estate*), Bergen: Institutt for massekommunikasjon, University of Bergen.

Eide, M. and Knight, G. (1999) "Public/Private Service: Service Journalism and the Problems of Everyday Life", *European Journal of Communication* 14(4): 525−547.

Eisenstein, E. L. (1979) *The Printing Press as an Agent of Change*, Cambridge, MA: Cambridge University Press.

Elias, N. (1939; 1978) *The Civilizing Process*, vol.1−2, Oxford: Blackwell.

Elkind, D. (1981; 2007) *The Hurried Child: Growing Up Too Fast, Too Soon*, Cambridge, MA: Da Capo Press.

Engelhardt, T. (1986) "The Shortcake Strategy", in Gitlin, T. (ed.) *Watching Television*, New York: Pantheon.

Entman, R. M. (1993) "Framing: Toward Clarification of a Fractured Paradigm", *Journal of Communication* 43(4): 51−58.

ESA (2012) *Essential Facts About the Computer and Video Game Industry*. Report published by the Entertainment Software Industry (ESA). Online. Available HTTP: <http://esa.createsend2. com/t/y-i-jrxmk-l-i/> (accessed 12 May 2012).

European Parliament (2009) *Report on the Protection of Consumers, in Particular Minors, in Respect of the use of Video Games*, Report no.2008/2173 (INI), Brussels: Committee on the Internal Market and Consumer Protection.

Fairclough, N. (1995) *Media Discourse*, London: Arnold.

Fenton, N. (2010) *New Media, Old news, Journalism and Democracy in the Digital Age*, London: Sage.

Fischer, C. S. (1992) *America Calling. A Social History of the Telephone to 1940*, Berkeley: University of California Press.

Florida, R. (2004) *The Rise of the Creative Class, and How it's Transforming Work, Leisure, Community and Everyday Life*, New York: Basic Books.

Fornäs, J. (1995) *Cultural Theory and Late Modernity*, London: Sage.

Friesen, N. and Hug, T. (2009) "The Mediatic Turn: Exploring Concepts for Media Pedagogy", in K. Lundby (ed.) *Mediatization, Concept, Changes, Consequences*, New York: Peter Lang, pp.63−83.

Fromm, E. (1941; 1965) *Escape From Freedom*. New York: Avon Books.

Galal, E. (2002) "Al-Jazeera — Borgerlig offentlighed i den arabiske medieverden" ("Al-Jazeera: Public Sphere in the Arab Media World"), in Qvortrup, L.(ed.) *Mediernes 11. September (The Media's 9/11)*, Copenhagen: Gyldendal, pp.101−115.

—— (2008) "Magic Spells and Recitation Contests: The Quran as Entertainment on Arab Satellite Television", *Northern Lights. Film and Media Studies Yearbook* 6(1): 181−196.

Galal, E. and Spielhaus, R. (2012) "Covering the Arab Spring: Middle East in the Media — the Media in the Middle East", *Global Media Journal*, German Edition, 2(1): 1−6.

Ghanem, S. (1997) "Filling in the Tapestry: The Second Level of Agenda-Setting", in McCombs, M., Shaw, D.L. and Weaver, D. (eds) *Communication and Democracy*. Mahwah, NJ: Lawrence Erlbaum, pp.3−15.

Gibson, J. J. (1979) *The Ecological Approach to Visual Perception*, Boston: Houghton Mifflin.

Giddens, A. (1984) *The Constitution of Society*, Cambridge: Polity.

—— (1990) *The Consequences of Modernity*, Cambridge: Polity.

—— (1991) *Modernity and Self-identity*, Cambridge: Polity Press.

—— (1992) *The Transformation of Intimacy: Sexuality, Love, and Eroticism in Modern Societies*, Palo Alto: Stanford University Press.

Gilhus, I.S. and Mikaelsson, L. (1998) *Kulturens refortrylling: Nyreligiøsitet i moderne samfunn (The Re-enchantment of Culture: New Religions in Modern Societies)*, Oslo: Universitetsforlaget.

Gjøls-Andersen, P. (2001) *A Case Study of the Change of Brand Strategy in Lego from a Focus on the Famous Building Brick to Introducing a Broad Variety of Lego Products in the Children's Universe*, Ph.D.-series no.18.2001, Copenhagen: Copenhagen Business School.

Goffman, E. (1956) *The Presentation of Self in Everyday Life*, Edinburgh: University of Edinburgh.

Granovetter, M. (1973) "The Strength of Weak Ties", *American Journal of Sociology* 78(6): 1360–1380.

Greimas, A. J. (1974) *Struktural Semantik (Structural Semantics)*, Copenhagen: Borgen.

Gripsrud, J. and Weibull, L. (eds) (2010) *Media, Markets & Public Spheres*, Bristol: Intellect Press.

Gulati, G. J., Just, M. R. and Crigler, A. (2004) "News Coverage of Political Campaigns", in Kaid, L.L. (ed.) *Handbook of Political Communication Research*, Mahwah, NJ: LEA, pp.237–256.

Gunther, A. C. and Storey, J. D. (2003) "The Influence of Presumed Influence", *Journal of Communication* 35(2): 199–215.

Habermas, J. (1962; 1989) *The Structural Transformation of the Public Sphere*, Cambridge: Polity Press.

—— (1990) "Vorwort" ("Introduction"), in Habermas, J. *Strukturwandel der Öffentlichkeit (The Structural Transformation of the Public Sphere)*, Frankfurt a.M.: Suhrkamp, pp.11–50.

Hallin, D. and Mancini, P. (2004) *Comparing Media Systems*, Cambridge: Cambridge University Press.

Hansen, O. S. (1997) *LEGO og Godtfred Kirk Christiansen (LEGO and Godtfred Kirk Christiansen)*, Frederiksberg: Bogfabrikken.

Hart, P. and Fairness & Accuracy in Reporting (FAIR) (2003) *The 'Oh really?' Factor, Unspinning Fox News Channel's Bill O'Reilly*, New York: Seven Stories Press.

Hartley, J. (2009) "Journalism and Popular Culture", in Wahl-Jørgensen, K. and Hanitzsch, T. (eds) *The Handbook of Journalism Studies*, London: Routledge, pp.310–324.

Hemmingsen, M. and Sigtenbjerggaard, M. (2008) "Tre i en: Rollen som politisk kommentator" ("Three in One: The Role as Political Commentator"), *Politik* 11(4): 72–83.

Hendershot, H. (1999) "Sesame Street: Cognition and Communications Imperialism", in Kinder, M. (red.) *Kids' Media Culture*, Durham: Duke University Press, pp.139–177.

Hepp, A. (2012) "Mediatization and the 'Moulding Force' of the Media", *Communications* 37(1): 1–28.

Hernes, G. (1978) "Det mediavridde samfunn" ("The Media-Twisted Society"), *Samtiden* 86(1): 1–14.

Hills, M. (2002) *Fan Cultures*, London: Routledge.

Hjarvard, S. (1999) *Tv-nyheder i konkurrence (Television News in Competition)*, Frederiksberg: Samfundslitteratur.

—— (2001) "News Media and the Globalization of the Public Sphere", in Hjarvard, S. (ed.) *News in a Globalized Society*, Göteborg: Nordicom, pp.17–39.

—— (2002a) "Simulated Conversations: The Simulation of Interpersonal Communication in Electronic Media", in Jerslev, A. (ed.). *Realism and 'Reality' in Film and Media*: Northern Lights 2002. Copenhagen: Museum Tusculanum Press, pp.227−252.

—— (2002b) "Seernes reality" ("The Audience's Reality"), *MedieKultur* 18(34): 92−109.

—— (2003) "A Mediated World: The Globalization of Society and the Role of Media", in Hjarvard, S. (ed.) Media in a Globalized Society, Copenhagen: MTP Press, pp.15−53.

—— (2004a) "The Globalization of Language. How the Media Contribute to the Spread of English and the Emergence of Medialects", *Nordicom Review* 25(1−2): 75−97.

—— (2004b) "From Bricks to Bytes. The Mediatization of a Global Toy Industry", in Bondebjerg, I. and Golding, P. (eds) *European Culture and the Media*, Bristol: Intellect Books, pp.43−63.

—— (2005) *Det selskabelige samfund* (*A Culture of Sociability*), Frederiksberg: Samfundslitteratur.

—— (2008a) "The Mediatization of Society, A Theory of the Media as Agents of Social and Cultural Change", *Nordicom Review* 29(2): 105−134.

—— (2008b) "The Mediatization of Religion, A Theory of the Media as Agents of Religious Change", *Northern Lights* 2008. Bristol: Intellect Press.

—— (2010a) "Die Mediendynamik der Mohammed-Karikaturen-Krisen" ("The Media Dynamics of the Mohammed Cartoon Crisis"), in Hepp, A., Höhn, M., and Wimmer, J. (eds) *Medienkultur im Wandel* (*Changing Media Culture*), Konstanz: UVK Verlagsgesellschaft, pp.169−180.

—— (2010b) "The Views of the News: The Role of Political Newspapers in a Changing Media Landscape", *Northern Lights* 8(1): 25−48.

—— (2011) "The Mediatization of Religion: Theorising Religion, Media and Social Change", *Culture and Religion* 12(2): 119−135.

—— (2012a) "Three Forms of Mediatized Religion: Changing the Public Face of Religion", in Hjarvard, S. and Lövheim, M. (eds) *Mediatization and Religion: Nordic Perspectives*. Gothenburg: Nordicom, pp.21−44.

—— (2012b) "Media and Communication Studies in a Mediatized World", *Nordicom Review* 33(1): xx-xx.

Hjarvard, S. and Lövheim, M. (eds) (2012) *Mediatization and Religion: Nordic Perspectives*, Gothenburg: Nordicom.

Hobsbawm, J. and Lloyd, J. (2008) *The Power of the Commentariat*, London: Editorial Intelligence, Ltd.

Honneth, A. (1996) *The Struggle for Recognition: The Moral Grammar of Social Conflicts*, Cambridge: Polity Press.

Hoover, S.M. (2006) *Religion in the Media Age*, London: Routledge.

Horkheimer, M. and Adorno, T. W. (1944; 1989) *Dialectic of enlightenment*, London: Verso.

Horsfield, P. (forthcoming) "The Ecology of Writing and the Shaping of Early Christianity", in Lundby, K. (ed.) *Religion Across Media. From Early Antiquity to Late Modernity*. New York: Peter Lang.

Horten, G. (2011) "The Mediatization of War: A Comparison of the American and German Media Coverage of the Vietnam and Iraq Wars", *American Journalism* 28(4): 29−53.

Horton, D. and Wohl, R. (1956) "Mass Communication and Para-Social Interaction: Observation on Intimacy at a Distance", *Psychiatry* 19, pp.215-29.

http://www.LEGO.com.

Hughes, T. P. (1994) "Technological Momentum", in Smith, M. R. and L. Marx, (eds), *Does Technology Drive History? The Dilemma of Technological Determinism*, Cambridge, MA: MIT Press, pp.101-113.

Hutchby, I. (2001) "Technologies, Texts and Affordances", *Sociology* 35(2): 441-456.

—— (2003) "Affordances and the Analysis of Technologically Mediated Interaction: A Response to Brian Rappert", *Sociology* 37(3): 581-589.

Hymowitz, K. (2000) *Ready or Not: Why Treating Children as Small Adults Endangers Their Future- and Ours*, San Francisco: Encounter Books.

Højsgaard, M.T. and Warburg, M. (eds) (2005) *Religion and Cyberspace*, London: Routledge.

Høybye, A., Buchhace, B., Lund, M. and Wagner, S. (eds) (2007) *Politisk spin* (*Political Spin*), Copenhagen: Akademisk.

Inglehart, R. (1990) *Culture Shift in Advanced Industrial Society*. Princeton, NJ: Princeton University Press.

Inglehart, R. and Welzel, C. (2005) *Mediatization, Cultural Change, and Democracy — The Human Development Sequence*, Cambridge: Cambridge University Press

Innis, H. A. (1951) *The Bias of Communication*, Toronto: University of Toronto Press.

Jamieson, C. H. (1988) *Eloquence in an Electronic Age. The Transformation of Political Speechmaking*, Oxford: Oxford University Press.

Jenkins, H. (1992a) *Textual Poachers: Television Fans & Participatory Culture*, New York: Routledge.

—— (1992b) "'Strangers No More, We Sing': Filking and the Social Construction of the Science Fiction Fan Community", in Lewis, L. (ed.) *The Adoring Audience: Fan Culture and Popular Media*, London: Routledge, pp.208-237.

Jenkins, H. and Thorburn, D. (eds) (2003) *Democracy and New Media*. Cambridge, MA: MIT Press.

Jensen, K. B. (forthcoming) "Definitive and Sensitizing Conceptualizations of Mediatization", *Communication Theory*.

Jenssen, A.T. and Aalberg, T. (eds) (2007). *Den medialiserte politikken* (*Mediatized Politics*), Oslo: Universitetsforlaget.

John, D. R. (1999) "Consumer Socialization of Children: A Retrospective Look at Twenty-Five Years of Research", *Journal of Consumer Research* 26: 183-213.

Karmark, E. (2002) *Organizational Identity in a Dualistic Subculture — A Case Study of Organizational Identity Formation in Lego Media International*, Ph.D.-series 22. 2002. Copenhagen: Copenhagen Business School.

Kaun, A. (2011) "Mediatization versus Mediation: Contemporary Concepts under Scrutiny. Research Overview from Riksbankens Jubileumsfond", in: Fornäs, J. and Kaun, A. (eds) *Medialisering av kultur, politik, vardag och forskning: Slutrapport från Riksbankens Jubileumsfonds forskarsymposium i Stockholm 18-19 augusti 2011* (*Mediatization of Culture, Politics, Everyday Life and Research: Final Report from Riksbankens Jubileumsfond's Research Symposium in Stockholm, 18-19 August 2011*), Södertörn: Medierstudier vid Södertörn, pp.16-38. Online. Available HTTP: <

http：//urn.kb.se/resolve? urn＝urn：nbn：se：sh：diva-12829 ＞（accessed 28 June 2012）.

Kitch, C.（2003）"Mourning in America：Ritual, Redemption, and Recovery in News Narrative after September 11", *Journalism Studies* 4（2）：213–224.

Kline, S.（1993）*Out of the Garden. Toys, TV, and Children's Culture in the Age of Marketing*, London：Verso.

—— （1995a）"The Play of the Market：On the Internationalization of Children's Culture", *Theory, Culture & Society* 12（2）：103–129.

—— （1995b）"The Promotion and Marketing of Toys：Time to Rethink the Paradox?", in Pellegrini, A. D.（red.）*The Future of Play Theory*, Albany：State University of New York Press, pp.165–187.

—— （1999）"Toys as Media：The Role of Toy Design, Promotional TV and Mother's Reinforcement in the Young Males（3–6）Acquisition of Pro-social Play Scripts for *Rescue Hero Action Toys*", paper presented to the ITRA Conference in Halmstadt, Sweden.

Koch, H.（1945）*Hvad er demokrati?（What is Democracy?）*, Copenhagen：Samvirke serien.

Kristensen, N. N.（2000）"Journalistik som profession：Om journalistens rolleplacering i et professionssociologisk perspektiv"（"Journalism as a profession：On the Role of the Journalist Seen from the Sociology of Profession"）, in *Sekvens 2000：Årbog for Film — & Medievidenskab*, Copenhagen：University of Copenhagen, 159–184.

—— （2006）"Spin in the Media — the Media in a（Self-）Spin?", *Tidsskriftet Politik* 9（2）：54–63.

Kristiansen, K. K.（1978）"Indlæg til Marts-konferencen"（"Contribution at March Conference"）. March 7, 1978. Billund：LEGO.

Krotz, F.（2007a）*Mediatisierung: Fallstudien zum Wandel von Kommunikation（Mediatization: Case Studies of Communicative Change）*. Wiesbaden：VS Verlag für Socialwissenschaften.

—— （2007b）"The Meta-Process of Mediatization as a Conceptual Frame", *Global Media and Communication* 3（3）：256–260.

Krotz, F.（2009）"Mediatization：A Concept with Which to Grasp Media and Societal Change", in Lundby, K.（ed.）. *Mediatization: Concept, Changes, Consequences*, New York：Peter Lang, pp.21–40.

Kunelius, R., Eide, E., Hahn, O., and Schrøder, R.（eds）（2007）*Reading the Mohammed Cartoons Controversy*. Bochum/Freiburg：Projekt Verlag.

Kaare, B. H. & Lundby, K.（2008）"Mediatized Lives. Autobiography and Assumed Authenticity in Digital Storytelling", in Lundby, K.（ed.）*Digital Storytelling, Mediatized Stories*, New York：Peter Lang, pp.105–122.

Langer, A. I.（2007）"A Historical Exploration of the Personalisation of Politics in the Print Media：The British Prime Ministers（1945–1999）", *Parliamentary Affairs* 60（3）：371–387.

—— （2010）"The Politicization of Private Persona：Exceptional Leaders or the New Rule? The Case of United Kingdom and the Blair Effect", *International Journal of Press/Politics* 15（1）：60–76.

Lauwaert, M.（2007）*The Place of Play. On Toys, Technological Innovations and Geographies of Play*, Ph.d.-dissertation, Maastricht：Maastricht University.

Lazarsfeld, P. F.; Berelson, B. and Gaudet, H.（1944）*The People's Choice: How the Voter Makes Up His Mind in a Presidential Campaign*, New York：Columbia University Press,

LEGO (1982) *50 år i leg* (*Fifty Years in Play*), Billund: LEGO.

Lewis, J. (ed.) (2003) *The Encyclopaedic Sourcebook of UFO Religion*, New York: Prometheus Books.

Liebes, T. and Katz, E. (1990) *The Export of Meaning, Cross-Cultural Readings of Dallas*, New York: Oxford University Press.

Lindhardt, J. (2004) "Overtro er det glade vrøvl" ("Superstition is Sheer Nonsense"), *Dagbladet Politiken*, 3 January.

Ling, R. (2008) *New Tech, New Ties, How Mobile Communication is Reshaping Social Cohesion*, Cambridge, Mass.: The MIT Press.

Lippmann, W. (1922; 1992) *Public Opinion*, New York: Free Press.

—— (1925; 1993) *The Phantom Public*, Brunswick, N.J.: Transaction Publishers.

Livingstone, S. (2009) "On the Mediation of Everything: ICA Presidential Address 2008", *Journal of Communication* 59(1): 1–18.

Livingstone, S., Haddon, L., Görzig, A., and Ólafsson, K. (2011) *Risks and Safety on the Internet: The Perspective of European Children. Full Findings*. LSE, London: EU Kids. Online. Available HTTP: <http://www2.lse.ac.uk/media@lse/research/EUKidsOnline/EU%20Kids%20Online%20reports.aspx> (accessed 13 June 2012).

Lowenthal, L. (1961) *Literature, Popular Culture, and Society*, Englewood Cliffs: Prentice-Hall.

Lull, J. (1990) *Inside Family Viewing, Ethnographic Research on Television's Audiences*, London: Routledge.

Lund, A. B. (2004) "Niche Nursing Political Networks: Priming and Framing before Spinning", *Modinet Working Paper* no.9, University of Copenhagen. Online. Available at HTTP: <http://www.modinet.dk/pdf/WorkingPapers/No9_Niche_Nursing_Political_Networks.pdf> (accessed 4 April 2012)

Lundby, K. (2009a) "Introduction: 'Mediatization' as Key", in Lundby, K. (ed.) Mediatization: Concept, Changes, Consequences, New York: Peter Lang, pp.1–18.

Lundby, K. (2009b) "Media Logic: Looking for Social Interaction", in Lundby, K. (ed.) *Mediatization: Concept, Changes, Consequences*, New York: Peter Lang, pp.101–119.

Lundby, K. and Lövheim, M. (eds) (forthcoming) Special issue on religion and media of *Journal for Religion and Society*, vol 26, 2013.

Lynch, G. (2011) "What Can We Learn from the Mediatization of Religion Debate?", *Culture and Religion*, 12(2): 203–210.

Lövheim, M. (2012) "A Voice of Their Own: Young Muslim Women, Blogs and Religion", in Hjarvard, S. and Lövheim, M. (eds) *Mediatization and Religion: Nordic Perspectives*, Gothenburg: Nordicom, pp.129–145.

Lövheim, M. and Axner, M. (2011) "Halal-TV: Negotiating the Place of Religion in Swedish Public Discourse", *Nordic Journal of Religion and Society* 24(1): 57–74

Lövheim, M. and Lynch, G. (2011) "The Mediatisation of Religion Debate: An Introduction", *Culture and Religion* 12(2): 111–117.

Maarek, P. J. (2011) *Campaign Communication and Political Marketing*, Oxford: Wiley-Blackwell.

McComb, M. (2004) *Setting the Agenda. The Mass Media and Public Opinion.* Cambridge: Polity.

McLuhan, M. (1964) *Understanding Media: The Extensions of Man*, London: Routledge and Kegan

Paul.

McManus, J. (1994) *Market-driven Journalism. Let the Citizens Beware?* Thousand Oaks, CA: Sage.

McNair, B. (2000) *Journalism and Democracy. An Evaluation of the Political Public Sphere*, London: Routledge.

Maffesoli, M. (1996) *The Time of the Tribes*, London: Sage.

March, J. G. and Olsen, J. P. (1989) *Rediscovering Institutions. The Organizational Basis of Politics*, New York: The Free Press.

Martin-Barbero, J. (1997) "Mass Media as a Site of Resacralization of Contemporary Culture", in Hoover, S. and Lundby, K. (eds) *Rethinking Media, Religion and Culture*, Thousand Oaks, CA: Sage, pp.102–116.

Marwick, A. E. and Danah, B. (2010) "I Tweet Honestly, I Tweet Passionately: Twitter Users, Context Collapse, and the Imagined Audience", *New Media & Society* 13(1): 114–133.

Mazzoleni, G. and Schultz, W. (1999) "'Mediatization' of Politics: A Challenge for Democracy?", *Political Communication* 16(3): 247–261.

Merton, R. K. (1946; 1971) *Mass Persuasion. The Social Psychology of a War Bond Drive*, Westport, Conn: Greenwood Press.

—— (1957) *Social Theory and Social Structure*, Glencoe, IL: Free Press.

Meyrowitz, J. (1986) *No Sense of Place: The Impact of Electronic Media on Social Behaviour*, New York: Oxford University Press.

—— (1993) "Images of Media: Hidden Ferment — and Harmony — in the Field", *Journal of Communication* 43(3): 55–66.

Middleton, R. (1990) *Studying Popular Music*, Milton Keynes: Open University Press.

Morley, D. (2000) *Home Territories, Media, Mobility and Identity*, London: Routledge.

Murdock, G. (1997) "The Re-Enchantment of the World: Religion and the Transformations of Modernity", in Hoover, S.M. and Lundby, K. (eds) *Rethinking Media, Religion and Culture*, London: Sage, pp.85–101.

—— (2008) "Re-Enchantment and the Popular Imagination: Fate, Magic and Purity", *Northern Lights. Film and Media Studies Yearbook* 6: 27–44.

Mutz, D. C. (1989) "The Influence of Perceptions of Media Influence: Third Person Effects and the Public Expression of Opinions", *International Journal of Public Opinion Research* 1(1): 3–23.

Møller, T. and Kiellberg, J. (2011) "Kommentatorer fylder mere og mere" ("Commentators Are Used Ever More Frequently"), InfoMedia analysis reproduced in *Politiken* 14.10.2011.

Negrine, R. (2008) *The Transformation of Political Communication. Continuities and Changes in Media and Politics*, Basingstoke: Palgrave.

Nimmo, D. and Combs, J. E. (1992) *The Political Pundits*, New York: Praeger.

Norman, D. (1990) *The Design of Everyday Things*, New York: Doubleday.

Norris, P. and Inglehart, R. (2004) *Sacred and Secular: Religion and Politics Worldwide*, Cambridge: Cambridge University Press.

Ong, W. J. (1982) *Orality and Literacy: The Technologizing of the Word*, London: Methuen.

Orton, J. D. and Weick, K. E. (1990) "Loosely Coupled Systems: A Reconceptualization", *Academy of Management Review* 15(2): 203–223.

Palmer, J. (2000) *Spinning into Control*, London: Leicester University Press.

Partridge, C. (2008) "The Occultural Significance of 'The Da Vinci Code'", *Northern Lights. Film and Media Studies Yearbook* 2008 6(1): 107-126.

Peck, J. (1993) *The Gods of Televangelism: The Crisis of Meaning and the Appeal of Religious Television*, Cresskill, NJ: Hampton Press.

Petersen, L. N. (2010) "American Television Fiction Transforming Danish Teenagers' Religious Imaginations", *Communications* 35(3): 229-247.

Petersen, L. N. (2012) "Danish 'Twilight' fandom: Transformative Processes of Religion", in Hjarvard, S. and Lövheim, M. (eds) *Mediatization and Religion: Nordic Perspectives*, Gothenburg: Nordicom, pp.163-182.

Pew Research Center (2010) "New Media, Old Media. How Blogs and Social Media Agendas Relate and Differ from Traditional Press", Report from the Pew Research Center's Project for Excellence in Journalism, May 23. Online. Available HTTP: <http://pewresearch.org/pubs/1602/new-media-review-differences-from-traditional-press> (accessed 3 May, 2012).

Plummer, K. (2003) *Intimate Citizenship — Private Decisions and Public Dialogues*, Seattle: University of Washington Press.

Postman, N. (1982) *The Disappearance of Childhood*, New York: Delacorte Press.

Poulsen, P. T. (1993) *LEGO — en virksomhed og dens sjæl* (*LEGO — A Company and Its Soul*), Copenhagen: Schultz.

Preiss, R. W., Gayle, B. M., Burrell, N., Allen, M. and Bryant, J. (2007) *Mass Media Effects Research — Advances Through Meta-Analysis*, Mahwah: Lawrence Erlbaum.

Preston, P. (2009) *Making the News. Journalism and News Cultures in Europe*, London: Routledge.

Pyssiäinen, I. and Anttonen, V. (eds) (2002) *Current Approaches in the Cognitive Science of Religion*, London: Continuum.

Reich, W. (1933; 1978) *The Mass Psychology of Fascism*, London: Penguin.

Richards, J., Wilson, S., and Woodhead, L. (eds) (1999) *Diana. The Making of a Media Saint*, London: I. B. Tauris Publishers.

Riesman, D. (1950) *The Lonely Crowd. A Study of the Changing American Character*, New Haven: Yale University Press.

Riesman, D. (1969) *The Lonely Crowd. A Study of the Changing American Character*, abbreviated edition with a new preface, New Haven: Yale University Press.

Ritzer, G. (1999) *Enchanting a Disenchanted World: Revolutionizing the Means of Consumption*, Thousand Oaks, CA: Pine Forge Press.

Robins, K. (2003) "Beyond Imagined Community? Transnational Media and Turkish Migrants in Europe", in Hjarvard, S. (ed.) *Media in a Globalized Society*, Copenhagen: Museum Tusculanum Press, pp.187-205.

Rogers, E. M. and Dearing, J. W. (1987) "Agenda-setting Research: Where Has It Been, Where is it Going?", in Anderson, J. A. (ed.) *Communication Yearbook* 11, Newbury Park, CA: Sage, pp.555-594.

Rosenfeldt, M.P. (2007) "Hvor meget fylder religion?" ("How Much Space does Religion Take Up?"), *Kritisk Forum for Praktisk Teologi* 109 (October), Copenhagen: Anis, pp.31-47.

Rothenbuhler, E. (1998) *Ritual Communication: From Everyday Conversation to Mediated Ceremony*, London: Sage.

Roux, B. L., Rouanet, H., Savage, M., & Warde, A. (2007) *Class and Cultural Division in the*

UK, CRESC Working Paper Series, no.40. Manchester: University of Manchester.

Ryfe, D. and Ørsten, M. (2011) "Introduction", Special Issue: Journalism as an Institution, *Journalism* 12(1): 3-9.

Rödder, S. and Schäfer, M. S. (2010) "Repercussions and Resistance, an Empirical Study of the Interrelation Between Science and Mass Media", *Communications* 35(3): 249-267.

Scannell, P. (1988) "Radio Times: The Temporal Arrangements of Broadcasting in the Modern World", in Drummond P. and Paterson, R. (eds) *Television and its Audience*, London: BFI, pp. 15-31.

—— (1996) *Radio, Television & Modern Life*, Oxford: Blackwell.

—— (2000) "For-Anyone-As-Someone Structures", *Media, Culture & Society* 22(1): 5-24.

Schudson, M. (1978) *Discovering the News, A Social History of American Newspapers*, New York: Basic Books.

—— (1997) "Why Democracy is Not the Soul of Democracy", *Critical Studies in Mass Communication* 14(4): 297-309.

Schultz, I. (2006) *Bagom nyhederne — værdier, idealer og praksis* (*Behind the News: Values, Ideals and Practice*), Frederiksberg: Samfundslitteratur.

Schulz, W. (2004) "Reconstructing Mediatization as an Analytical Concept", *European Journal of Communication* 19(1): 87-101.

Searle, J. R. (1969) *Speech Acts: An Essay in the Philosophy of Language*, Cambridge: Cambridge University Press.

Sennett, R. (1998) *The Corrosion of Character. The Personal Consequences of Work in the New Capitalism*, New York: W. W. Norton & Company.

Silvertone, R. (2007) *Media and Morality: On the Rise of the Mediapolis*, Cambridge: Polity.

Simmel, G. (1971) "Sociability", in Simmel, G. *On Individuality and Social Forms*, Chicago: The University of Chicago Press.

Sky, J. (2006) "Harry Potter and Religious Mediatization", in Sumiala-Seppänen, J., Lundby, K. and Salokangas, R. (eds) *Implications of the Sacred in (Post) Modern Media*, Gothenburg: Nordicom, pp.235-254.

Stern, S. L. and Schoenhaus, T. (1990) *Toyland. The High-Stakes Game of the Toy Industry*, Chicago: Contemporary Books.

Storsul, T. (2011) "Deliberation or Self-Presentation? — Young People, Politics and Social Media". Paper presented to the Media, Culture, Society Division, Nordic Conference on Media and Communication Research, Nordmedia 2011.

Strömbäck, J. (2008) "Four Phases of Mediatization: An Analysis of the Mediatization of Politics", *International Journal of Press/Politics* 13(3): 228-246.

—— (2011) "Mediatization and Perceptions of the Media's Political Influence", *Journalism Studies* 12(4): 423-439.

Sutton-Smith, B. (1986) *Toys as Culture*, New York: Gardner Press.

Taylor, C. (2007) *A Secular Age*, Cambridge: Belknap Press of Harvard University Press.

Thompson, J. B. (1990) *Ideology and Modern Culture*, Cambridge: Polity Press.

—— (1995) *The Media and Modernity: A Social Theory of the Media*, Cambridge: Polity Press.

Thompson, J. B. (2000) *Political Scandal. Power and Visibility in the Media Age*, Cambridge: Polity.

Tomlinson, J. (1999) *Globalization and Culture*, Cambridge: Polity Press.

Tuchman, G. (1972) "Objectivity as Strategic Ritual: An Examination of Newsmen's Notion of Objectivity", *American Journal of Sociology* 77(4): 660—679.

Tunstall, J. (2007) *The Media were American. U. S. Mass Media in Decline*, Oxford: Oxford University Press.

Väliverronen, E. (2001) "From Mediation to Mediatization: The New Politics of Communicating Science and Biotechnology", in Kivikuru, U. and Savolainen, T. (eds). *The Politics of Public Issues*, Helsinki: Department of Communication, University of Helsinki, pp.132—156.

Wahl-Jorgensen, K. (2008) "Op-ed pages", in Franklin, B. (ed.) *Pulling Newspapers Apart, Analyzing Print Journalism*, London: Routledge, pp.70—79.

Wasko, J. (2001) *Understanding Disney, The Manufacture of Fantasy*, Cambridge: Polity Press.

—— (2008) "The Commodification of Youth Culture", in Drotner, K. and Livingstone, S. (eds) *The International Handbook of Children, Media and Culture*, London: Sage, pp.460—475.

—— (2010) "Children's Virtual Worlds: The Latest Commercialization of Children's Culture", in Buckingham, D. and Tingstad, V. (eds) *Childhood and Consumer Culture*, Basingstoke: Palgrave Macmillan, pp.113—129.

Weber, M. (1904; 2001) *The Protestant Ethic and the Spirit of Capitalism*, London: Routledge.

Weingart, P. (1998) "Science and the Media", *Research Policy* 27: 8: 869—879.

Welch, B. (2008) *State of Confusion, Political Manipulation and the Assault on the American Mind*, New York: Thomas Dunne Books.

Willig, I. (2010) "Constructing the Audience: A Study of the Segmentation of the Danish Press", *Northern Lights* 8(1): 93—114.

Wolf, M. J. (1999) *The Entertainment Economy*, London: Penguin.

Wouters, C. (2011) "How Civilizing Processes Continued: Towards an Informalization of Manners and a Third Nature Personality", in Gabriel, N. and Mennell, S. (eds) *Norbert Elias and Figurational Research: Processual Thinking in Sociology*, Oxford: Blackwell, pp.140—159.

Ziehe, T. (1989) *Ambivalenser og mangfoldighed* (*Ambivalences and Diversity*), Copenhagen: Politisk Revy.

译 后 记

论及近二十年来新闻传播领域中兴起的关键性概念,"媒介化"无疑占据着至关重要的席位之一①。尤其是近五年来,涉及"媒介化"概念及运用的讨论与争议不断涌现②,将这一概念再度推向学术关注的焦点。对现有的、围绕这一概念的论述持赞成观点的学者不断将"媒介化"的讨论深化,在本译著的若干话题之外进一步发展了对"媒介化现实"、"媒介化冲突"③、"媒介化消费"(the mediatization of consumption)、"媒介化旅游"(the mediatization of tourism)等的讨论。而对该概念存疑的学者则一再批判地审视现有的讨论④,更有人呼吁反思我们是否真正需要"媒介化"这一概念,抑或可否抛弃这一概念⑤。无论对"媒介化"概念持积极肯定或是反思批判立场,各众学者最为关键的出发点,引用拉夫堡大学社会学教授大卫·迪肯(David Deacon)和詹姆斯·斯坦利(James Stanyer)的批评观点来说,就是避免"媒介化"成为一个"无效概念"(concept of no difference),从而被随意地、无差别地加以运用⑥。在这一背景下,作为媒介化研究的奠基著作之一,夏瓦教授的这部《文化与社会的媒介化》无疑是希望了解、参与以及进一步发展媒介化研究的学者的必读作品之一。

尽管"媒介化"这一概念主要见于媒介与传播研究中,但该理论的重要优势之一在于,其扎根并发展了社会理论中对现实建构的讨论。因此,媒介化理论不仅吸纳了诸如"中介化"这类媒介与传播研究的成果,而且(试图)整合包括"结

---

① 参见 Nick Couldry, Andreas Hepp, *The Mediated Construction of Reality*, Polity Press, 2016. 尤其是第三章的讨论。以及 D. Deacon and J. Stanyer, "Mediatization: Key Concept or Conceptual Bandwagon?" *Media, Culture & Society*, 2014, 36(7), pp.1032-1044。

② 如 Nick Couldry, Andreas Hepp 合编的《传播学理论》特刊 *Conceptualizing Mediatization: Contexts, Traditions, Arguments*(2013),以及《媒介、文化和社会》上的一系列论争。

③ 参见 Mikkel Fugl Eskjær, Stig Hjarvard, Mette Mortensen, *The Dynamics of Mediatized Conflicts*, Peter Lang, 2015。

④ 参见 Klaus Bruhn Jensen, "Definitive and Sensitizing Conceptualizations of Mediatization," *Communication Theory*, 2013。

⑤ 如 D. Deacon, J. Stanyer, "Mediatization: Key Concept or Conceptual Bandwagon?" *Media, Culture & Society*, 2014。

⑥ 同上。

构与能动性"在内的经典社会学文献,从而作出可能超越媒介与传播研究领域的贡献。二十年前,社会学家伊莱休·卡茨(Elihu Katz)在对传播研究的反思中呈现了传播研究是如何诞生于社会学,又是如何被后者所逐渐抛弃(参见"Why Sociology Abandoned Communication")。而今,媒介化研究是否有可能成为一个成功的案例,以彰显源自社会学概念的讨论与发展,通过吸收媒介与传播研究领域的"养分",成为影响社会学领域的重要概念。这无疑需要包括中国学者在内的不同学科研究者的共同努力。

最后,诚如夏瓦教授在中文版序言中所述,迄今为止的媒介化研究仍很大程度上停留在西方社会语境下,而数字媒介极大普及和快速发展的中国语境,无疑提供了对这一概念运用、修正和发展的良好契机。2016 年,国际传播学会年会后会(ICA Post-Conference)暨第十四届中国互联网研究年会(14th CIRC)恰恰就是以"媒介化:数字革命与中国场景"(Mediatization:Digital Revolution and the Chinese Setting)为主题。这不仅体现了中国语境的独特性,更为重要的是彰显了中国学者参与媒介化研究讨论的重要性。希望夏瓦教授这部著作的出版,能够成为媒介化研究在中国发展的重要推动力。

在翻译过程中,哥本哈根大学媒介、认知与传播系的研究生李鑫和漆俊邑参与了初稿不同章节的翻译工作。此后,全文书稿由我本人进行了重译和校译。复旦大学出版社新闻法政编辑部主任章永宏博士和刘畅老师给予了大力支持,在此一并表示感谢。尤其需要感谢的,是妻子赵慧的朝夕相伴和支持。译作完成于我们第二个孩子出生前后,同时我还从事着牛津大学出版社的书稿写作;而妻子在自己博士工作的忙碌之余,默默分担着生活压力。由于时间和学识所限,翻译的疏漏和错误之处在所难免。所有瑕疵和疏漏,都由我个人承担,并期与读者共勉。

刘 君

于丹麦哥本哈根

2018 年 5 月 15 日

图书在版编目(CIP)数据

文化与社会的媒介化/(丹麦)施蒂格·夏瓦(Stig Hjarvard)著;刘君,李鑫,漆俊邑译.
—上海:复旦大学出版社,2018.6(2023.1 重印)
(复旦新闻与传播学译库.新媒体系列)
书名原文:The Mediatization of Culture and Society
ISBN 978-7-309-13730-9

Ⅰ.文…　Ⅱ.①施…②刘…③李…④漆…　Ⅲ.传播媒介-研究　Ⅳ.G206.2

中国版本图书馆 CIP 数据核字(2018)第 107737 号

The Mediatization of Culture and Society 1st Edition/ by Stig Hjarvard/ISNB:0-4156-9237-7

文化与社会的媒介化

[丹麦]施蒂格·夏瓦(Stig Hjarvard)著　刘　君　李　鑫　漆俊邑　译
责任编辑/刘　畅　章永宏

复旦大学出版社有限公司出版发行
上海市国权路 579 号　邮编:200433
网址:fupnet@ fudanpress.com　http://www.fudanpress.com
门市零售:86-21-65102580　　团体订购:86-21-65104505
出版部电话:86-21-65642845
上海崇明裕安印刷厂

开本 787×960　1/16　印张 11.75　字数 200 千
2018 年 6 月第 1 版
2023 年 1 月第 1 版第 4 次印刷

ISBN 978-7-309-13730-9/G·1855
定价:55.00 元

如有印装质量问题,请向复旦大学出版社有限公司出版部调换。
版权所有　　侵权必究